财政部规划教材

税务管理
Tax Administration

王再堂　王向东　主　编

中国财经出版传媒集团

经济科学出版社
Economic Science Press

图书在版编目（CIP）数据

税务管理/王再堂，王向东主编. —北京：经济科学
出版社，2021.3
财政部规划教材
ISBN 978 - 7 - 5218 - 2411 - 7

Ⅰ.①税… Ⅱ.①王…②王… Ⅲ.①税收管理 -
中国 - 高等学校 - 教材 Ⅳ.①F812.423

中国版本图书馆 CIP 数据核字（2021）第 037083 号

责任编辑：杜　鹏　孙倩靖
责任校对：蒋子明
责任印制：王世伟

税　务　管　理

王再堂　王向东　主　编
经济科学出版社出版、发行　新华书店经销
社址：北京市海淀区阜成路甲 28 号　邮编：100142
编辑部电话：010 - 88191441　发行部电话：010 - 88191522
网址：www. esp. com. cn
电子邮箱：esp_bj@ 163. com
天猫网店：经济科学出版社旗舰店
网址：http：//jjkxcbs. tmall. com
固安华明印业有限公司印装
787 × 1092　16 开　17.25 印张　370000 字
2021 年 6 月第 1 版　2021 年 6 月第 1 次印刷
印数：0001—3000 册
ISBN 978 - 7 - 5218 - 2411 - 7　定价：45.00 元
（图书出现印装问题，本社负责调换。电话：010 - 88191510）
（版权所有　侵权必究　打击盗版　举报热线：010 - 88191661
QQ：2242791300　营销中心电话：010 - 88191537
电子邮箱：dbts@ esp. com. cn）

前 言

INTRODUCTION

在我国经济社会发展过程中，税收的地位不断得到提升。马克思说"税收是喂养政府的奶娘"，政府财政收入的90%以上来自税收。随着税收制度的不断完善和收入规模的不断扩大，税收在保障政府运转和支持经济建设，维护我国社会主义市场经济秩序，调节经济和个人收入分配，建设和谐社会等方面，发挥着越来越重要的作用。

税务管理和税收制度是发挥税收职能作用的两个重要组成部分，两者相辅相成。如果把税收制度比作"曲谱"，那么税务管理就是"演奏艺术"。即使是世界名曲，也要有高超的演奏艺术才能奏出动人心弦的旋律。有了完善的税收制度，也要有优异的税务管理能力与之相适应，才能使税收制度得以完美地实施，使税收职能得以实现。

税务管理作为一门学科，是税收学与管理学交叉形成的，属于行政管理学的一个分支，同时，它也具有极明显的法律特征。不过，管理属性应该是税务管理的本质特征。英国经济学家科尔贝（Kolebe）说："税收这种技术，就是拔最多的鹅毛，听最少的鹅叫。"但税务管理并非是一门技术，而是艺术。由于对艺术的学习和掌握远不如对技术的学习和掌握那样具有准确的规律性，因此，要真正理解和把握税务管理的精髓并非易事。税务管理作为一项管理工作，确实是极其复杂的，管理者除了要有完备的财税理论知识和业务技能以外，还需要掌握财会、管理、法律、信息技术、外语甚至相关行业的生产知识。因此，要充分认识税务管理，掌握税务管理工作的规律，进而搞好税务管理工作，是有相当难度的。

近年来，与《税务管理》同名或相近的著作、教材很多，它们分别从不同的视角认识和阐述税务管理理论、制度、方法等，极大地促进了本学科领域相关理论和实务的发展。但是，税务管理实践是丰富多彩的，随着信息化进程的加快，现代化技术手段的运用促使税务管理发生了跳跃式的发展，税务管理理念、制度、方法不断创新，税务管理理论远未跟上实践的步伐，因此，我们大家需要继续努力，不断地研究、探索。

本教材在大量借鉴现有研究成果的基础上，试图在以下方面有所创新。一是在内容体系上突出税源管理这条主线。税收本质上是对社会财富课税。随着生产力的发展，社会财富逐渐由有形商品向无形的知识产品转变，而知识产品具有更大的隐蔽性，这必将导致税源越来越难以认识，因此，对税源的管理成为税务管理的难点。那么，加强法制和道德建设、征管制度建设、信息化建设，全面强化税源管理工作，才能为搞好税务管理工作奠定坚实的基础。二是在管理理念上突出德治思想。依法治税是税收工作的基础和灵魂，这些年来，得到了广大税务干部的普遍认同，也受到了足够的重视。但是，治国或者治税历来有两种手段，即法治和德治。德治从内涵上来说是法治的基础（法治对有道德素养的人有效），从外延上来说是法治的补充（尚未立法的领域要靠道德来约束）。因此，坚持以德治税，更有利于税收的长远发展，更有利于建立和谐的税收征纳关系。而强调德治就要坚持以人为本的理念，结合传统的思想政治工作，进一步强化纳税服务、税收宣传和税收文化建设，增强税务管理的软实力。三是在体例形式上突出新颖性。在有关章节中以"提示""探讨"等形式，加进了与该部分内容存在密切联系的相关内容，这样，既能拓宽学生的视野，又不破坏各章内容的逻辑关系和主体思路。此外，本教材还增加了"案例""思考"等，以促进学生加深理解。

从内容来看，本教材的适用范围是比较广泛的。本教材既可以作为高等院校财税等专业专科、本科及相关专业研究生的教材，也可以作为税务系统干部培训用书，还可以作为考研、考公务员、考注册税务师的参考书，以及税务代理人、注册会计师、企事业单位财务人员和广大纳税人了解相关知识的工具书。

税务管理仍属于新兴学科，在理论上显得缺乏管理学的底蕴，在体系上还需要不断完善，面对日新月异的改革实践，税务管理需要探索的问题很多。本教材中展示了编者对税务管理领域一些新问题的认识和观点，对于存在争议的问题，也希望与感兴趣的同人进一步探讨。由于编者理论水平和实践经验所限，本教材中肯定存在疏漏和不足，敬请批评指正，以便日后修订改正。

编　者

2021 年 2 月

目 录
CONTENTS

第一章 导　论

何为税务管理？这是开篇要解决的首要问题。本章从内涵、外延以及特征上，试图更全面、准确地对税务管理进行描述。同时，对税务管理的内容、应遵循的原则以及发展演变、改革对策进行阐述，以尽可能地展现税务管理的全貌。

第一节　税务管理的研究对象与学科体系

一、税务管理的研究对象

（一）税务管理的内涵与外延

1. 税务管理的概念。税务管理是国家及其税务机关依据税收参与社会产品分配活动的特点和客观经济规律，对税收分配活动全过程进行决策、计划、组织、协调和监督控制，以保证税收职能作用得以实现的一种管理活动。

在税务管理概念中，包含以下五层意思：

（1）税务管理的主体。代表国家行使职权的各级税务机关，是税务管理的主体。广义的税务管理主体还包括国家立法机关、司法机关以及财政、海关、审计等行政机关。

（2）税务管理的客体。税务管理的客体是税收分配活动的全过程，而不是某一局部，也不单单是指纳税人、税款等。

（3）税务管理的依据。税收参与社会产品分配活动的特点及其客观经济规律，是制定税收政策法规的依据，也直接是税务管理的依据。

（4）税务管理的职能。决策、计划、组织、协调和监督控制是一般管理的基本职能，也是税务管理的职能。

（5）税务管理的目的。保证税收实现组织收入职能、调节经济职能、监督管理职能，是我国社会主义税务管理的基本目的。

2. 税务管理的外延。概念的内涵反映着事物的本质，而概念的外延则反映了事物的范围。要界定税务管理的范围，就要划清它与相类似事物的界限。最主要的就是区别税务管理与税收征收管理这两个在实践中极易混淆的概念。

税收征收管理（简称税收征管），是税务机关按照税法的规定，指导纳税人正确履行纳税义务，并对征纳过程进行计划、组织、监督和检查等一系列活动的总称。税收征管是一种执行性管理，其一切活动都应有法律依据，其宗旨是按法定程序正确执法，不以税收收入多少为征管目的。从实施主体来看，各级税务机关的管理活动统称为税务管理，而只有基层税务机关的管理活动称为税收征管；从法律角度来看，税务管理包含了税收立法、执法和司法全部范围，而税收征管只与税收执法部分相对应；从内容来看，税收征管是税务管理的组成部分，是税务管理的核心内容。

【思考1-1】

在税收实际工作中，完成任务有困难时先想到的是强化税收征管，这种思路对吗？

△【探讨】税务管理与税收管理的区别

有的教材称税务管理，有的教材称税收管理。税务管理与税收管理虽然只有一字之差，但还是有区别的，两者的区别主要在于对概念口径的理解不同。如果说税收管理强调"对外（纳税人等行政相对人）"管理，那么，税务管理既包括对外管理也包括对内（税务行政）管理，因此，税务管理的口径更广泛一些，正如税收统计包含在税务统计之中一样。税收管理应该是介于税务管理与税收征收管理之间的一个范畴，其确切含义是倾向于广义还是狭义，应视具体语言表达环境而定。

△【提示】企业组织（纳税人）的税务管理

近年来，企业端的税务管理越来越受到重视，成为引人瞩目的新兴研究领域。随着市场经济发展和税收法制的不断完善，税收与企业越来越密切。为了在日常核算及投资兼并等事项中规避税收风险，在繁多的税收减免中充分享受优惠政策，为管理层决策当好参谋，一些大企业专门设立税务管理部门，组建专门团队；还有一些大企业配备了与财务总监平级的税务总监。企业端的税务信息化也取得了较大进展，一些大企业实现了报税自动化、标准化、规范化。

（二）税务管理的特征

特征是某一事物自身所具备的特殊性质，是区别于其他事物的基本征象和标志。税务管理作为一项综合性很强的管理活动，表现出以下特征：管理特征、专业特征、法律特征、行政特征和历史文化特征。

1. 管理特征。税务管理的本质属性是管理——一个特定领域中的管理活动，因此，管理学是税务管理的重要理论渊源之一。一般管理的原理、规则、方法等均适用于税务管理。管理学的主体内容是企业管理理论，近代又形成了一个新的分支——行政管理（公共管理）理论。行政管理理论是税务管理的基本理论依据，适用于税收征收管理；企业管理理论则主要适用于税务机关内部管理。为了提高税务管理的水平，必须广泛学习、掌握管理学理论，理解管理学的精髓，系统地运用管理学理论，构建现代税务管理科学体系，健全和完善税务管理制度、规程、方法与手段，指导具体的税务管理工作。

2. 专业特征。税务管理是税收分配领域的管理活动，与税收专业有着密不可分的联系，因此，税收学是税务管理的又一理论渊源。税收学理论的发展变化，无时无刻不在影响着税务管理的发展变化。例如，什么是税收？"权力说"认为，税收是国家为了实现其职能，依靠其政治权力参与国民收入再分配的一种方式，与此相对应，税收宣传上就特别强调税收的强制性、无偿性；"公共需要说（交换说）"认为，税收是为了满足社会公共需要而收取的对价，与此相关，税收宣传上就强调税收取之于民、用之于民；"债权债务关系说"则把税收理解成是纳税人欠国家的"债"，即税收——公法之债，纳税人纳税就是在还债，与此相应，税务管理中就有了代位权、撤销权的制度。总之，税务管理离不开税收学理论的指导，离不开税收政策制度这个基础，离不开税收分配的特定环境。

3. 法律特征。税收是国家对社会财富进行的一种再分配，是一种价值单方面转移，因此，必须依靠国家的强制力才能实现。而在人治背景下，国家强制力的实施往往具有随意性，在中国封建社会的历史演进中，几乎每个朝代的更迭都与统治者随意增税、横征暴敛有直接的关系。税收只有与法律结合才是最佳选择：首先，法律依据的是国家强制力，与税收凭借国家政治权力是一致的，这是最高的权力，其他权力必须服从；其次，构成法律的一系列原则、规则、概念为人们提供了全面、具体、明确的行为模式，借助法律可以使税收强制性的目标指向更为明确；最后，法律有一整套完备、有效的确定程序和实施保障系统，可以使税收的强制性落到实处，得到长期、稳定的保证。在现代税务管理中，必须加强税收立法、执法和司法管理，注重法律方法、手段的运用，强化以法治税。

4. 行政特征。税务管理的主体是税务机关，税务机关是隶属于国务院的行政机关，因此，税务管理属于行政管理的范畴。行政机关实行首长负责制和层级制，强调行政隶属关系，下级必须服从上级，广泛采用强制性的行政命令方法，这有利于形成一致行动，高效地实现行政管理目标。作为行政管理，税务管理也广泛应用行政方法和手段，依据行政程序，经常性地做出行政征收以及行政许可、行政审批、行政强制、行政处罚等具体行政行为。对下级的工作要进行行政监督，对自身存在的问题要承担行政责任，对造成纳税人侵害的要进行行政救济。

5. 历史文化特征。我国的税收自夏商周开始，经过几十个朝代的更迭变革，形成了体制完备、内容丰富、源远流长的税收文化传统。它有着世界上最悠久的历史，是历史的积淀和轨迹，是中华民族传统文化的重要组成部分。"重农抑商"的思想，"轻徭薄赋""赋役有常"的主张，形成了注意涵养税源的宏观调控思想和平均税收负担原则以及规范化征税的理念等，促进了税收文化的良性发展。中国传统文化以道德为本位，以血缘关系为纽带，拥有"讲亲情"的优良文化传统。但是，亲情文化对当代税务管理也有一些负面影响，如"收人情税""以情代法"等。皇亲国戚免税的传统以及历史上的"抗税传统"，使人们在纳税上产生了很多偏见，这对于增强公民的纳税意识是十分不利的。因此，在现代税务管理工作中，仍要十分重视传统文化，包括税收文化的影响力，取其精华，去其糟粕，坚持人本主义，发挥文化潜移默化的影响作用。

二、税务管理的学科内容体系

税务管理，无论是作为一门学科理论，还是作为一项综合性工作，都具有广泛的内容，涉及税收分配活动的整个过程。具体地可以概括为以下六个方面。

（一）税收管理体制

税收管理体制是税务管理工作中的一项根本制度。确立税收管理体制，就是按照一定的原则将税收管理权限在中央与地方之间进行适当的划分，从而明确各级税务机关组织财力的范围和额度以及相应的职责和权限。如果中央和地方之间的税收管理权限划分不清，界限模糊，必然造成税务管理工作混乱的局面，更不利于调动中央和地方两个方面管理税收的积极性。

（二）税收法制管理

税收法制管理是指税法的制定和实施，具体包括税收立法、执法、司法的全过程。税法是国家法律的组成部分，是国家整个税收制度的核心，是税收分配活动的准则和规范。税收立法工作由国家立法机关即全国人民代表大会及其常务委员会来完成，税收执法工作由各级税务机关来承担，税收司法工作由国家司法机关来执行。税务机关加强法制管理，就是既要认真贯彻执行税收法规又要在税收立法、司法工作中发挥一定的作用，坚持以法治税，切实做到"有法可依、执法必严、违法必究"，保证税务管理职能顺利实现。

（三）税务行政管理

税务行政管理，又称税务组织管理，是对税务机关内部的机构设置和人员配备进行的管理。机构设置必须与税收管理体制相适应，有明确的隶属关系，并有利于贯彻执行税法，开展征收管理工作，有效地组织税收收入。税务人员的配备主要包括税务人员的培训教育、岗位组合、业绩考核等。税务行政管理是税务管理工作得以顺利实现的组织保证。

（四）税收征收管理

税收征收管理，简称税收征管，曾称稽征管理，是基层税务机关根据税法对纳税人进行日常的管理、征收、稽查的一项管理活动。它是贯彻税收法令、实现税收职能、发挥税收作用的基本环节，是整个税务管理活动的重要组成部分。

税收征收管理的主要环节是管理、征收和稽查。通过"管理"，指导纳税人正确地履行纳税义务；通过"征收"，将应征税款及时足额地征收、解缴入库；通过"稽查"，对纳税人履行纳税义务的情况进行监督，并对税务机关本身的征管工作质量进行检查、考核。

（五）税收核算管理

税收计划、会计、统计、票证管理统称核算管理，包括税收计划调查、计划编制、计划执行检查与分析、税收会计核算、税务统计报表的编制以及税收票证管理等。

（六）税务信息管理

税务信息管理是税务机关对管理工作中的文字、数字资料，进行系统而经常的收集、整理、传输及反馈等方面的管理。税务信息管理是实现税务管理程序化、现代化的重要手段。

第二节　税务管理的原则

原则，即人们行动中遵循的准则、规则。它是规范人们行为方向的指导思想。做任何事情都要遵循一定的原则，从事税务管理也不例外。在我国，经过近70年的税务管理的实践探索和理论研究，我们积累了很多好的管理经验，也学习、借鉴了国外一些有效的管理方法，逐步确立和完善了适合中国国情的税务管理原则。税务管理实践也证明，只有认真遵循这些原则，税务管理工作才会取得良好的效果。这些原则包括：法治原则、公平原则、有效原则、集权与分权相结合原则、专业管理与群众管理相结合原则。

一、法治原则

税收分配关系是受国家政权强制力约束的特殊的分配关系，它是国家通过法律手段的运用而维持的。因此，税收与法始终是密不可分的。税务管理活动是税收分配关系实现的过程，同时也是一个执法过程，而如果离开了法治，税务管理也将不复存在了。法治原则，就是要求以税法为依据来治理税收。在税务管理活动中贯彻法治原则，就可以更好地执行党和国家的各项税收政策，这对于保障国家财政收入、维护纳税人的合法权益、促进我国社会主义市场经济秩序的正常化都有十分重要的意义。

【思考1-2】

法治和法制是耳熟能详、出现频率相当高的两个词,可是你能说出它们之间的区别吗?

贯彻法治原则必须做到以下四方面。

(一) 加强税收法制建设,做到"有法可依"

健全、完善的税收法律制度是税收征纳双方正确参与税收分配活动的前提条件。要有健全、完善的税收法律制度,就要正确立法,立好法。为此,必须明确税收立法权限,完善税收立法程序,严格税收立法要求,不断调整、完善现有税法的结构,提高税法的效力,制定具有合宪性、可行性、规范性、统一性和相对稳定性的税收法律体系,为纳税人自觉守法和税务机关认真执法奠定基础。

(二) 增强公民税收法制观念和纳税意识,做到"有法必依"

有了健全、完善的税收法律制度,还要使公民知法、懂法,使公民履行纳税义务成为自觉行动,真正做到认真守法。为此,要做好以下四项工作:一是要加强公民的思想道德教育,包括爱国主义、集体主义教育和共产主义世界观、人生观教育;二是加强全民普法教育,增强法制观念;三是加强税法宣传,使纳税人知法、懂法;四是加强守法典型的宣传、表彰和违法案件的公开查处,从正反两方面加强对纳税人的教育。

⚠ **【提示】**

纳税人可以分为四种类型:一是对税法强制性认识不清,没有上升到法律层面去看待;二是对税法有所了解,但屈服于国家权力,不得不纳税,极不情愿;三是熟悉税法,懂得取之于民、用之于民的道理,但觉得纳税是一种损失,没有把纳税当成义务;四是知法懂法,自觉自愿纳税。

(三) 提高广大税务干部的执法能力和执法水平,切实做到"执法必严"

广大税务干部执法能力和执法水平的高低,对强化税收法治有重要影响,是贯彻税收法治原则的关键。为此,要做好以下三项工作:一是进一步强化税务机关的执法地位,增强抵御外界不正常干扰的能力;二是建立科学的征管制度,如公开办税制度等,加强对税务人员执法的监督和制约;三是坚持开展税务人员的素质教育,提高税务干部队伍整体的政治、业务素质,提高严格执法的自觉性。

⚠️ **【探讨】 如何对待法律的原则性与灵活性**

《中国税务报·法治周刊》曾经以《"个税"：这样追缴有点儿累》为题，长篇报道河北省石家庄市税务局稽查局对该省某实业集团有限公司未扣缴某年4月和9月职工个人所得税案例的执法情况。该公司一共未扣税款4 000多元，而为了追缴这4 000多元的税款，税务机关必须作出73份税务处理决定书，一式三份，稽查局局长一个早上要在200多份处理决定书上签名。设想，如果一个大型的、特大型的企业集团出现这样的问题，面对成千上万名职工，税务机关该如何处理？

（四）不断健全、完善司法体系，做到"违法必究"

税务司法，是国家专门机关运用法律审理、判决税务案件的活动。目前，国家专门机关主要是各级人民法院的经济审判庭和人民检察院。今后要进一步加强税务治安管理，积极协助税务人员执法，还要建立健全专门的税务法庭，巡回审理涉税案件。通过完善司法体系、制度和执法监督，来维护国家税收法制的威严，保证法治原则的贯彻执行。

二、公平原则

税收公平，是指纳税人在纳税上承受公平的负担和享受公平的待遇。具体来说，就是使个人之间的负担水平保持均衡并使每个人承受的负担与其经济状况相适应。税收作为一种分配制度必须公平，它体现的是宪法赋予每个公民的平等权利。贯彻公平原则，使每个纳税人都受到公正、平等的对待，没有感到有亲疏差别、负担差别，纳税人就会有一种平衡感，从而主动接受税务机关的指导、检查和监督，自觉配合税务机关搞好税收征管工作。因此，贯彻公平原则对搞好税务管理有着重要的意义。

贯彻公平原则必须做到以下两点。

（一）税收法律、法规的制定要体现公平的税收负担

公平原则包括横向公平和纵向公平两重含义。横向公平要求经济条件相同的人负担数额相同的税收；纵向公平要求经济条件不同的人负担不同数额的税收。在我国社会主义市场经济条件下，讲求公平应以创造平等竞争条件为主，排除各种因素对收入分配的影响，使不同的纳税人都能在同一起跑线上展开竞争。在制定税收法规时，必须从我国的现实出发，除了考虑财政收入的需要之外，还需考虑调节经济的需要，利用不同的税种和税率来调节纳税人之间的分配关系，从而实现税负的公平。

（二）在税务管理中要依法征收，以保证公平的税收负担

税务机关必须依法办事、依率计征，这样才能做到既不多征、不错征，也不违反税法规定少征、不征，防止因此造成纳税人之间的不平衡。更不能为了完成任务而寅吃卯粮、竭泽而渔，造成纳税人额外的负担。经济决定税收，税收又反作用于经济，经济发展了，税收便有了丰富的源泉，随着税源的扩展，总体税负就会不断地降低。此外，税务机关还要强化服务意识，避免总是以管理者、指挥者自居，使纳税人保持与税务机关平等的地位，这样有利于纳税人在平等、协作的基础上自觉地履行纳税义务。

三、有效原则

有效包括有效率和有（正的）效益。"效率"与"效益"既有区别又有联系。效率是微观经济学词汇，效益则是宏观经济学词汇。效率是过程，而效益则是结果。效率主要是指时间的节省；效益的范畴则较广，可以是经济效益，也可以是社会效益、管理效益等。所谓经济效益，一般指宏观经济效益，即依法征收税款，支援国家建设，促进生产发展所产生的效果；所谓社会效益，是指促进纳税人增强守法意识，自觉依法纳税，从而端正社会风气、规范社会秩序的效果；所谓管理效益，亦即微观经济效益，是指用最少的管理费用（税收成本）取得最多的税收收入。高效率不一定带来高效益，经济效益好不一定社会效益、环境效益也好。在税务管理工作中贯彻有效原则，就是要追求综合效益最大化，实现经济、政治、人口、文化、环境等社会发展诸要素协调发展，从而追求一种长远的整体利益。

贯彻有效原则必须做到以下四点。

（一）税收法律、法规的确立要考虑效益

税收法律、法规是税务管理的灵魂和基础，对提高税务管理的综合效益有重要影响。为此必须做到：其一，税法的制定、颁布要及时，超前和滞后都会使法律与经济发展的实际状况相偏离，使法律的规范、指导作用丧失，甚至起副作用；其二，税法的颁布执行要有相对稳定性，如果朝令夕改，就会影响人们学法、执法、守法的效率；其三，税法条款的内容应规范，语意应明晰、确切，模棱两可的税法会增加理解难度，降低管理效率；其四，税法的传播渠道要通畅，使税法颁布后能尽快传达到基层税务机关和纳税人。

（二）税务机构的设置要追求效益

税务机构是搞好税务管理工作的重要组织保证。合理地设置机构，可以更好地体现税收管理体制的要求，从而提高管理的宏观效益；合理地设置机构，还可以理顺税务机构内部纵横交错的关系，加强沟通、协调，发挥每个税务人员的积极性，从而提高管理的微观效益。要提高税务管理的效益，在机构设置中要考虑以下两方面：一是要减少机构设置的层次，这样可以减少上下级之间联系的环节，也可以直接减少人力、财力、物力的消耗；二是要按照专业化分工的原则合

理设置各级税务机关的内部职能部门，明确各部门职责，疏通信息传递渠道，在分工协作中提高管理效率和效益。

（三）人员的培训和使用要讲究效益

在税务管理活动中，税务人员是最积极、最重要的因素。因此，贯彻效益原则就要在人员的培训使用上下功夫。一方面，要全面提高税务人员的素质，包括政治素质、业务素质及其他素质，从而能够更有效地、高质量地完成所承担的税务管理工作，这就要强化培训工作，以便早出人才、快出人才；另一方面，要合理使用现有的税务人员，遵循"能级原理"，使各类人员都能配置到与各自能力相适应的管理岗位上去，做到人尽其才，以减少人力的浪费。

（四）财力、物力的运用要注重效益

财力、物力都是进行税务管理必不可少的条件，也是影响管理效益的直接因素。因此，在财力、物力使用上一定要与取得的效果进行认真的比较，以期用最少的财力、物力耗费取得尽可能大的效果。在实际工作中，可以用"税收费用率"指标来衡量管理效益：

$$税收费用率 = \frac{一定时期税务管理费用额}{一定时期税收收入额} \times 100\%$$

其中，一定时期税务管理费用额可以有两个口径，小口径专指税务机关的征收费用，大口径指征纳双方花费的总费用。相应地就有"税收征收费用率"和"税收社会费用率"两个具体指标。该指标可以在不同的地区甚至不同的国家之间进行比较。

四、集权与分权相结合原则

集权与分权分别指向上集中税权和下放分配税权。集权与分权相结合，是指在税务管理活动中，一方面，要坚持中央对税收工作的集中统一管理，保持宏观控制的有效性；另一方面，要赋予地方政府一定的管理税收的权力，以调动地方管理税收的积极性。集权与分权相结合原则，是建立税收管理体制的准则和依据，是党和国家政治生活中"民主集中制"基本组织原则在经济领域的具体体现。

税收本身具有强制性、无偿性、固定性的特征，要求必须有统一的税制、税法作保障。实现税收组织收入、调节经济的职能，也要统一计划、布置。税收政策、税收杠杆必须在宏观上与其他政策、杠杆相配合，这些有赖于权力集中才能实现。

从我国社会经济环境来看，我国是一个幅员辽阔，人口众多，自然条件、资源情况和经济发展状况地区差异很大的国家，在这种情况下，只强调集权是不够的，是不利于各地经济发展的。因而必须在坚持集权的前提下，因地制宜地下放给地方一定权力，实行分级管理，发挥中央与地方两个积极性。

⚠【提示】两大财税体制类型

在发达国家，财税体制一般分为"中央与地方分权制"和"中央集权制"两大类型。联邦制国家多实行分权制，中央、地方相互独立，自行平衡，依赖程度低，中央财政甚至不占绝对优势；政体为单一制的国家（地方政府直接由中央政府单一主权领导），其财税体制多为集权制，中央控制着较大比重的资金。

贯彻集权与分权相结合原则必须做到以下三点。

（一）中央集中必要的税权

我国政治体制和税收的特点决定了必须适当集中税权。坚持中央必要的集权，就要把宏观税收政策制定、税收制度的建立等方面的权限集中在中央，涉外税收宏观管理方面的权限也要集中在中央。这样才能保证国家政策法规的统一性，维护中央对税务管理的权威性。

（二）因地制宜地实行分权管理

从经济管理的角度来看，在层次多、控制面广的情况下，片面强调集权不利于调动地方积极性。实行分权管理，就是把税收管理权限的一部分逐级下放给地方，使各级地方都参与到税务管理工作中来，发挥各自的主动性、积极性。各级地方可以根据本地区的实际情况，确定适合本地区的地方税小税种的开征，确定适合本地区的征管模式、征管方法的运用等，自行处理本地区税务管理中的具体问题。

（三）正确处理集权与分权的关系

所谓集权与分权的关系，是指税收管理权限集中与分散的一对矛盾关系。但集权不是绝对的集权，分权也不是绝对的分权，而是以对方为存在前提的对立统一的矛盾关系。正确处理集权与分权的关系，就要把税务管理权限的集中与分散，与各级政府职能、事权、财权的划分联系起来，从实际出发，因时、因地、因经济条件的变化而确定。集中与分散要适当、适度，既要保证中央有必要的宏观调控能力，又要使地方有较大的灵活性。

五、专业管理与群众管理相结合原则

税收专业管理是指税务机关、税务人员的专职专责管理；税收群众管理，是指在专业指导下由纳税人、协税人组成办税或协税组织以及社会公众参与税务管理的活动。在不断加强税收专业管理工作的同时，绝不能忽视税收群众管理的重要作用。

由于税收分配涉及国家、集体、个人三者的利益关系，涉及人民群众的切身利益，因此，人民群众愿意参与税务管理；宪法赋予了公民参与管理国家事务的权力和知情权,人民群众有权参与、希望参与税务管理;税务机关人力、物力毕竟有限,很难适应税源分布点多面广、纳税人活动隐蔽分散的日益复杂化的情况,也需要广大群众参与管理,补充专业管理力量的不足;走群众路线是我党的优良传统,历史实践证明是非常有效的。由此可见,人民群众参加税务管理是非常必要的,对增进税务管理的广度和深度有重要的意义。

贯彻专业管理与群众管理相结合原则必须做到以下四点。

(一) 正确认识专业管理与群众管理的关系

税务机关承担了税务管理的主要工作,还负责组织、指导人民群众从事税务管理工作,因此,税务机关的专业管理始终处于主导地位。与此同时,还要看到税收专业管理离不开群众管理,许多专业管理的形式和方法是建立在群众管理之上的,各种群众组织为税务机关提供着大量的管理信息,发挥着广泛的社会监督作用。不论税务机关的专业管理手段多么现代化,都不能脱离群众。相反,在群众管理的协助下,税务机关的专业管理会搞得更好,群众管理始终处于基础地位。

(二) 加强组织、指导,完善群众管理形式

为了使群众能够正确地参与税务管理,就要使广大群众了解和掌握国家的税收政策、法规、制度。首先,税务机关要实行公开办税。即实行税法公开,从而增强广大群众参与管理的主人翁意识。其次,税务机关要组织、聘请社会各行业各类人员,建立协税护税组织,协助税务机关宣传税法、制定纳税公约、核定税额、催缴税款、检举偷税等违法行为,使群众管理制度化、经常化。在日本就有公司协会全国联合会、法人税纳税人协会全国联合会、注册税务会计师协会日本联合会等协税组织。我国也有一些基层税务机关在集贸市场和街道办事处等建立协税护税组织的成功做法。

(三) 建立健全群众管理方面的有关制度

对税收违法行为进行举报,是广大群众参与税务管理的重要途径之一,在实践中产生了很好的效果。为了保障人民群众能够切实参与管理、行使社会监督权力,税务机关必须建立群众举报制度。与此相配套,还要建立两项制度:一是奖励制度,即对举报人以及其他协税护税有功人员要给予一定的物质奖励;二是保密制度,即为举报人严格保密的制度,以保证举报人的人身安全,维护其合法权益。此外,对那些积极支持配合税收管理工作、依法纳税的先进单位和个人应予以表彰;对代扣、代征税款的单位和个人要支付一定的手续费。

(四) 大力推进税务代理事业的发展,发挥社会专业机构的作用

税务代理是税收征管社会化的一个重要方面,对提高税收征管水平有重要的作用。从事税务代理的机构,包括专业的税务师事务所和非专业的律师事务所、

注册会计师事务所等。通过税务代理的专业性工作，可以分流和减轻税务机关的税收征管工作。

⚠【探讨】税务管理应该社会化

一定要树立新的观念：征税不应仅仅是税务机关的事情，它还应该是全社会的事情。搞好税务管理需要全社会的努力，要积极争取政法、金融、工商、铁路、邮电、计划、审计、交通、建设、土地、房管、个体协会等部门和组织的支持配合；也要善于借助现在已经建立的一些制度，如"个人存款实名制""领导干部财产、收入申报制度""廉政制度""离任审计制度"等，加强管理；还要放心大胆地将一些事务性工作转移给社会相关部门去做，比如数据处理可以委托某些计算中心去处理，税法公告、宣传等可以委托某个网站去做，某些拉丁美洲国家申报表和税款都交给私人银行处理。

第三节　税务管理工作分析

一、税务管理工作的主线

图1-1中的实线箭头表示税务管理工作的主线——税款流动过程（简称税款流程），所有税收工作从本质上来说都要围绕这条主线来开展。这条主线也就是税收的中心工作，其工作目标用文字表述很简单，即保证税款"及时、足额"地入库，但在现实中要做到及时足额却是极其困难的。

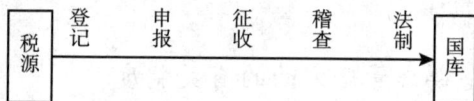

图1-1　税务管理工作的主线

为了保证税款流程的通畅，建立了以征收为中心的一系列相互依存的管理制度。税收征收制度与税收几乎有同样长的历史，因为如果没有征收税款是不会自动流入国库的。那么，要征收就要明确征收对象，为此逐步建立起纳税申报制度；为了明确申报对象，又建立了税务登记制度，纳税人登记后不申报就会很容易发现；为了促进纳税人登记，实行了发票的税务机关专控制度，纳税人使用发票必须凭税务登记证（副本）到税务机关领购。在征收环节之后，还建立健全了相应的稽查和法制工作，对征纳双方在征纳过程中出现的违法行为及其造成的后果进行纠正、制裁和救济。由此形成了以税收征收为中心的、前后呼应的、完善的制度体系，这也构成了税务管理工作的主线。

二、税务管理模式的演变

（一）税收征管模式沿革

税收征管模式是指税务机关在征管过程中，为了实现税收管理职能，在征管组织机构、征管力量配备、征管方式及方法等方面所采用的规范形式。它是税收征管改革的主要内容，也是税收征管改革成果的反映。

1. "一员进户，各税统管"模式。新中国成立后至 20 世纪 80 年代进行税收征管改革以前，我国一直实行"一员进厂，各税统管"的征管模式，即对所管辖的纳税人，其工商各税的管理、征收、检查等各项工作都由一名税务人员来完成，并且一名税务人员要管若干个纳税户，这就是"专管员管户制度"。

所谓"各税统管"，其实主要税种只有 1~2 个，所以专管员完全能够管得过来。而且这种征管模式可以发挥管理、征收、检查三大环节的衔接、联动、协调优势，可以缓解征管人员不足的矛盾，也使责任明确。税务人员由于熟悉纳税人的生产经营情况和财会核算情况，便于做好各税的征收管理和检查工作。

但这种征管模式的最大弊端是不能适应市场经济和复杂税制对征收管理提出的客观要求，缺乏监督制约机制，不利于廉政建设。

2. 征管查分离模式。征管查分离模式，是指基层税务机关将全部税收征管工作划分为征收、管理、检查三个方面，并相应地划分各自职责，设置税务职能机构，配备税务人员专责管理的征管模式。

征管查分离的征管模式，是我国 20 世纪 80 年代进行税收征管改革的结果，在我国税收征管模式改革中具有划时代的意义。其优点是职责分明、分工明确、各司其职、相互制约。这种模式适应了纳税主体多元化、偷税动机增强的新形势，有效地约束了税权。但该模式也有一个弱点，就是各岗位之间的沟通不便，存在相互脱节的问题。随着市场经济的发展以及新税制和新的税收管理体制的实施，征管查分离的征管模式得到了进一步发展和完善。

3. "申报—代理—稽查"模式。"申报—代理—稽查"模式，是指纳税人按期进行纳税申报、社会中介机构代理办税、税务机关进行日常和重点税务稽查的征管模式。

在该模式中，"申报"是指由纳税人依照税收法律规定自觉、主动地向税务机关办理申报纳税；"代理"是指由税务代理人在规定的范围内代替纳税人办理涉税事项；"稽查"是指税务机关依法对纳税人履行纳税义务的情况进行严格的税务稽查。该模式着眼于全社会范围来构建税收管理模式，具有主体明确、法律关系清晰、职责分明、相互监督制约性强的特点，是在 1994 年新税制改革后形成的一种过渡型征管模式。

4. 30 字税收征管模式。30 字税收征管模式是指"以纳税人自主申报和优质服务为基础，以计算机网络为依托，集中征收，重点稽查"的征管模式。

该税收征管模式以纳税人自行申报纳税为基础，通过税务机关和中介组织的双层服务，使得所有纳税人都能够实现自我申报；通过计算机对纳税申报的集约处理、分析，找出未申报或中止申报的纳税人进行催报催缴，同时将异常申报加以筛选，监控纳税人按期申报；通过稽查，纠正并处罚不真实的纳税申报，引导纳税人如实申报纳税。

5. 新的 30 字税收征管模式。新的 30 字税收征管模式是我国市场经济条件下、新的税收制度下征收管理改革的重大进展。但这个模式过于超前，强调纳税人上门申报，不鼓励税务人员下户。实践的结果是，纳税人不想来，税务人员不准去，征纳疏离，出现了"淡化责任，疏于管理"的问题。为此，2003 年国家税务总局明确提出要深化税收征管改革，进一步建立和完善"以自主申报纳税和优化服务为基础，以计算机网络为依托，集中征收，重点稽查，强化管理"的新34 字税收征管模式，突出了"强化管理"的要求，强调进一步优化和重组税收业务，科学设计业务流程，明确职责分工，加强协调配合，建立完善的、操作性强的岗责体系。通过这些改革，强化了税收征管执法监督，强化了税源监控，巩固了税收征管信息化建设的成果并加快了前进的步伐，为税收征管专业化分工提供了有力的支持，提高了税收征管的效率。

（二）税务管理工作方式的变革

如果说改革开放前的税务专管员制度是"包产到户"的小生产管理方式，那么，20 世纪 80 年代征管查分离的改革则是以业务流程为主线的分环节管理，或者叫做流水式的大工业管理方式，由"管户制"过渡到"管事制"。进入 21 世纪，一种"信息化管理方式"正在形成，即以信息流程为主线的网络化管理方式，它从信息采集开始，到信息存储、传输、加工、运用，依托网络，实现信息高度共享，并以此建立工作联系，形成信息大集中的管理方式。

新经济的兴起催生了大量新兴业态，从而使税源发生了根本性变化。因此，税收征管必须跟上变化的节奏，与时俱进，探索新的管理模式。新的税收征管模式应该是"以税收大数据为基础，以解决征纳信息不对称为目标，以信息流程为主线，以数据比对为核心，计算机处理与人工处理相结合的新型工作模式"，即"管数制"① 模式。

三、税务管理的难点

（一）税务管理的两个历史发展趋势

1. 税收征收工作越来越简便。农业社会早期的税收主要是力役税和田亩税。力役税是通过组织劳动力修建公共工程来实现；田亩税通常征收田地的产物，如粮

---

① 王向东，等. 大数据时代下我国税收征管模式转型的机遇和挑战［J］. 当代经济研究，2014（8）.

食等实物，其收缴、汇集、运输费时费力，甚至为此开挖运河，可见成本之高、困难之大。随着实物课税为货币所取代，及至今天又发展为银行信用方式，税收征收工作已越来越简便、容易，有些工作甚至能够由计算机网络系统自动完成。

2. 税源管理工作越来越困难。力役税和田亩税以人丁和土地为课税对象，其中，人口在古代总量少、流动性低，而土地不能隐藏，因此，古时税源简单明了而易于掌握。例如，明朝政府编制了"黄册（记载人口数）"和"鱼鳞册（记载土地数）"，定期清理，基本上就管住了税源。随着商品课税的出现，税源的流动性加大，交易主体、内容、时间、地点等不确定性大大增加。到直接税产生，征税不但要掌握流转额，还要弄清扣除项目，税源的影响因素日益复杂和多变。

进入知识经济时代，知识逐渐成为财富的源泉，进而成为课税对象。而知识往往附着在一定的载体（如人的大脑、纸张、磁光电存储器等）之上，不易被直接认识。例如，一张光盘实体本身的价值只有几元钱，拷贝了软件系统后售价可能达到几千元，其价差可视为其蕴涵的知识价值（当然光盘本身也是知识产品），这个价值是很难直观判断的。电子商务是知识产品交换的新方式，具有交易主体隐匿性、交易标的模糊性、交易地点流动性以及交易完成快捷性等许多新特点，现代交通通信工具和银行结算工具也使经营活动更加隐蔽、更具有流动性。这就导致出现纳税人的主体资格确定难、获取纳税信息难、税收征管依据确认难等一系列难题。

（二）税务管理的难点

如前所述，税源管理的历史发展趋势是由易到难，因此，税源管理是税务管理的难点。

税务管理工作包括方方面面，不同时期有不同的工作重点。但是，税源管理是税务管理始终不变的工作重点。这一方面是因为税源管理是税务管理永远的难点；另一方面是因为税源管理是各项税务管理工作的基础，税源不明，要搞好申报、征收、稽查等工作就如空中楼阁，无从谈起。

四、制约税源管理的因素分析及改革对策

（一）制约税源管理的因素分析

税源管理之所以成为难点，直接原因是税源越来越隐蔽、分散、流动，但归根结底是由于税务机关对纳税人的税源信息缺乏准确的把握，即在征纳之间存在信息不对称。

⚠【提示】

20世纪70年代，美国经济学家乔治·阿克洛夫（George Akerlof）、迈克尔·斯宾塞（Michael Spence）、约瑟夫·斯蒂格利茨（Joseph Stiglitz）在各自领域分

别进行研究，相继提出"信息不对称理论"，打破了新古典经济理论关于完全竞争市场四大假设之四：买卖双方的信息是完全对称的。信息不对称理论是知识经济时代信息经济学的核心理论，能够更好地解释现实经济现象，三人因此荣获2001年度诺贝尔经济学奖。

所谓信息不对称，有两个基本要点：一是指有关交易的信息在交易双方之间的分布是不对称的，即一方比另一方占有较多的相关信息；二是交易双方对于各自在信息占有方面的相对地位都是清楚的。

在税收征管实践中，对于纳税人的生产经营情况，税务机关与纳税人在信息占有上存在明显的不对称。纳税人掌握着比较完备的信息，拥有"信息优势"，可能隐藏、提供不真实信息以求增加自己的福利；税务机关则处于"信息劣势"，因而会发生漏征或未能发现纳税人违法现象，造成税源失控，导致税收流失。

（二）破解税务管理难题的改革对策

由于信息不对称导致税源难以掌控，那么要破解税务管理的难题，就必须以实现信息对称为基本思路。在税务管理实践中，要千方百计地拓展各种渠道，去调查、搜集纳税人的生产经营信息。具体来说，可以通过纳税人主动报告、第三方报告和税务机关主动搜索来获取纳税人的信息。

1. 加强法制和道德建设。加强法制建设，规范征纳环境，完善税务稽查和处罚制度，严格追究违法者的法律责任，形成法律的威慑力量，迫使纳税人向税务机关提交真实、完整的生产经营信息；加强道德建设，以人为本，凝聚人心，和谐征纳关系，开展纳税辅导和维权服务，推行公开办税，创新服务方式，切实搞好行政救济，凝练税收文化，教育、感化纳税人，使其主动报告纳税信息。

2. 加强税收宣传和税务代理服务。要充分利用网站、12366热线电话、办税服务大厅以及大众传播媒介，还要通过办税大厅人员、税收管理员、税务稽查人员以及税务代理人员，广泛宣传税收政策、税收法律、税收制度以及办税要求，使纳税人懂法，知道应该纳税；使纳税人守法，愿意纳税；还要使纳税人熟悉税法，做到会纳税。这样就可以使税务机关得到更多真实可靠的纳税信息。

3. 加强征管制度建设。加强税务管理制度建设，以制度保证执法、促进守法，以制度培养习惯。要不断健全和完善税务登记、纳税申报、纳税评估、税款征收、税务稽查、申请审核、法制管理等基本管理制度，还要严格执行定额调整申报、减免缓抵退税申请、财会制度办法和软件报告、"破产、合并、分立"情况报告、处分大额资产报告等制度，从而使税务机关获得充分的纳税人生产经营信息。

4. 加强发票和税控装置管理。发票直接记载着纳税人的交易信息，税控装置可以直接显示纳税人的交易信息，因此，它们是监控税源的重要措施和手段。发票还是纳税人从事生产经营的一个重要条件，没有发票可能无法实现销售。而要取得发票，获得领购发票的资格，纳税人必须办理税务登记，因此，发票使用、领购机制是促进纳税人主动办理税务登记的重要手段。总而言之，加强发票和税控装置管理有利于税务机关直接或间接地获取纳税人的信息。

5. 加强信息化管理，全面掌握第三方信息。第三方一般是指除征纳双方之外的主体，具体包括两类：一是与纳税人有直接交易行为者，如商品购销、劳务服务的提供与接受、出租承租、出包承包、财产转让等活动中与纳税人对应的另一方；二是与纳税人无直接交易行为，但由于某种原因知道交易信息者，如产权交易中心、权威技术检验部门、车购税登记部门、社会各界、代征人等。第三方信息是范围极其广泛、内容十分丰富、潜力巨大的信息渠道，第三方信息与纳税人申报信息相互印证，可以促进纳税人如实进行信息报告。因此，加强税务监控和核算管理，搞好信息化建设，发挥大数据、区块链等现代信息技术的威力，重视第三方信息调查与掌握，可以极大地提高税务管理的质量和水平。

复习思考题

1. 什么是税务管理？其核心内容有哪些？
2. 税务管理的特征有哪些？
3. 税务管理工作应遵循哪些原则？
4. 怎样才能做到以法治税？
5. 税务管理的难点是什么？如何突破？

第二章 税收法治与德治

对于治理国家来说，法治和德治是不可或缺的两种手段，从来都是相辅相成、相互促进的。治理税收亦是如此。法律和道德，在观念、本质和目的上是同一的。道德规范通过社会舆论倡导及依靠传统习惯和人们内心的信念来维持，其影响范围更广、层次更深；法律规范是在道德规范的基础上提炼和升华的规范化的文件，由国家强制力和专门机构保证实施，在维护秩序方面效力更直接。但在法律未规定到的领域，就只能靠道德规范发挥作用，而且法律也只对具备基本道德素质的人有效力。总之，德治是基础，法治是主导，两者缺一不可，不可偏废。

第一节 税 收 与 法

一、税收与法的关系

税收是随着国家的产生而产生的。自税收产生以来，税务管理的发展经历了自由贡献时代、协商课征（或称承诺）时代和立宪课征时代三个阶段。

（一）税收自由贡献时代

正史记载，我国夏朝在出现完整意义上的国家政权的同时，也形成了税收体制，所谓"自虞、夏时，贡赋备矣"（《史记·夏本纪》），至今已有四千多年历史。当时的"贡"，指各地的上贡，它以一方无偿、自愿地奉献为最主要特点，被认为是税收的雏形，属于税收自由贡献时代。在税收自由贡献时代，税收的强制性、固定性并不明显。

（二）税收协商课征（承诺）时代

进入封建社会以后，私有制进一步发展，社会财富的争夺日趋激烈，战争频发。战争期间，军需巨大，普通税制不能满足要求，国家开始转向富人（贵族、教会、大地主等）征税。由于富人势力很大，国家只能采取协商的方式，而且在战争的特殊背景下，富人也不得不承诺同意征税，此即协商课征（或称承诺）时代。在税收协商课征时代，税收的固定性不明显。

（三）税收立宪课征时代

战争一次又一次发生，这种协商反复地进行，协商的内容就逐渐地模式化。在进入法制社会以后，模式化的协商内容以法的形式固定下来，税收开始了立宪课征时代，税收与现代法制紧密地结合在一起。只有在立宪课征时代，税收的强制性、无偿性、固定性特征才得以完整地体现。

法律以其权威性、公正性、规范性成为体现征税和纳税规则的最佳方式。税收与现代法制紧密结合，或者说税收采用法律形式，是一种最佳选择。在现代税务管理活动中，征什么税、征多少、怎样征，都用法的形式固定化，明确征纳双方的权利和义务，就可以保证税务管理的规范化，更好地实现税收职能。历史经验证明，脱离法律约束的税收对一个国家来说是很危险的。中国封建社会历次农民起义都与统治者无节制地征税有关；资本主义社会的发展史则向我们证明，在税收法律主义原则被遵从、税收活动能够被限制在法律框架之中以后，课税的矛盾才得到一定程度的缓解。

二、税法的分类

税法的分类是指从不同的角度，根据不同的标准，将税法划分为不同的种类。

（一）税收基本法与税收单行法

这是按照税法的地位、内容、效力的不同为标准而对税法的分类。税收基本法是指对税法中的共同性问题加以规范，对具体税法具有普遍约束力，在税法体系中具有最高法律地位和最高法律效力的税法。税收单行法是指就某一类纳税人、某一类征税对象或某一类税收问题单独设立的税收法律、法规或规章。税收单行法受税收基本法的约束和指导。

⚠【提示】

税收基本法和税收单行法的分类与税法体系的结构有关。有些国家的税收法典包含了税收通则法与税收单行法的全部内容（如美国），因此，无法从立法上作这种划分。有的国家则只有税收单行法而没有税收通则法，我国现阶段就属于这种情况。税收基本法立法困难，但对执法有利；税收单行法则相反。在我国建立税收基本法仍需要一个较长的过程。

（二）税收实体法与税收程序法

这是按照税法规定的内容不同而对税法的分类。税收实体法是指所规定的主要是国家和纳税人的实体权利与义务等的法律，如《中华人民共和国个人所得税法》。按照征税对象的性质不同对实体税法可作进一步分类，即实体税法包括流转税法（或称商品与劳务课税税法）、收益税法（或称所得税法）、资源税法、财产税法及行为税法。税收程序法是指所规定的主要是保证国家与纳税人权利和义务得以实施的步骤、次序、期限或方式的法律，如《中华人民共和国税收征收管理法》。

（三）国内税法与国际税法

这是按照税法制定和实施的主体不同所作的分类。国内税法是指一个主权国家制定的在其税收管辖权范围内适用的法律。国际税法是指参与国际关系的国家通过协议制定或认可的、适用于国家之间的法律。国际税法是国际公法的特殊组成部分，包括政府间的双边或多边税收协定、关税互惠公约、"经合范本"和"联合范本"以及国际税收惯例等，其效力高于国内税法。

（四）中央税法与地方税法

这是按照税权的不同所作的分类。中央税法是指由国家最高立法机关或委托中央政府行使立法权设立的税法的总称。地方税法是指由地方立法机关或政府依法行使立法权设立的税法的总称。中央税法与地方税法的划分，与国体、政体及各级政府的财政职能有很大关系。一般来说，联邦制国家实行分权制，地方的税收立法权较大，地方税法体系较完善；而中央集权制国家地方税收立法权较小。

三、税收法律体系

税收法律体系是指由现行全部税收法律规范按照不同的效力级次组合在一起的有机联系的统一整体。我国在宪法之下基本形成了由税收法律、行政法规、规章和规范性文件构成的税收法律体系。

（一）税收法律

税收法律是由全国人民代表大会和全国人民代表大会常务委员会制定颁布的，法律地位和效力仅次于宪法。如《中华人民共和国企业所得税法》《中华人民共和国税收征收管理法》。

（二）税收法规

税收法规又分为税收行政法规和税收地方法规。

1. 税收行政法规。税收行政法规是由国家最高行政机关即国务院根据宪法和法律，在其职权范围内制定的有关国家税务管理活动的一种规范性法律文件，其法律地位和效力仅次于宪法和法律，如《中华人民共和国发票管理办法》。

2. 税收地方法规。税收地方法规是由地方权力机关——主要是省、自治区、直辖市（包括经国务院批准的较大的市）人民代表大会及其常务委员会，根据本行政区域的具体情况和实际需要，在不同宪法、法律、行政法规相抵触的前提下，制定的地方性法规。

（三）税收规章

税收规章，即税收行政规章，又分为税收部门规章和税收地方规章。

1. 税收部门规章。按照宪法的规定，国务院所属各部、各委员会，有权根据法律和国务院的行政法规、决定、命令，在本部门的权限内可以制定规章。其法律地位和效力低于宪法、法律和行政法规。

2. 地方政府规章。根据宪法和组织法的有关规定，省、自治区、直辖市（包括经国务院批准的较大的市）人民政府，可以根据法律和国务院的行政法规制定规章。其法律地位和效力低于宪法、法律、行政法规和地方性法规，也不得与部门规章相抵触。

（四）税收规范性文件

根据宪法和组织法的有关规定，县以上地方各级人民政府（包括其财税部门）依照法律规定的权限，可以发布决定和命令，这些决定和命令属于税收规范性文件。

第二节 税收法制管理

法制是法律制度的简称，即全部法律的总和。它是民主政治的法律化、制度化，有法可依是法制的首要任务，依法办事是法制的基本内容，违法必究是法制的根本保证。法律制裁有国家的强制力量作后盾，因此，它在社会秩序的维持、外在行为的约束以及制裁力方面比德治有明显的优势，在特定时期强化依法治税是十分必要的。税收法制管理，就是对税收立法、执法、司法等方面加强管理，以便实现有法可依、有法必依、执法必严、违法必究，创造税务管理良好的法制环境。

一、税收立法管理

税收立法是指国家机关依据法定的权限和程序，制定、修改、补充和废止税收规范性文件的活动。狭义的税收立法特指国家立法机关制定、修改、补充和废止税收法律的活动。税收立法管理主要是对税收立法主体、权限、程序等方面进行的管理。

（一）税收立法主体

根据广义的税收立法概念，税收立法主体包括国家权力机关和国家行政机关两部分。

1. 国家权力机关。国家权力机关立法是税收立法的主要部分，其主体包括国家最高权力机关——全国人民代表大会及其常务委员会和地方权力机关——省级人民代表大会及其常务委员会。

2. 国家行政机关。具体包括国家最高行政机关——国务院和其他行政机关（包括国务院内设的部委局和省、直辖市、自治区地方政府）两部分。

（二）税收立法权限

1. 权力机关的立法权限。全国人民代表大会及其常务委员会有权进行税收法律的立法；省级人民代表大会及其常务委员会有权制定地方税收法规，在地方范围内适用。

2. 行政机关的立法权限。国家行政机关立法是指依据宪法的直接规定，由行政机关行使立法权。国家行政机关立法的法律级次较低，但数量很大。

国务院可以根据全国人民代表大会的授权或者根据自己的职权，制定税收行政法规。

国务院所属部委局和省、直辖市、自治区地方政府，有权制定税收规章、税收规范性文件。

3. 国家最高司法机关——最高人民法院、最高人民检察院有税收法律解释权，从某种意义上来说，也具有"补充立法权限"。

【思考 2 - 1】

怎样理解国家最高司法机关也具有一定的税收立法权？

（三）税收立法程序

广义的税收立法程序包括立法准备阶段和正式立法阶段两部分。

立法准备阶段也可以称为政策议程，即由社会关注的热点、焦点问题的提出和热烈议论，到专家学者参与议论，再到进入法学家、立法者的视野，成为一个政策问题的过程。这个从社会问题演变到政策问题的进程，往往要经历几年甚至十几年的时间，是一个比较漫长的过程。

正式立法阶段是税收立法的核心阶段，是政策问题进一步演变成法律的过程，一般只要几年或者几个月就可完成，正式的会议表决阶段只要几天即可。就税收法律来说，正式立法阶段包括税法议案的提出、草案的审议、表决通过、税收法律的颁布等环节。

1. 税收法律议案的提出。税收法律议案是指享有税收立法提案权的国家机关或人员依照法定程序向立法机关提出的关于制定、修改或废除某一税收法律的正式提案。这是税收立法的第一个环节。按照我国《立法法》的规定，有权向全国人民代表大会提出立法议案的有全国人民代表大会主席团、全国人民代表大会常务委员会、全国人民代表大会各专门委员会、国务院、中央军委、最高人民法院、最高人民检察院、一个人民代表大会代表团或 30 名以上全国人民代表大会代表联名。有权向全国人民代表大会常务委员会提出法律议案的有全国人民代大会委员长会议、全国人民代表大会各专门委员会、国务院、中央军委、最高人民法院、最高人民检察院、10 人以上的全国人民代表大会常委联名等。

2. 税收法律议案的审议。议案的审议是一个反复论证修改、最终形成草案表决稿或者否决议案的过程。一般经过以下步骤：第一，决定税法议案是否列入审议日程。第二，代表审议。包括听取提案人的说明、回答咨询、各代表团审议、有关专门委员会审议等。第三，法律委员会审议。第四，提出税收法律草案表决稿。税收法律草案在审议中有重大问题需要进一步研究的，经全体会议决定，可以提请下次会议审议决定。

3. 税收法律草案的表决。即有法案表决权的机关和人员，对税收法律草案是否通过，以一定的方式表明自己态度的过程。税收法律草案的表决有通过与未通过两种结果。按照《立法法》等相关规定，全体代表过半数同意为表决通过。

4. 税收法律的颁布。税收法律草案通过后即成为法律，但必须经过公布后才能生效。因此，税收法律的颁布是税收立法的最后一道程序。

二、税务执法管理

（一）税务执法权

税务执法权是税务机关依法拥有的、实施税务管理活动的资格及其权能。它具有以下特征：一是法定性。税务执法权力来自法律、法规的规定，没有法律、法规的规定不能行使，其他部门和个人无权行使此项权力，也不能代替税务机关行使税务执法权。二是国家意志性。税务执法权是以国家名义实施的，体现着国家意志，并以国家强制力保障的权力。纳税人拒不执行税务机关的决定，不履行相关义务时，税务机关可以依法借助国家机器来强制当事人履行。三是单方决定性。税务执法权是税务机关依法单方面行使的权力，其行使时不需要经过行政管理相对人的同意，即以税务机关的单方面决定即告成立。四是不可处分性。税务执法权是税务机关必须认真履行的职责，具有法定程序特性。作为国家法律赋予的一种管理职权，税务机关必须依法认真履行这种职务行为，不得转让，更不能放弃，否则就是失职。在行使的程序方式上也有严格要求和限制，违反法定程序而行使权力属于违法行政。五是优益性。税务执法权的行使又表现为行政优先权和行政受益权，行使税务执法权的税务机关与纳税人相比，处于优益的法律地位。

根据《税收征管法》的规定，税务机关主要行使以下权能。

1. 税收法规的解释权，是指在执行税收管理法规的过程中，在一定范围内对具体的法律规范做出相应的解释。

2. 税收征收权，是指税务机关依法将纳税人应纳各项税款收缴入库的权力。这是税务机关基本的、核心的权力，包括核定税额和征、减、免、缓、抵、退税以及追征税款等权力。

3. 税务管理权，是指为征税而进行基础管理的权力，是征税权派生出来的。

如户籍管理、账簿凭证及发票管理、纳税评估、获得纳税信息等方面的权力。

4. 涉税事务的审批权，是税务机关对重要的、具有法律意义的涉税事项按一定条件、程序进行审核批准的权力，如办理纳税登记、领用发票以及减免税、延期申报纳税等事项的审批权。

5. 税收保全权，是指税务机关依法对负有纳税义务的单位或个人采取限制其转移与处理商品、货物和其他财产的特殊保护权力，以防止国家税款流失。

6. 税收强制执行权，是指税务机关对拒不履行纳税义务的单位和个人依法采取的强制性收缴税款的权力。

7. 税务行政处罚权，是指税务机关对违反税收管理秩序的相对人给予制裁的权力。

8. 税收检查权，是指税务机关依法对纳税人的账簿、凭证、银行账户及其他纳税资料进行查验、核实，以确认纳税人依法纳税或者违法事实成立的权力。

9. 委托代征权，是指税务机关根据税法的授权，委托没有税收征收权的单位和个人代征税款的权力。

10. 税务行政复议决定权，即指税务机关对纳税人申请行政复议的案件有作出复议决定的权力。

11. 上诉权。按照《行政诉讼法》的有关规定，发生税务行政争议而由纳税人提起行政诉讼时，在第二审程序中税务机关享有上诉权。

此外，还有代位权、撤销权、公告权、阻止欠税人出境权、推广税控装置权、询问权、请求协助权等。

（二）税务执法责任追究制

税务人员是税收执法者，拥有一定的税收执法权，在管理不规范、执法水平低以及存在自由裁量空间的情况下，就有可能出现违规越权办事、滥用职权随意执法、"暗箱"操作、经不起诱惑而为税不廉等问题。因此，推进依法治税，不但要规范纳税人行为，也要规范征税人行为，实施相应的责任追究制度。

2001年6~8月，国家税务总局在总结河南省国税局推行行政执法责任制工作的基础上，印制了105万字的《税务行政执法责任制》工作手册。2002年3月，开始在全国国税系统推行税收行政执法责任制。2005年3月，国家税务总局制定下发了《全国国、地税税收执法责任制岗位职责和工作规程范本（试行）》《税收执法责任制考核评议办法（试行)》，修订了《税收执法过错责任追究办法》，基本建立了全国税收执法责任制制度体系。该制度体系以统一的岗位职责和工作规程为基础，以信息技术为支撑，对税收执法行为进行全过程的监控与考核，旨在规范执法行为，严格责任追究，促进征管质量与效率的提高。

税务执法责任追究制包括四个基本要素，即分解岗位职责，明白"做什么"；明确工作规程，明白"怎么做"；开展评议考核，清楚"做得怎么样"；严格过错追究，解决"做得不好怎么办"。这四个要素相互衔接，共同形成以法律法规赋予税务机关的职责与权力为依据，以严密科学的岗位责任体系为基础，以量化细致的工作规程为基点，以评议考核为手段，以过错责任追究为保障，以信息化手段为依托的执法行为监督机制。

1. 分解岗位职责，明白"做什么"。按照因事设岗、权力制衡、业务不交叉、分权监督等原则，明确市（地、州）和县（区）两级税务部门的执法岗位数，划清了岗位间工作的联系与界限，实现了制度、机构、岗位、人员的有机结合，使行政权力的内部运行始终处于公开、透明的良性循环中。

2. 明确工作规程，明白"怎么做"。依照税收业务管理流程，对税收执法权运行全过程进行细化，把税收执法权行使的法定条件、法定标准、法定程序、法定时限、法定方式和法定权限等配置到具体岗位，并明确每个岗位的工作内容、步骤、程序和衔接方式。

3. 开展评议考核，清楚"做得怎么样"。按照税收业务规程和税收综合征收管理软件，根据税收行政执法责任制度对权力监督考核的要求，为岗位执法权监控、税务稽查、管理服务、征收法规执行等四大业务设计具体考核指标。通过对各种考核指标的监控，监督税收执法权行使和税收业务完成情况。并可将执法人员行为的评价与年终评先、提拔使用挂钩，将对个人的考核与所在单位的考核结合起来，充分调动广大干部的积极性和创造性。

◇【探讨】定量考核干部工作业绩要防止两种倾向

在干部工作业绩考核方面，越来越倾向于设计大量指标进行定量考核。这有科学的一面，但也要防止指标过多、过细，或者只有扣分指标而没有加分指标。否则，既增加了考核的难度，也容易出现"鞭打快牛"的情况。

4. 严格过错追究，解决"做得不好怎么办"。过错责任追究以执法过错（过失、故意）责任为归责原则，以税收执法人员为责任追究对象，坚持思想教育与责任追究相结合、纠正过错与改进工作相结合、严格要求与爱护干部相结合，力求做到追究范围适量、责任追究适度。《税收执法过错责任追究办法》有四个要点：一是明确了追究范围。列举了税务登记、受理、申报、征收、稽查等各个执法环节中容易出现的违法违规行为。二是确定了追究形式。对一般违规行为，给予责令待岗等行政处理；对严重违规违法行为，依法给予行政处分；构成犯罪的，依法追究刑事责任。三是明确了责任划分标准。区分出直接责任、连带责任、领导责任，同时规定了不承担、从轻、从重或加重追究责任的适用条件。四是规定了追究程序。确定了发现线索、受理案件、调查核实、法制部门复审、集体审议、拟订处理意见、被追究人申辩和执行八个环节。要探索试行能级管理和岗位分级办法，将每一位执法人员执法水平的提高与能级、岗位的认定挂钩，形成税务干部学习激励的长效机制。

（三）税务执法监督

为了从源头上预防和治理腐败，搞好税务系统党风廉政建设，推进依法治税，实行依法行政，必须认真贯彻落实税务行政执法责任制，加强税务执法监督。具体来说，就是要按照行政执法权行使的内在规律，以法律、法规赋予行政执法机关的职责与权力为依据，以严密科学的岗位责任体系为基础，以细致量化的工作规程为基点，以评议考核和奖惩为手段，以法制教育和培训为保障，加强对税务行政执法的检查、考核，使税务行政执法人员以依法行政、严格管理为荣，做到不敢违法、不能违法和不愿违法，使有法必依、执法必严、违法必究成为税务行政执法人员的自觉行动。

1. 针对税务执法过程中容易发生问题的部位和环节，重点加强检查监督。要着力解决税务人员在基建工程、政府采购、服装制作、票证印制、信息化建设、税控器具推广应用、税务师行业管理、办公用品采购、固定资产处置等领域以权谋私、接受或为亲朋好友介绍商业贿赂的问题，形成执法有依据、操作有规程、过程有监控、责任有追究的监督制约机制，促使税务干部依法行政的观念和方式发生根本转变，进一步规范执法行为，真正体现有权必有责、用权受监督、违法要追究、侵权须赔偿。

2. 科学配置税收执法权，实行机构及职能间的相互制约。要明确内设机构及岗位设置，对重要的权力要进行分解或分离，实行税务稽查选案、检查、审理、执行四分离，税务行政处罚的调查、听证、审理决定与执行相分离，财物管理、人事管理的决策权与执行权相分离，重大案件、重大事项的决定应实行集体讨论决定制度等。通过对权力进行分解或分离，实行集体研究、民主决策，可以杜绝"暗箱"操作，大大减少以权谋私的可能性及其违法危害性。

3. 对税务执法过程进行多角度检查监督。一是要将执法责任制检查监督与税收征管质量检查监督相结合，在注重"两权"监督的同时，加强对税务人员的工作效能、履行职责和执行政策的效果进行检查监督；二是要将事后检查监督与事前、事中检查监督相结合，将侧重对结果监督变为对过程与结果并重的监督，工作重心由被动的事后监督转向事前预防和全过程监控，不断提高税务人员依法行政的能力和水平；三是要将责任追究与绩效考评、目标管理、执法检查及公务员制度建设相结合，建立健全包括税务干部教育培训、升降奖惩、录用淘汰在内的完善的制度体系，实现从严治队的目标；四是要将对实体法内容的检查监督与对程序法内容的检查监督相结合，要改变过去重实体、轻程序的片面认识，建立严格按法定程序和时限办理税收业务的责任意识，提高税收执法质量。

4. 对税务执法行为进行全方位检查监督。各业务部门对本部门人员、职能部门对各业务部门、上级机关对下级单位、全社会对税务机关都要加强检查监督，形成内外结合、上下结合的监督体系。特别要重视社会监督，而且要主动接受监督。要认真落实人大、财政、审计、纪检监察等机关的监督意见和决定，邀请纳税人、其他党政、司法部门和社会中介组织，对特定税收执法行为进行监督和意见反馈。可以采取发放执法评议卡、设立意见箱、利用政府网站开辟专栏、公开监督举报电话、聘请监督评议员等方式进行。

5. 广泛应用现代信息技术，健全和完善税务执法考核监督系统。注重人工考核与计算机考核相结合，将计算机自动考核系统作为推行税收执法责任制工作的突破口，不断完善税收执法管理信息系统，实现对各项税收业务和税务系统的全覆盖。通过自动对执法基础数据进行疑点筛选，为行政监察部门提供立项线索，从而使税收工作各环节置于计算机的严密监控之下，排除了过去人工考核容易出现的人情因素，实现了"机器管人"的要求，解决了过去执法随意、考核不公和追究不到位的问题。

（四）税务执法风险防范

税务执法风险，是指具备税收执法资格的税务机关工作人员（简称执法人员），在行使权力或履行职责的过程中，因作为和不作为可能使税收管理职能失效以及可能对执法主体和执法人员本身造成伤害的各种潜在危险因素的集合。

税务执法风险类型的划分如下：

1. 按执法人员承担责任不同划分为行政责任风险、刑事责任风险、民事责任风险；

2. 按执法风险来源不同划分为外部风险和内部风险；

3. 按岗位职责不同划分为征管工作风险、稽查工作风险、征收工作风险等；

4. 按违法类型不同划分为滥用权力型、放弃权力型、误用权力型和私欲膨胀型风险。

防范税务执法风险，就要增强风险意识，提高风险识别能力，健全风险防范机制。这对于保护税务干部、树立税务执法机关的良好形象、保护纳税人合法权益、强化依法治税、确保税收征管质量和税收收入有重要的意义。

三、税务司法管理

（一）税务司法管理的特点

税务司法是指国家司法机关依法审理、判决税务争议案件的一项专门活动。国家司法机关是行使司法权的国家机关，对其构成有不同的理解。

税务司法管理，是指对有关涉税司法活动的管理。狭义上仅指人民法院、人民检察院的司法管理活动；广义上还包括公安机关和税务机关的某些管理工作。其中，公安机关的管理工作包括协助税务机关打击虚开发票和抗税等违法活动、执行阻止出境指令等；税务机关的相关管理工作包括案件移送（需要掌握税务违法行为构成犯罪的司法标准）、税务行政复议（有时被称为准司法活动）等。

税务司法管理是国家有关机关遵循公正司法、公民在法律面前一律平等、违法必究等原则，按照法定程序，运用法律手段解决税务纠纷、打击税务违法犯罪的重要活动。它对于保障国家税法的权威性、强化税务管理、保证国家财政收入、维护国家主权和经济主体合法权益、健全和完善社会主义市场经济法制秩序，都有重要的意义。

(二) 税务司法管理组织

广义的税务司法管理组织是由人民法院、检察机关、公安机关和税务机关构成的组织体系。人民法院是最主要的司法部门,为了搞好税务司法工作,法院内部还应该设立专门的税务法庭。现有税务诉讼案件是由法院的行政法庭负责审理,法官的审理范围太广泛,受精力限制使其税收专业知识掌握得不够深入,在一定程度上影响审案质量。但是,普遍设立专门税务法庭又存在扩大编制的问题。那么,比较好的解决办法是,借鉴美国流动法庭的做法,在每个省级辖区范围内设立1~2个流动的税务法庭,由各地法院受理税务案件,税务法庭在各地流动审案。这样既可以实现法官专业化,也不过多增加编制,还有利于减少社会对司法的干扰。检察机关的职责是代表国家对刑事案件提起公诉,追究被告人的刑事责任,并监督审判活动等,应该对税务案件审理工作进行监督。税务机关及其从事税务行政复议、行政应诉、行政赔偿等工作的其他机关和部门,应认真履行职责,严格遵守法定程序,遵循法律依据,搞好行政司法及相关工作。税务机关与公安机关要建立健全广泛的联合执法制度,加强协调配合,更有效地打击税收违法犯罪。

⚠【探讨】设立税务警察问题

在某些地区,税收犯罪活动往往会干扰税务机关正常执法,因此,部分税务机关对建立税务警察的呼声很高。但是,设立的税务警察队伍与现有的公安部门在辖区上会有重复,体制上不规范,也增加了人员编制和管理的难度,而且也未必能有效解决犯罪分子冲击税收执法的问题。因此,应该多从征管方式上采取改革措施,并与现有公安部门建立有效的联系。

第三节 税收德治

税收德治是指以道德规范约束征纳双方行为,从而实现税务管理的目标。它是"以德治国"理念在税收工作中的集中反映。

中国是崇尚德治的国家,从炎黄五帝到老庄孔孟,他们不但个人道德高尚而且着力实行德治,"修德抚民"(《帝王世纪》),从而使社会上形成了良好的道德风尚:"田者不侵畔,渔者不争隈,道不拾遗,市不豫贾,城郭不关,邑无盗贼,鄙旅之人相让以财,狗彘吐菽粟于路而无仇争之心。"(《淮南子·览冥训》)子曰:"为政以德,譬如北辰,居其所而众星共之。"《论语·为政》《大学》开宗明义提出"三纲领":明明德、亲民、止于至善。这些先贤们的德治思想铸就了中华民族崇尚道德、尊重道德的价值观念,也培育了中华文化尊道贵德的理性品质,大德曰生的人文情怀,成为中华文明日益繁荣昌盛的源泉。

任何一种法律体系的建立都离不开一定的伦理道德基础,加强道德建设有助于法的实施,对未立法的领域,道德调整可(在一定程度上)弥补,对于法不适用的领域，则只能用道德规范调整。例如，偷逃税用法律制裁，避税则只能靠道德约束。

坚持以德治税，就要从提高全民族道德文化素质出发，大力弘扬中华民族优秀的传统文化，发扬德治精神，树立以人为本的理念，认真做好税收宣传、纳税辅导、纳税服务等工作，加强税收文化建设，创造税务管理的良好德治环境。

一、树立人本管理理念

（一）人本管理的意义

人本管理即人性化管理或叫柔性管理，是指在管理中强调以人为中心，通过调动人的积极性，去发挥其他资源的作用从而达成管理目标。人本管理是与物本管理、资本管理相对应的概念，是"人本主义"的必然要求。

⚠【提示】

人本主义，是 14 世纪下半期发源于意大利并传播到欧洲其他国家的哲学和文学运动，先后出现了人文主义、人类中心主义、人本主义思潮，其共同的含义就是"以人为本"。人本主义承认人的价值和尊严，弘扬了人性与人权，推进了科学技术革命和资产阶级民主革命。20 世纪 50 年代，美国心理学家马斯洛（Abraham Maslow）与罗杰斯（Carl Rogers）创立了人本主义心理学，主张研究对人类进步富有意义的问题，如人的本性、潜能、经验、创造力及自我实现等，关心人的价值和尊严。

随着资本主义生产方式的进步，尤其是 20 世纪 50 年代以后，人对企业生产率的贡献越来越大，从而将企业中的人提升到比物力资本更为重要的地位。于是，"人本主义"就逐渐取代了"资本主义"在企业中所占的主导地位，管理方式也就由以"资"为"本"转变成以"人"为"本"。

"以人为本"并不是一个舶来的理念。早在 2000 多年前管仲就提出："夫霸王之所始也，以人为本。本治则国固，本乱则国危。"（《管子·霸言》）以人为本的理念，在当代越来越受到重视。2004 年 3 月，胡锦涛同志在中央人口资源环境工作座谈会上就深刻指出：坚持以人为本，就是要以实现人的全面发展为目标，从人民群众的根本利益出发，谋发展、促发展，不断满足人民群众日益增长的物质文化需要，切实保障人民群众的经济、政治和文化权益，让发展的成果惠及全体人民。2013 年 11 月 12 日，习近平在十八届三中全会第二次全体会议上的讲话强调：全会决定归纳了改革开放积累的宝贵经验，其中很重要的一条就是强调必须坚持以人为本，尊重人民主体地位，发挥群众首创精神，紧紧依靠人民推动改革。

人本管理强调以人为本，就"人"的总体来说，就是要以最广大人民群众的利益为本，切实保障公民的政治、经济和文化权益；就"人"的个体来说，就是要以人性为中心，从人性出发来分析问题，尊重和保障人权，关注人的价值、权利和自由，关注人的生活质量、发展潜能和幸福指数，最终实现人的全面发展。著名管理学家陈怡安教授把人本管理提炼为三句话：点亮人性的光辉；回归生命的价值；共创繁荣和幸福。这也正是人本管理的意义所在。

（二）以制度贯彻德治

人本管理，涉及人的培育与成长，人的选聘与任用，人的积极性、主动性、创造性的发挥，以及人际关系、组织价值观念的形成、团队建设等方方面面，是一项复杂的系统工程。"以人为本"本身是一种理念，它体现了对人尤其是个体的充分尊重。人乃世界上唯一具有丰富感情的社会动物，情感与思想又是紧密相连的。尊重人、理解人、关心人，就容易与人在情感上进行沟通，在思想上引起共鸣，因而就容易达成管理的目标。

人本管理，也是德治的范畴，或者说是德治思想的体现。首先，德治关注人性。人性有善恶两面，道德旨在促进人扬其善抑其恶，即点亮人性的光辉，而抑制人性的阴暗面。其次，德治注重人心。道德强调人的内心思想的作用，内心感化，良心发现，最终将改变人的行为，即回归生命的价值。最后，德治重视人脉。德治重视人的价值，强调人要有理想和目标，而且要个人理想与社会理想相结合，即所谓从善如流，共创繁荣和幸福。

综上所述，人本管理理念也是德治理念，都是强调"情感管理"的现代管理理念，在税务管理工作中，毫不例外地也要遵循这样的理念。在税务管理过程中，如何贯彻实施德治理念呢？柔性的理念还需要刚性的制度作保障，即通过制度的创设和执行来保证德治的推行。

在现行的税务管理制度中，纳税服务、税收宣传、纳税信誉等级评定、税收文化建设、思想政治工作等，都是贯彻实施德治的具体管理工作制度。遵循以税务干部为本、以纳税人为本的理念，有利于保证税收德治切实落到实处。

在其他管理制度中也要体现德治精神，绝不能违背人本主义原则。但在现实的税务管理工作中却也存在着违背德治精神的情况。例如，在20世纪80年代进行的"征管查"三分离改革中，税务检查人员查出纳税人有违法行为，就说明负责管理、征收业务的人员工作有错误，要承担责任。检查人员成绩越大，管理、征收人员问题就越多。检查人员始终面临两难选择：要么违法，要么得罪同事。后来强调纳税人自主申报，法律归位，征管查一致对外，才扭转了这种局面。

二、纳税信用管理

（一）纳税信用管理概述

1. 纳税信用的含义。信用是人际交往中形成的价值关系，是行为人以其行为证明并得到外部认可的能力或品质。信用也是一种态度或行为模式，在商业社会具有极高的经济价值和社会价值，可以大大降低交易成本，提高经济活动的效率。

纳税信用是纳税人在依法履行税收义务的过程中自身内在价值的客观综合反映，是被社会普遍认可的一种商业信用，直接体现纳税人对社会、对国家的信用。当纳税人以其信誉做担保时，实质上是以其内在品质做保障，这个品质通常是外界对其一贯行为的正向评价，就如商誉这种无形资产一样。在良好的纳税信用环境下，税收管理工作效率较高，而税收风险较低。

纳税信用管理，是指税务机关对纳税人的纳税信用信息开展的采集、评价、确定、发布和应用等活动。纳税信用管理遵循客观公正、标准统一、分级分类、动态调整的原则。

已办理税务登记，从事生产、经营并适用查账征收的企业纳税人适用《纳税信用管理办法（试行）》。扣缴义务人、自然人纳税信用管理办法由国家税务总局另行规定。个体工商户和其他类型纳税人的纳税信用管理办法由省税务机关制定。

⚠【提示】我国纳税信用制度建设进程

探索起步阶段（20世纪90年代末至2002年）。20世纪90年代末至2002年，部分省市税务机关开始试行纳税信用评级工作。

规范阶段（2003～2013年）。2003年，国家税务总局开始在全国范围内试行纳税信用等级评定管理工作，根据《中华人民共和国税收征收管理法实施细则》制定并颁布了《纳税信用等级评定管理试行办法》，税务机关每两年对企业纳税人开展一次纳税信用等级评定，并根据A、B、C、D四个不同信用等级，分别采取不同征管措施和服务手段。2013年，国家税务总局开始依法对部分失信纳税人信息进行公开。

完善提升阶段（2014年至今）。2014年，李克强总理在政府工作报告中提出"让守信者一路畅通、让失信者寸步难行"。国家税务总局于2014年7月8日制定并发布了《纳税信用管理办法（试行）》，标志着我国税务领域信用体系建设迈上了新台阶。2018年2月，国家税务总局发布公告，增设M级纳税信用级别。2020年9月，国家税务总局发布新公告，增加了纳税信用指标评价情况的复核机制，调整了起评分规则等。至此，我国的纳税信用管理发展脉络清晰展现。

2. 纳税信用管理的意义。

首先，纳税信用管理会增加诚信纳税人的获得感。纳税信用是纳税人参与市场竞争的重要无形资产。守信纳税人在税收服务、融资授信、项目管理、进出口等领域可以享受更多优惠和便利。通过纳税信用管理，对不同信用级别的纳税人实施分类服务和管理，多部门实施守信联合激励、失信联合惩戒，让守信者处处受益，失信者处处受限，有利于提升纳税人诚信纳税的意识。

其次，纳税信用管理有助于提高税务机关税收管理的质量和水平。加强纳税信用管理，建立完善的纳税信用管理体系，有助于提高纳税人的纳税遵从度，从而提高税务部门征管效率，降低税收费用率，减少税收流失。也有利于税务机关转变工作模式，实现管理向服务的转型。

最后，纳税信用管理将助推全社会信用体系建设。通过强化纳税信用管理，不仅可以和谐征纳关系，推动税收事业持续健康发展，而且对我国社会信用体系建设有重要推动作用。纳税信用是社会信用的重要组成部分，对全社会形成"褒扬诚信，惩戒失信"的浓厚氛围发挥着重要的引领作用。同时，将纳税信用与社会信用挂钩，例如，纳税信用优良的纳税人可以免抵押获得银行贷款，会形成两者的良性互动，相互促进，使整个社会信用水平大大提升。

【思考 2 – 2】

为什么把纳税信用列入税收德治的范畴？

（二）纳税信用管理的内容

1. 纳税信用信息采集。纳税信用信息采集是指税务机关对纳税人纳税信用信息的记录和收集。纳税信用信息包括纳税人信用历史信息、税务内部信息、外部信息。纳税信用信息采集工作由国家税务总局和省级税务机关组织实施，按月采集。

（1）纳税人信用历史信息。包括基本信息和评价年度之前的纳税信用记录，以及相关部门评定的优良信用记录和不良信用记录。

（2）税务内部信息。包括经常性指标信息和非经常性指标信息。

（3）外部信息。包括外部参考信息和外部评价信息。

2. 纳税信用评价。纳税信用评价采取年度评价指标得分和直接判级两种方式。年度评价指标得分采取扣分方式。纳税人评价年度内经常性指标和非经常性指标信息齐全的，从 100 分起评；非经常性指标缺失的，从 90 分起评。直接判级适用于有严重失信行为的纳税人。

评价指标包括税务内部信息和外部评价信息。外部参考信息在年度纳税信用评价结果中记录，与纳税信用评价信息形成联动机制。纳税信用评价周期为一个纳税年度，纳税信用级别设 A、B、M、C、D 五级。A 级纳税信用为年度评价指标得分 90 分以上的；B 级纳税信用为年度评价指标得分 70 分以上不满 90 分的；C 级纳税信用为年度评价指标得分 40 分以上不满 70 分的；D 级纳税信用为年度评价指标得分不满 40 分或者直接判级确定的；M 级纳税信用为新企业年度内无营业收入且年度评价指标得分在 70 分以上的。

（1）有下列情形之一的纳税人，本评价年度不能评为 A 级：①实际生产经营期不满 3 年的；②上一评价年度纳税信用评价结果为 D 级的；③非正常原因一个评价年度内增值税或营业税连续 3 个月或者累计 6 个月零申报、负申报的；④不能按照国家统一的会计制度规定设置账簿，并根据合法、有效凭证核算，向税务机关提供准确税务资料的。

（2）有下列情形之一的纳税人，本评价年度直接判为 D 级：①存在逃避缴纳税款、逃避追缴欠税、骗取出口退税、虚开增值税专用发票等行为，经判决构成涉税犯罪的；②存在前项所列行为，未构成犯罪，但偷税（逃避缴纳税款）金额 10 万元以上且占各税种应纳税总额 10% 以上，或者存在逃避追缴欠税、骗取出口退税、虚开增值税专用发票等税收违法行为，已缴纳税款、滞纳金、罚款的；③在规定期限内未按税务机关处理结论缴纳或者足额缴纳税款、滞纳金和罚款的；④以暴力、威胁方法拒不缴纳税款或者拒绝、阻挠税务机关依法实施税务稽查执法行为的；⑤存在违反增值税发票管理规定或者违反其他发票管理规定的行为，导致其他单位或者个人未缴、少缴或者骗取税款的；⑥提供虚假申报材料享受税收优惠政策的；⑦骗取国家出口退税款，被停止出口退（免）税资格未到期的；⑧有非正常户记录或者由非正常户直接责任人员注册登记或者负责经营的；⑨由 D 级纳税人的直接责任人员注册登记或者负责经营的；⑩存在税务机关依法认定的其他严重失信情形的。

（3）纳税人有下列情形的，不影响其纳税信用评价；①由于税务机关的原因或者不可抗力，造成纳税人未能及时履行纳税义务的；②非主观故意的计算公式运用错误以及明显的笔误造成未缴或者少缴税款的；③国家税务总局认定的其他不影响纳税信用评价的情形。

3. 纳税信用评价结果的确定和发布。纳税信用评价结果的确定和发布遵循谁评价、谁确定、谁发布的原则。税务机关每年 4 月确定上一年度纳税信用评价结果，并为纳税人提供自我查询服务。纳税人对纳税信用评价结果有异议的，可以书面向作出评价的税务机关申请复评。作出评价的税务机关应按《纳税信用管理办法（试行）》第三章的规定进行复核。

4. 纳税信用评价结果的应用。税务机关按照守信激励、失信惩戒的原则，对不同信用级别的纳税人实施分类服务和管理。

（1）对纳税信用评价为 A 级的纳税人，税务机关给予激励措施，如提供绿色通道或者专门人员帮助办理涉税事项。

（2）对纳税信用评价为 B 级的纳税人，税务机关实施正常管理，适时进行税收政策和管理规定的辅导，并视信用评价状态变化趋势选择性地提供《纳税信用管理办法（试行）》第 29 条规定的激励措施。

（3）对纳税信用评价为 C 级的纳税人，税务机关应依法从严管理，并视信用评价状态变化趋势选择性地采取《纳税信用管理办法（试行）》第 32 条规定的管理措施。

（4）对纳税信用评价为 D 级的纳税人，税务机关应采取相应惩罚措施。

5. 重大税收违法案件信息公布制度。为维护正常的税收征收管理秩序，惩戒严重涉税违法行为，税务机关依照《重大税收违法案件信息公布办法（试行）》的规定，向社会公布重大税收违法案件信息，并将信息通报相关部门，共同实施严格监管和联合惩戒。公布重大税收违法案件信息和对当事人实施惩戒，应当遵循依法行政、公平公正、统一规范的原则。按照谁检查、谁负责的原则，对公布的案件实施检查的税务机关对公布案件信息的合法性、真实性和准确性负责。

国家税务总局和省级税务机关通过约定的方式，向同级参与联合惩戒的部门提供税务机关对外公布的本辖区内重大税收违法案件信息。市以下税务机关是否向同级参与联合惩戒的部门提供对外公布的本辖区内重大税收违法案件信息，由市以下税务机关根据实际情况，与相关部门协商决定。重大税收违法案件信息实行动态管理，案件信息发生变化的，提供案件信息的税务机关应当及时向同级参与联合惩戒和管理的部门提供更新信息。

三、税收文化建设

（一）税收文化的含义

"文化"是中国语言系统中古已有之的词汇。"文"的本义，指各色交错的纹理。"化"，本义为改易、生成、造化，"化"指事物形态或性质的改变，并由此引申为教行迁善之义。简言之，凡是超越本能的、人类有意识地作用于自然界和社会的一切活动及其结果，都属于文化。广义的"文化"，包括物质文化与精神文化两部分。狭义的"文化"，是指一切精神的东西和凝聚于物质的东西之中的精神的东西。例如历史传统、风俗习惯、语言文字、伦理道德、宗教信仰、学校教育、文学艺术、人生哲学、审美观念、饮食爱好、行为规范、科学技术等。1871 年英国文化学家泰勒在《原始文化》一书中提出，文化"乃是包括知识、信仰、艺术、道德、法律、习俗和任何人作为一名社会成员而获得的能力和习惯在内的复杂整体"，这是狭义"文化"早期的经典界说。

【思考 2 - 3】

广义的文化与狭义的文化主要区别是什么？

中国传统文化源远流长，博大精深。"独具特色的语言文字，浩如烟海的文化典籍，嘉惠世界的科技工艺，精彩纷呈的文学艺术，充满智慧的哲学宗教，完备深刻的道德伦理，共同构成了中国文化的基本内容"。[①] 习近平总书记多次指出，中华文明经历了 5000 多年历史变迁，但始终一脉相承，积淀着中华民族最深层次的精神追求，代表着中华民族独特的精神标识，为中华民族生生不息、发展壮大提供了丰厚滋养。中华文化在历史中形成和发展，历经战火、分裂、入侵等挫折，但仍然基本保持了国家的统一、版图的完整、民族的融合、文化的和谐以及传统的延续，形成了统一、连续、和谐的超稳定政治文化体，取得了世所罕

---

① 张岱年、方克立：《中国文化概论》，北京师范大学出版社 2004 年版，第 7 页。

见的文明成就。

税收文化是上述文化的组成部分。它是征税人和纳税人在税收征纳活动中形成的特定领域内的文化，是围绕税务管理活动而形成或体现出来的精神理念和物化的精神成果。中国税收文化传统有着世界最悠久的历史，而且体制完备，内容丰富，文字记载有几千年，源远流长，从未间断，成为中国传统文化乃至世界税收文化的一大宝藏。

（二）中国传统文化对税收文化的影响

中国传统文化以道德为本位，以血缘关系为纽带，重伦理和个人对家庭的职责及对社会的义务。"天人合一"的理念，"重农抑商"的思想，"轻徭薄赋""赋役有常"的主张，促进了税收文化的良性发展；形成了重视生产发展、注意涵养税源的宏观调控思想；形成了税收负担平均原则；形成了规范化征税和重视提高税收效率的理念；等等。

传统文化对税收文化也产生了一些负面影响。比如，"孝"文化的核心是"父为子纲"，强调子女对父母的绝对服从。这些思想反映到税收文化中，逐渐形成了人治基础上的"皇粮国税非交不可"的强制性权利义务观。重伦理、讲亲情的优良文化传统，在从情感层面向社会层面渗透时发生了显而易见的冲突。比如，当亲情渗透到管理领域，"公共关系"变成了公共生活中的私人关系。对有"关系"的人，一切公共生活的法则都可以随意设法变通；对"陌生的人"而言，一切正常的程序都可能成为关卡。当亲情介入法律范畴时，则会出现"以情代法"的现象，法律规则变成可随意通融的东西，造成执法、司法不公，法律权威下降。

（三）税收文化的分类

1. 征税人文化和纳税人文化。税收文化的形成渗透于税收经济活动的全过程，因而税收文化的内容是非常丰富的，绝不仅仅囿于征收机关内部，应该包括征税人和纳税人在内的全社会的税收理念。因此，税收文化可以分为征税人文化和纳税人文化。

征税人文化又称为税务文化，也就是税务组织文化。它是税务管理活动中涉及税务组织内部活动的价值观念、组织精神、团体形象、思维方式和行为习惯等的总称。

纳税人文化是指纳税人的价值观念、思维方式、纳税意识和行为习惯等。

2. 税收物质文化和税收精神文化。概括地说，税收文化分为税收物质文化和税收精神文化（非物质文化）两部分。但是，由于对非物质文化的内容有不同程度的理解，因此，存在物质文化和精神文化两层次说，物质、制度、精神三层次说，物质、制度、风俗习惯、思想与价值四层次说，物质、社会关系、精神、艺术、语言符号、风俗习惯六大子系统说等。

其中，物质文化是指人类加工自然创制的各种器物，即"物化的知识力量"。

它是人的物质生产活动及其产品的总和，具有可感知的物质实体，构成整个文化创造的基础。税收物质文化是指与税收密切相关的各种物质实体。

3. 显性税收文化和隐性税收文化。显性税收文化是指人们通过直观的视觉、听觉等器官能够感受到的文化内容，如税务标志、工作环境、规章制度等，大部分属于税收物质文化的内容。隐性税收文化是指征税人和纳税人精神、意识方面的文化内容，包括税务组织哲学、征税人的价值观念和道德规范、纳税人的纳税观念和意识等。

（四）税收文化建设的任务

中国有两千多年的封建统治历史，"苛捐杂税""横征暴敛"等成了税收的代名词，形成老百姓对税收的反感情绪或恐惧心理。新中国成立后，由于受"非税论"的影响，人们的纳税意识淡薄，直到改革开放之后人们的纳税观念和意识才有了大幅度的提高。因此，税收文化的建设必须清除过去的落后文化，塑造现代的先进文化。具体来说，要从表层的物态文化、浅层的行为文化、中层的制度文化和深层的心态文化四个层面加强税收文化建设。

1. 物态文化层的税收文化建设。

（1）工作环境。工作环境是税务办公的场所以及与其他部门的联系沟通等，包括办公室、活动室、办税大厅、电子税务局（网站）等方面。

（2）税务标志。税务标志是税务文化的重要内容，如税务服装、税务徽章、信笺、请柬、宣传物封面和个人名片等。

物态税收文化，不仅是约束税务机关和人员的行为规范、激发税务人员自豪感和责任感的重要方式，也是税务机关实施税收管理权力和整体形象的表征。清洁明亮的办税场所、整洁庄重的着装、热情严谨的工作作风、便捷的服务设施，都会给纳税人留下深刻的印象，令人肃然起敬。良好的物态税收文化是"法治""公正""文明""高效""服务"等税收文化的外在体现。

2. 行为文化层的税收文化建设。

（1）提升税收文化的保障系统，营造税收文化的新环境。其一，创建独特的工作仪式、管理仪式和庆典仪式，建立相应的语言、礼节和人际交往行为标准，使税收文化有鲜明而独特的表现形式。其二，积极开展各种文艺、文化活动，丰富税收文化生活，推动组织成员间的思想感情交流，增强组织凝聚力。其三，充分发挥群团组织的作用，多层次地体现组织的人文关怀。

（2）实施组织形象战略，创造税收征管现代化的新局面。其一，制定税务机关组织形象宣传规划，将税法宣传、纳税辅导、公共关系等统一纳入组织形象战略规划和组织形象宣传中。其二，通过媒体向社会发布税务机关的"组织价值观""组织形象"和相应的标志，在"依法治税""尊重和保护纳税人合法权益""公正执法、文明服务"等方面向纳税人和社会做出公开承诺。其三，制定《纳税人约章》，明确纳税人的权利与义务以及纳税人"诚信纳税"的承诺等内容，对守法纳税人采取一定形式的表彰。

3. 制度文化层的税收文化建设。

（1）优化组织制度，推动制度文化的新发展。其一，以新的税收文化理念为指导，以促进人与组织的共同发展为制度文化建设的目的，发展税收制度文化。其二，以新的税收文化理念和制度文化价值理念为参照，以"法治""公正""文明""高效""服务""信息化"等文化理念对现有的制度规范进行调整。其三，以人本管理、科学管理、能级管理、制度管理与管理艺术化等方面的有机统一来推动税收文化的发展。其四，以税收文化日常管理制度促进税收文化情报信息的内外交流，以制度养成习惯促进纳税意识的提高。

（2）纳税信誉等级制度。纳税信誉等级是对纳税人的纳税信誉所进行的考评级别。纳税信誉是社会信用体系的重要组成部分，建立纳税信誉等级制度，倡导诚信纳税，从制度和机制上健全完善依法纳税信用评价机制、激励机制和监督机制，促进市场主体依法纳税，守法经营，公平竞争，就可以为经济发展提供良好的税收文化环境。

4. 心态文化层的税收文化建设。

（1）强化文化理念的作用，构建新的税收文化理念系统。其一，以"法治公正""人本管理""共同发展""追求卓越""信息化""现代化"等先进文化理念，对税收文化资源进行挖掘、提炼、创新、整合，建构新的税收文化理念系统。其二，根据新的税收文化理念系统编写《税收文化手册》。其三，建立学习型组织，以创造性学习，强化税收文化理念的作用，促进税务干部能力的发展，提高税务机关的组织创新能力。

（2）开展税收文化教育培训，培养组织成员新的价值观。税收文化中的价值观念主要是指税务人员对税收管理活动的客观事物的评价标准，通常不完全用经济数量来衡量，而是用综合效益反映，如"国家利益高于一切""无私奉献""敬业""拒腐蚀、清正廉洁"等都是税收文化中价值观念的体现。有了正确的价值观，税务人员可以不计报酬而为税收事业奉献，可以清廉行政而不收受贿赂，可以为国家利益而不计较个人经济得失。

要强化以德治税的理念，加强税法宣传和纳税服务工作，明确纳税人的税收文化主体地位，弘扬纳税人的主人翁精神，和谐征纳关系，促进税收事业发展。

复习思考题

1. 税法有哪些分类形式？
2. 试述税收法律体系的构成。
3. 税务执法权有哪些？
4. 对不同信用级别的纳税人如何实施分类服务和管理？
5. 怎样加强税收文化建设？

第三章 税务组织管理

税务组织管理主要解决机构、人员及其相关权限的问题，这是税务管理活动的组织保障。税务机构的总体设置和基层税务机构的内部组织系统建设及其管理权限的合理配置，搭建了税务管理的组织架构；税务公务员制度和税务监察体系的建立与完善，促进了高素质税务干部队伍的形成。这些为开展各项税务管理工作奠定了坚实的基础。

第一节 税收管理体制

一、税收管理体制概述

（一）税收管理体制的概念

税收管理体制是以在中央与地方之间划分税收管理权限为中心内容的一项管理制度。它是税务管理的基本制度，是国家财政管理体制的重要组成部分。

（二）税收管理体制的内容

税收管理体制的内容包括税收管理权限的划分、税务机构的设置以及机构隶属关系的确定等。其中，管理权限的划分是核心，主要的税收管理权限有以下六个方面。

1. 税收政策的制定权。税收政策的制定权是指国家制定、发布宏观税收政策的权力。它是国家实行宏观调控的重要手段。

2. 税法的制定和颁布权。税法的制定和颁布权是指国家制定、修改、废除税法的权力。它是各项税收管理权限中最重要的权力。

3. 税法的解释权。税法的解释权是指税法制定机关或经授权的有关机关，根据税收立法意图，对税收法律和行政法规做出具有法律效力的说明。通过解释，配合完成立法意图，以便在税法实施过程中更准确地得到贯彻执行。

4. 税种的开征、停征权。税种的开征、停征权是指在不同范围内决定开征、停征税种的权力，包括全国范围和地区范围的税种开征、停征权。

5. 税目增减及税率调整权。税目增减及税率调整权是指增减征税品目、调整征税比例的权力。税目反映了各税种具体的征税范围，体现了征税的广度；税率是计算税收负担的尺度，体现了征税的深度。因此，税目增减及税率调整权的划分要科学合理。

6. 税收减免权。税收减免权是指确定减税、免税的权力。这种权力应适当集中，不宜下放太多，以避免造成税负不公平，影响纳税人之间的平等竞争，也可以避免税款流失。

✦【提示】

绝大部分国家的税收管理级次划分都保持与政权级次相一致，但集权与分权程度相异。各国一般都是通过宪法、财政法或地方财政法、地方税法等明确规定地方政府的职责，在此基础上，按事权定财权，以税种划分为基础，确定各级政权的征税权。不论政体如何，征税权相对集中于中央是各国的共同特点，中央掌握重要税种的立法权、解释权、开征停征权等。但在集权与分权程度及方法上存在一定的差别，概括起来，可分为三种类型：第一种是以美国为代表的完全分权模式，即地方税的管理权限全部下放给地方政府，包括税收立法权和其他各项管理权限；第二种是以中国为代表的中央集权模式，国家全部税收包括地方税的全部立法权、解释权均属于中央，地方政府只负责日常征收管理；第三种是以日本为代表的介于两者之间的中央与地方适度分权的模式，地方税法的制定权和解释权归中央，但地方有较大的机动权，如税目税率调整权、税种开征停征权以及减税权等。

二、确定税收管理体制的依据

确定税收管理体制就是要明确中央与地方各级税务管理主体分别拥有哪些税收管理权限。税收管理权限的大小取决于各级政府财力的大小，通常取决于各级政府财权的大小，而财权的大小又取决于政府事权范围的大小。无论是集权型的税收管理体制，还是分权型的税收管理体制，其确定的依据一般包括以下五个方面。

（一）国家政治体制

国家政治体制是指国家政权的组织形式和权力划分的一系列制度，它规定着国家的政权结构和各级政府的地位、职能及其相互关系，是决定事权范围的依据。税收是实现国家职能的分配工具。因此，国家政治体制及其各级政府的职能划分是决定税收管理体制的基本依据。

从国家的政权结构来看，分为单一制国家和联邦制国家两种基本类型。在单一制国家中，中央政府在国家公共事务中发挥的作用较大，地方政府很少有自主权。

在税收方面，中央政府拥有税收管理权，控制着较多的财力；而地方政府基本上没有税收管理权。因此，在单一制国家中，税收管理体制多为集权型。在联邦制国家中，中央和地方各有自己的权力范围，地方对一定范围内的地方事务有完全的自主权和最终裁决权，中央政府不得随意干涉。在税收方面，各级政府都有相对独立的管理税收的权力。因此，在联邦制国家中，税收管理体制多为分权型。

（二）经济体制

经济体制是国家在经济管理、经济决策、资源配置等方面的管理制度和方法的总称，它是一国经济运行的基本模式。经济体制是决定税收管理体制的客观依据之一。

在计划经济体制下，经济管理权高度集中于中央政府，往往导致集权型的税收管理体制。在这种体制下，税收政策、法规的制定，税种的开征、停征，税目的增减与税率的调整，减免税的审批等，这些税收管理权基本上集中于中央政府，地方政府基本上没有或者只有很少的税收自主管理权。

在市场经济条件下，每个市场参与者都是一个独立的决策主体，根据瞬息万变的市场信息配置资源，地区之间存在的自然差异促使各地方要求因地制宜地发展经济，各地方要求根据自己的利益独立地行使事权和财权。因此，在市场经济条件下倾向于分权型的税收管理体制。

（三）财政管理体制

财政管理体制是由国家政治、经济体制决定的。财政管理体制对税收管理体制的制约，主要是预算管理体制对税收管理体制的制约。根据国家结构形式和职权划分程度，预算管理体制有高度集中、相对集中、相对分散和高度分散等类型。在实行高度集中和相对集中的预算管理体制时，税收管理体制也是高度集中或相对集中的；反之，在实行高度分散和相对分散的预算管理体制时，税收管理体制也具有高度分散或相对分散的特点。

（四）法制环境

在法制健全的社会里，各级政府对自身行为约束力较强，能按照既定的事权和财权范围行事，有利于实行分权型税收管理体制。而法制不健全的社会，中央政府的行政命令至关重要，适合采用集权型税收管理体制。

（五）国情

一国疆域的大小、人口的多少、社会经济的地域差异、产业结构状况等对确定税收管理体制都有重要影响。一般而言，领土广阔、地区间差异较大的国家，选择分权型税收管理体制，可以降低税收征管成本，调动地方政府的积极性。

三、我国税收管理体制沿革

我国社会主义税收管理体制是随着新中国的成立而相继建立起来的，并随着我国政治经济形势以及财政管理体制的发展变化而不断的发展和完善。新中国成立以来，我国税收管理体制进行了多次调整，其中较大的调整有以下六次。

（一）1950 年建立高度集中统一的税收管理体制

新中国成立初期，为迅速恢复国民经济，稳定金融物价，平衡财政收支，保证国家重点建设，国家必须对税收实行统一管理，建立高度集中的管理体制。这一时期，各项税法的制定、颁布、解释和实施细则的制定，税种的开征与停征，税目税率的增减调整，一定数额以上的减免税等，其管理权限都集中在中央，地方只有很小的管理权限。

（二）1958 年下放税收管理权限

1958 年我国进行了第一次经济体制改革，下放各个部门的管理权限。中央除掌握全国性的税收政策制定权和税收立法权外，其他各项管理权限基本上都下放给地方政府，主要内容包括：扩大地方减税、免税和加税权；扩大了地方对地方性税收的管理权限等。但由于地方权限过大，出现了各自为政的问题。

（三）1961 年适当上收部分税收管理权限

为了贯彻国民经济调整的战略方针，正确处理集中与分散的关系，中央适当收回一部分税收管理权限，主要内容包括：凡属工商统一税税目的增减和税率的调整、盐税税额的调整，地区性税收的开征，地方各税税目税率的变动，都必须报经中央批准。

（四）1973 年再次下放税收管理权限

1969～1973 年陆续下放了部分税收管理权限，如对国营企业、手工业合作社的减免税，对农村人民公社工商统一税的征税办法，屠宰税等五种地方税的征税范围和税率调整权等，均下放给地方。1973 年试行工商税时，又进一步扩大地方税收管理权限。但由于权力过于分散，造成减免税失控，国家收入得不到保证，严重影响了国民经济的正常发展。

（五）1977 年适当集中税收管理权限

为了纠正前一时期放权过多过滥的问题，正确贯彻"统一领导，分级管理"的原则，既强化中央的集中统一管理，又调动地方的积极性，中央将税收管理权限明确划分为国务院、财政部和省（自治区、直辖市）三级，地方必须按照自己的管理权限行事。1981 年以后又多次下发文件，重申各地必须严格执行税收管理体制。

（六）1994 年下放税收管理权限

1994 年，我国对税收管理进行了重大改革，推出了新的税收制度。与此相适应，税收管理体制也进行了重大改革，实行了新的分税管理体制（以下简称分税制）。分税制的实施，较好地明确、规范了地方税收管理权限。

四、我国现行税收管理体制

1994 年，我国开始实施分税制。它是以划分税种为起点，以划分税收收入为主要内容，并依此划分中央与地方各自的税收管理权限以及分设税务机构的一种财税制度。2018 年，国家税务总局和地方税务局机构合并，在原有分税制格局基础上进行了调整。现行税收管理体制的具体内容包括以下方面。

（一）税种的划分

划分税种是分税管理体制的重要内容，划分税种的目的是划分税收收入。划分税种既要考虑中央与地方之间收入分配的要求，也要考虑各税种的特点。例如，烟酒的税收贡献较大，若是把消费税确定为地方税，地方追求高税收就会鼓励烟酒生产，这与消费税的立法意图相悖，因此，消费税应定为中央税；增值税是个大税种，只要改变一下中央与地方的分成比例，就可以很容易地调整中央与地方收入比重，因此，增值税适合确定为共享税。划分税种的具体做法是把所有税种分为三类，即：中央税、地方税、中央与地方共享税。

1. 中央税包括关税、消费税、证券交易印花税、车辆购置税和船舶吨税。

2. 地方税包括企业所得税、个人所得税、城市维护建设税、车船税、房产税、城镇土地使用税、印花税、土地增值税、烟叶税、耕地占用税、契税和环境保护税。

3. 中央与地方共享税包括增值税、资源税。

（二）税收收入的划分

税收收入的划分以税种的划分为基础。原则上，中央税的收入归中央，地方税的收入归地方，共享税由中央和地方按比例分享。但实际工作中为了便于税收征管操作、兼顾企业核算方式以及维持既定的中央和地方的收入比重，特殊规定如下：

1. 地方税中的城市维护建设税：铁道部门、各银行总行、各保险总公司集中缴纳的，其收入归中央。企业所得税，根据企业的性质、规模、隶属关系等特点，部分收入归中央。

2. 共享税中，增值税收入中央和地方"五五分成"；资源税中的海洋资源税收归中央，陆地资源税收归地方。

【思考 3-1】

我国的分税制在税种、税收收入、管理权限及机构上均进行了划分，但还远未形成规范的分税制，为什么？

（三）税收管理权限的划分

原则上，中央税、中央与地方共享税的管理权限归中央所有；全国统一实施的地方税的立法权划归中央所有；凡属地域性的地方税，其管理权限归地方所有。税收管理权限的具体划分如下：

1. 全国人民代表大会的权限。主要是全国统一实施税种的税法制定和颁布权。

2. 国务院的权限。包括税收行政法规（如各税种的暂行条例、暂行规定等）的制定权和颁布权；全国统一立法的税种的实施细则的制定权和颁布权；全国统一立法的税种的减免权、开征停征权等。

3. 财政部的权限。包括全国统一立法税种的实施细则的解释权；税收行政法规的解释权及实施细则的制定与解释权。

4. 国家税务总局的权限。包括全国统一立法的税种和税收行政法规实施细则的解释权，各税具体征税办法的制定权。

（四）税务机构的设置

从 1994 年开始，为适应税制改革和税收管理体制的需要，全国税务机构分为国家税务局和地方税务局两大机构体系。

国家税务局系统的机构设置为四级，即国家税务总局；省（自治区、直辖市）国家税务局；市（地、州、盟）国家税务局；县（区、旗）国家税务局。税务所按经济区划设置，为县级国家税务局的派出机构。国家税务局系统实行国家税务总局垂直管理的领导体制，机构、编制、经费、领导干部职务的审批等方面，按照下管一级的原则实行垂直管理。

地方税务局系统的机构设置为三级，即省（自治区、直辖市）地方税务局；地（市、州、盟）地方税务局；县（市）地方税务局。地方税务局实行上级税务机关和地方人民政府双重领导的管理体制。

2018 年，为了更好地实现资源共享、信息共享，减少重复的业务流程，降低征税和纳税成本，大力推进税收征管现代化，强化税收服务国家治理职能作用，全国国家税务局和地方税务局进行了合并，形成四个层级的一体化机构体系。除了机构合并之外，其他方面基本保持原分税状态。

⚠ 【提示】

分税制的类型。在地方税的划分方法上，大体有三种形式：（1）彻底的税种划分，划清中央税和地方税，互不干扰，如日本属此类型。（2）含共享税划分，将部分税种划分为中央与地方共享税种，如我国的增值税，征收由国家税务局负责，分配上中央与地方各占50%。（3）税率分享，就是对税源采取比例分配方式，美国采取的就是这一办法。

第二节　税务机构管理

一、税务机构的总体设置

（一）设置机构的制约因素

首先，受财政、税收管理体制制约。财政、税收管理体制决定了机构设置的类型，在集权型财政管理体制下，机构设置往往是统一的；在分税制的财税管理体制下，则可以分设税务机构。

其次，受国情制约。国土面积辽阔的国家，一般需要设置多层次的机构，便于上下沟通情况，有效管理；国土面积小的国家或地区，则设置较少层次的机构，可以提高管理效率。

再次，受网络信息技术制约。随着网络信息技术的发展，税务信息沟通越来越方便，这有利于机构设置的"扁平化"，基层税务机构的设置具有更大的灵活性。在信息技术支撑下进行业务重组，有利于内设机构设置向"功能化"转变。

最后，受税收分配活动规律制约。税收分配活动涉及各个部门、各个行业、千家万户，具有分散性，这就要求税务机构相应地也要分散设置，以便覆盖所有纳税人的居住区域，便于征收，方便纳税。

（二）我国现行税务机构的设置

税务管理机构（以下简称税务机构）是国家为实现税收职能而设立的专门工作机构。它是税务人员行使税收管理权力、开展税务管理活动的指挥机关和组织保证。税务机构是国家职能机关的组成部分。作为一个管理机关，它既不同于国家权力机关，又不同于法律监督机关，而是属于国务院系统的行政管理机关。但又不是完全形式上的行政管理机关，它还带有行政执法机关的性质，负责税收政策法规的执法监督、检查工作。

⚠【提示】

1994年税制改革以后，我国建立了中央和地方两套税务机构，并将海洋石油税务管理局并入了当地国家税务局，进出口税收管理处也归口当地国家税务局管理，农业税收由原财政部门管理改为由地方税务局系统管理，规范了整个税务管理机构体系。

随着各方面因素的变化，24年后国地税重新走向合并，形成规范统一的一个机构体系。2018年6月15日，36个省级和计划单列市新税务机构统一挂牌；2018年7月5日，535个市级新税务机构统一挂牌；2018年7月20日，全国所有县乡新税务机构全部统一挂牌，一律以新机构名称对外开展工作。

国家税务局与地方税务局合并以后，形成了与海关对称的单一征收国内税收的机构体系，包括国家税务总局、省级税务局、市（地）税务局和区（县）税务局四级骨干组织系统，区县以下设置税务所、税务分局等派出机构。在税务机关内部按功能增设了税收大数据和风险管理局，按职责增设了社会保险费和非税收入处（科）。

合并省级和省级以下国税地税机构，构建优化高效统一的税收征管体系，为高质量推进新时代税收现代化提供有力的制度保证。机构合并后，统一了标识标牌、窗口设置、业务流程和网上办税平台等。纳税人缴纳主税和附加税费不再"两头跑"，税务部门的税务检查、纳税评估人员对纳税人也不再"两头查"。国家税务总局分阶段实施了全国办税服务厅"一厅通办"，12366纳税服务热线实现"一键咨询"，纳税人同一资料只报送一套、同一涉税事项只需申请一次，实现纳税人网上办税"一次登录"。一些基层税务局推出"新办企业套餐"，新办户"线上只填一张表，线下只需一次跑"。这些新举措，使纳税人获得良好的办税体验。

二、税务机构改革的趋势

目前，世界各国税务机构的设置大多采用混合模式。混合模式的特征是，在整个税收征管体制中，既有垂直分级体制模式，也有按税种类型、职能分工、纳税人类型设置税务管理机构的模式。混合模式符合规模经济的要求，在尽量减少征税成本的前提下设置税务管理机构。

我国税务管理组织机构的变迁基本上是按照混合模式展开的。目前，国家税务总局，省、自治区、直辖市税务局，地（市）税务局，县（区）税务局及其下设的分局、税务所，构成了我国纵向税务管理组织机构。从横向上看，税务管理的内部组织结构为：税政业务部门、征收部门、管理部门、稽查部门、计会部门、监察部门、人教部门、信息服务部门等。

今后，我国税务机构的建设应按照"以信息流为导向设计流程、以流程为导向规划组织体系架构、以纳税人为导向建立新的征管运行机制"的工作思路，突破原有职能导向传统，加快税务管理组织体系架构的扁平化重塑和再造，使系统的整体优化与局部改善相协调，实现资源集约化、管理专业化。

（一）纵向精简流程，加快组织机构扁平化进程

税务机构是履行税收职责的载体，《行政许可法》出台后，税务行政审批项目大大减少，税务机构的权力主要是税收法律法规及税收政策的执行权。税务机

构的核心职能就是确保税收政策及法律法规贯彻执行。税务机构改革的方向便是确保税务工作人员高效地执行税收政策。因此，在机构设置上要减少管理环节，提高集约化程度，讲求程序化作业。从纵向结构上，市、区（县）两级国税机关进一步精简原有流程下的中间管理层职能，逐步推进组织机构的扁平化。积极依托信息技术的支撑，重新界定分工原则和管理跨度标准，减少市局、区（县）局、基层税务分局乃至税收管理员之间的信息节点和环节，减少决策实施在时间和空间上的延迟。通过适度授权，进一步增强基层税收管理员的自主性，激发其积极性和创造力。在此过程中，做到分权与集权适度，强化岗位权责衔接，提高人力资源素质，保证征管一线人员业务能力适应岗位要求。

⚠【提示】

税务机构改革存在扁平化的趋势。所谓组织机构扁平化，就是通过减少行政管理层次，裁减冗余人员，从而建立起一种管理层次少、管理幅度大的组织机构。这种结构行政层次减少，管理幅度增宽，组织成员积极性较高；组织内信息畅通，不易失真，决策执行时间短；管理成本降低，工作效率大大提高。而在征管模式中所强调的"集中征收""一级稽查"均体现了这一扁平化的发展要求。

（二）横向重组机构，加快征管组织机构的专业化进程

从横向上进行机构重组，明确职责，按纳税人与税务机关的互动关系和税源管理特征推进管理的专业化。在征、管、查"三权分离"格局的基础上，健全功能，提高效率。如按经济区域设置办税服务厅，实行信息共享，通报通缴，方便纳税人就近办税；按乡镇设置税务所，实行税收管理员制度，专司培植税源、税收筹划、户籍管理、纳税宣传辅导、催收催报等职责；压缩稽查局规模，围绕案件查处，拆分稽查流程，实行集约化稽查，下设综合、选案、检查、审理、执行等股室；优化内设科室，强化"后台"支撑。对内设职能既进行拆分又进行合并，即拆分综合类股室，设办公室、人事教育科、监察室等科室，为涉税业务做好系统全面的"后台"服务；合并税收业务类股室，将税政、征管、票证、法规、计财等科室合并，设税源管理科、政策法规科、办税服务厅、信息中心，并确保每个岗位的设置要体现相互监督，环环监控；逐步将系统内物业管理、网络构建、大宗物品采购、劳动及社会保障实行社会化管理。精简综合协调部门人数，充实税收业务岗位，从而保障税收执法向专业化、精细化方向发展。

在采用矩阵结构的混合税收管理机构模式的前提下，应进一步明确征收、管理、稽查各部门的职能，既合理分权，又相互制约。对税务机关而言，建立明确的职责分工是按照混合模式设置税务管理组织机构必须解决的问题。税务管理者应在各职能部门之间正确划分职权，建立起劳动分工制度。各职能部门在工作中要相互合作、协调，在征收、管理、稽查三者之间建立综合协调的机制或机构，使其符合机构设置协调统一、责权一致、整体效能的原则。要在税收信息化资源

共享的基础上进行职能模式的绩效评估，在各职能部门之间正确划分职权，建立起合理的分工协作制度，避免职能的重叠、分隔。税务机关的设置还要随着技术进步、经济环境的变化、复杂因素的增加而不断调整。机构设置应符合外部条件的客观要求，能灵活适应外部条件的变化。

三、基层税务机构的内部组织系统

基层税务机构的内部组织系统，是指基层税务机构内部按征管功能划分工作职责而形成的管理部门体系。它包括征收系统、管理系统、检查系统、核算与控制系统以及税务司法系统五个部分。

（一）征收系统

负责税款征收的职能部门。其主要职责是：（1）受理纳税申报并审核报表及有关资料；（2）办理税款征收、解缴手续，并按规定课征滞纳金和罚款；（3）负责延期申报、延期缴税申请审批；（4）为保证税款征收，采取税收保全和强制执行措施；（5）监督税款的征收入库和税款退库；（6）税收票证的使用管理。

（二）管理系统

负责基础管理工作的职能部门。其主要职责是：（1）办理税务登记，变更登记和注销登记；（2）管理发票的印制、领购、保管、检查和缴销；（3）增值税一般纳税人管理；（4）税务事项受理与审批；（5）纳税服务和政策问题研究；（6）税源调查，纳税评估，税收、税政统计；（7）减免税、出口货物退免税管理。

（三）检查系统

负责税收稽核检查的职能部门。其主要职责是：（1）对税务登记、发票管理进行一般性的稽查；（2）按检查标准筛选一定比例的企业进行税务审计；（3）负责税务违法案件的立案和查处；（4）向管理部门反馈相关信息；（5）税收经济分析和决策支持。

（四）核算与控制系统

负责税收计会统核算及运用计算机控制征管活动的职能部门。其主要职责是：（1）进行税收会计核算和控制税收征收流程；（2）编制税收计划、会计、统计、票证报表；（3）监督税款征解提退；（4）税收会计与征管计算机软件开发应用及硬件管理；（5）税收经济分析和决策支持。

（五）税务司法系统

负责有关执法监督和维护纳税人合法权益的职能部门。其主要职责是：（1）税务行政复议申请的受理与裁决；（2）纳税人请求经济赔偿案件的审理；（3）税务行政诉讼的应诉、上诉与举证；(4) 税务刑事案件的立案、侦察、移送及诉讼工作。

⚠【提示】

近年来，我国基层税务机关内设机构发生了重大变革。上述内部组织系统的建立，是这项改革的重要成果，即：使内部机构设置由传统的按税种或税收项目设置转变为按征管职能设置（这种改变更接近国际通行做法，但在我国上层税务机关并未完全转变）。这有利于明确职责，合理分工，促进专管员"管户制"向专业化分工协作的"管事制"转化，大大提高管理的效率，是符合社会化大生产发展趋势和国际惯例的重大变革。

第三节　税务人员管理

一、税务人员管理概述

税务人员是具体贯彻执行税收政策法规、从事税务工作的专职人员。税务人员在各自的工作岗位上发挥作用，认真贯彻执行国家的各项税收法律、政策，积极完成税收任务。因此，加强对税务人员的管理，提高税务人员的素质，充分调动其积极性和主动性，是税务管理的一项重要内容。

（一）税务公务员职业道德

所谓职业道德，是职业行为所应遵循的基本规范，主要看税务公务员是否具有正确的职业观念以及良好的职业态度、职业纪律和职业作风，是否忠于职守、服从命令、严守国家和工作机密。税务公务员应忠于宪法、法律和社会主义道德原则，履行宪法和法律规定的公民各项义务，认真履行公务员的基本义务和承担相应的社会责任，维护社会公共利益；爱岗敬业，热爱税收工作，忠诚税务事业；依法履行税收征收、管理、稽查职责以及其他行政管理、行政服务职能，恪守公正执法、诚信服务、廉洁奉公的公共服务准则。

1. 公正执法。树立法治观念，增强权利法定意识、职责法定意识和执法程序法定意识，熟练掌握、运用税收法律法规及其他相关法律、规章，在知法、懂法、用法的基础上公正执法。在履行职责时，坚决避免忽视法律、主观偏见和滥用职权等情形的发生。坚持税收法定原则，遵守国家法律、法规和规章，按照法定的职责权限和工作程序履行职责，依法办事，依率计征，不得随意做出税收的开征、停征、多征、少征或者减税、免税、退税、补税以及提前征收、延缓征收或摊派税款等违法行为。坚持实体法、程序法并重原则，切实做到实体公正和程序公正，在履行职责时，通过自己的言行体现执法公正，避免公众对执法的公正性产生合理的怀疑。坚持法律优位原则，在涉税公务行为中以法律为准绳，对与法律相抵触的规章、办法应予以抵制。

2. 爱岗敬业。树立远大理想，把立足本职、为税收事业和社会主义现代化建设贡献力量作为奋斗目标。努力培养勤奋好学的品德，广学博览，开阔视野，丰富自我；潜心钻研地方税收等专业知识，精通本职业务，争做能查、会算、善管理的行家里手。不断强化责任意识、原则意识，严格按照税收法律、法规办事，绝不徇私枉法，努力做到严于执法、严格管理，坚决反对一切涉税违法犯罪行为。自觉增强奉献意识，发扬艰苦奋斗、无私无畏的精神，努力做到淡泊名利，不计较个人得失。树立改革创新的观念，从发展变化的实际出发，勇于探索新形势下加强地方税收管理的新方法，与时俱进，创造性地开展工作，争创一流业绩。

（二）税务公务员素质要求

税务部门是国家重要的经济管理部门，肩负着筹集国家财政收入和调节经济、调节分配的职能作用。税务公务员的素质和能力，决定着税收工作水平和税收职能作用的发挥。我们要以思想政治建设为根本，以能力建设为重点，进一步加大税务公务员队伍的建设力度，造就一支政治过硬、业务熟练、作风优良、执法公正、服务规范的高素质的税务公务员队伍。

1. 大力加强税务公务员思想政治建设。思想政治素质是公务员素质的灵魂。在加强税务公务员队伍建设中，必须始终坚持把加强思想政治建设放在首位，讲学习、讲政治、讲正气，不断提高广大税务公务员贯彻执行党的基本理论、基本路线、基本纲领和基本经验的自觉性及坚定性。要教育引导广大税务公务员坚定对建设中国特色社会主义的信念，树立和落实科学发展观，全心全意为人民服务，保持同人民群众的血肉联系，做国家的公仆、人民的公仆。要把加强税务公务员的思想政治建设同加强党的先进性建设和先进性教育结合起来，不断提高广大税务公务员的思想政治素质，努力争当人民满意的公务员。

2. 大力加强税务公务员能力建设。随着形势的发展变化，对税务公务员能力和素质的要求会越来越高，加强税务公务员队伍能力建设的任务也会越来越重。加强税务公务员能力建设，就是要不断提高"六个能力"，即：提高分析形势、把握大局、服务大局的能力，提高依法治税、规范行政的能力，提高科学化、精细化管理的能力，提高求真务实、开拓创新的能力，提高做思想政治工作、群众工作和带好队伍的能力，提高拒腐防变、经得起各种诱惑和考验的能力。

提高税务公务员的能力，要注意抓好学习培训和实践锻炼这两个关键环节。一方面，要继续按照大规模培训干部、大幅度提高干部队伍素质的要求，制定并落实税务干部教育培训规划和培训计划，切实抓好初任、任职、专门业务和更新知识培训。要不断创新培训内容，改进培训方式，整合培训资源，优化培训队伍，提高培训质量，加大高层次人才培养。另一方面，要坚持把实践锻炼作为加强税务公务员队伍能力建设的根本途径，大力加强制度建设，推进税务干部实践锻炼的规范化、经常化。领导干部提任上一级职务的，应当具有在下一级两个以上职位任职的经历。对缺乏基层工作经历的，要及时派到基层任职锻炼。要鼓励那些素质好、有发展潜力的年轻干部到困难多、问题多、矛盾多的地方摔打磨炼，在艰苦复杂的环境中锻炼，在实践中增长本领和才干。近年来，国家税务总局大力开展领军人才培养工作，既带动了干部队伍整体素质提升，也培养出一大批思想素质好、业务能力强的紧缺高层次人才。

二、税务公务员制度

根据《国家公务员暂行条例》和《国家公务员制度实施方案》的精神，税务系统应按照有关规定推行国家公务员制度。实行公务员制度，是我国人事制度改革采取的重要步骤。税务机关属于政府的职能机关，在税务系统实行国家公务员制度，是提高税务人员素质、强化税务队伍建设、提高征管质量和效率的重要措施。税务公务员制度是指税务人员录用、考核、任用、培训等方面的一种管理制度。主要内容包括以下四个方面。

（一）录用制度

为了公正地选拔德才兼备的精英人才从事税务工作，并形成一支优化、精干、廉洁、高效、稳定的税务公务员队伍，按照公开、平等、竞争的原则，通过严格的公开考试，择优录用税务人员，以提高税务人员队伍的综合素质。科学的录用任用制度是源源不断地把优秀人才集聚到税务公务员队伍中的制度保证。在我国行政管理越来越强调既要改进经济调节、加强市场监管更要重视搞好社会管理和公共服务的新形势下，通过引入市场机制，有利于改善公务员队伍的结构，提高税务公务员队伍的整体素质和专业化水平，达到增强活力、提高效率、降低成本、确保机关优质高效协调运行的目的。

（二）考核制度

税务公务员的考核是指对税务公务员工作或业务成绩的质量、数量及其能力、品行、学识、性格、健康等状况进行考查审核。公务员考核要坚持客观公正、注重实绩、公开民主、考用结合的原则，实行领导与群众相结合、平时与定期相结合、定性与定量相结合的方法，按照规定的权限、条件、标准、程序和公务员职位的性质、特点分类进行。考核的内容包括德、能、勤、绩、廉五个方面。公务员的考核标准以履行职位职责和完成工作任务的情况为基本依据。各地各部门可根据公务员的不同类别、不同职务层次和不同工作性质，结合本地本部门实际和行业特点制定出切实可行、易于操作的考核标准。考核标准应尽量量化，不能量化的，应以准确的、定性化的文字进行表述。

（三）奖惩制度

税务公务员的奖惩制度是指税务机关根据考核工作的结论，对工作优劣的税务公务员分别实行奖励和处罚的制度。结合《国家公务员法》的实施，探索建立科学合理、公平公正的奖惩办法，进行绩效考核试点。通过考核，对成绩突出的税务公务员，应予表彰奖励，委以重用；对成绩平平的税务公务员，应督促其迅速提高工作水平，必要时还应予以适当的惩罚甚至解除公职，以鼓励税务公务员之间公平竞争，提高工作效率。

（四）培训制度

税务机关根据税务工作的需要，按照职位的要求，有组织、有计划地对税务系统国家公务员进行培训。通过培训使税务系统国家公务员不断提高政治素质和业务素质，熟悉和掌握所需的专业知识与工作技能，成为胜任本职工作的合格的国家公务员。培训时应贯彻坚持理论联系实际、按需施教、讲求实效的原则。培训基本类型为初任培训、任职培训、专业业务培训和更新知识培训四类。凡税务系统的国家公务员，都有接受公务员培训的权利和义务。

三、税务监察

税务监察是行政监察的重要组成部分，是税务监察机构依法对税务机关及其工作人员违反国家税收法律、法规、政策、规章制度和其他违法违纪行为进行的监察。税务监察工作坚持实事求是、重证据、重调查研究，在适用法律和政纪上人人平等，坚持专门监察和群众监督相结合、监督检查与制度建设相结合、惩处和教育相结合的原则。

【思考 3-2】

税务监察与税务稽查有何区别？

（一）税务监察的主体

税务监察机构是税务机关行使监察职能的专门机构，依照国家有关法律、法规和政策及规定，独立行使职权，不受税务机关其他职能机构及个人的干预。税务监察机构对本级税务机关和上级税务监察机构负责，在局长的领导下开展工作，监察业务受上一级税务监察机构的领导。各级税务局均设监察室，税务所、稽查局配备相当于本级领导副职的专职或兼职监察员。税务监察人员必须坚持四项基本原则，熟悉监察业务和税收业务，忠于职守，秉公执法，清正廉明，保守秘密。税务监察干部实行岗位交流制度，一般期限为 3~5 年。

（二）税务监察机构的职责

税务监察机构原则上按"分级管理，下管一级"的干部管理体制进行管辖。必要时，上级税务监察机构可以直接管辖下级税务监察机构管辖范围内的监察事项。税务监察机构的主要职责是：

1. 监督检查税务机关及其工作人员贯彻执行国家税收法律、法规、规章制度和税收政策的情况。

2. 受理对税务机关及其工作人员违法违纪行为的控告和检举，以及税务人员的申诉。

3. 调查处理税务机关及其工作人员违法违纪的行为。

4. 参与和配合搞好廉政制度建设，并监督实施。

5. 制定有关税务监察工作规章、制度，推动工作开展。

（三）税务监察的程序

税务监察机构应当根据国家税收法律、法规、本部门的各项规章制度和税收政策，按照本级税务机关和上级税务监察机构的要求，制定税务监察计划及实施方案并报上级备案。

1. 立案。税务监察机构确定进行检查的，应当在检查前通知被检查单位和有关人员。凡税务监察机构查处的案件，都要履行立案、调查、审理、定性处理、批复、呈报、材料归档等程序和制度。税务监察机构在其管辖范围内，对需要查处的问题，应当进行初步审查，认为有违法违纪行为需要给予政纪处分的，予以立案。税务监察机构确定进行立案调查的，应当通知被调查单位的上级或者被调查人员所在单位，重大案件的立案报上级税务监察机构备案。

2. 调查。各级税务监察机构在案件调查中，根据需要，可聘请有关部门或专门技术人员参加检查、调查工作。税务监察人员办理的案件与本人及其近亲属有利害关系，或者有其他关系可能影响公正处理案件的，应当回避。各级税务监察机构调查、审理、处理违法违纪案件，要严格遵循"事实清楚、证据确凿、定性准确、处理恰当、程序合法"的方针。

3. 处理。税务监察机构立案调查的案件，应当在立案后 6 个月以内结案，因特殊原因需延长办案期限的，最长不得超过 1 年。上级税务监察机构交办的案件不能如期结案的，应当向交办机构说明理由。税务监察机构对于立案调查的案件，经调查认定违法违纪事实不存在，或者不需要追究行政责任的，应依立案批准程序予以销案，并告知被调查单位的上级或被调查人所在单位。重要案件的销案，应报上一级税务监察机构备案。税务监察机构作出的监察决定或者监察建议以书面形式送达被监察单位或人员。

4. 执行。被监察单位或人员在收到监察决定或监察建议次日起 30 日内应当将执行、采纳情况向作出决定或建议的税务监察机构报告。对监察决定不服的，可以在收到监察决定次日起 30 日内向作出决定的税务监察机构申诉，税务监察机构应当在受理 30 日内作出复审决定。对复审决定仍不服的，可以向上一级税务监察机构申请复核。对复核仍不服的，可申诉。

复习思考题

1. 什么是税收管理体制？税收管理体制包括哪些内容？
2. 确定税收管理体制的依据是什么？
3. 分税制的主要内容有哪些？
4. 税务机构的改革趋势是什么？
5. 税务监察机构的主要职责是什么？

第四章 发 票 管 理

发票是纳税人交易行为的书面记录，反映了纳税人的生产、经营状况。纳税人开具发票，就会留下交易信息的线索，就会使税源显现出来。发票也是纳税人从事生产经营的必要条件之一，纳税人必须凭借税务登记证领购发票，这也成为促进纳税人办理税务登记的重要措施。因此，加强发票管理有利于加强税源管理，有利于提高整个税务管理工作的质量和水平。

第一节 发票管理概述

一、发票的概念及特点

发票是单位和个人在购销商品、提供或者接受服务以及从事其他经营活动中开具、收取的收付款凭证。

发票主要分为普通发票和增值税专用发票两大类，它们有各自的特点。

普通发票作为在购销商品、提供或者接受服务以及从事其他经营活动中开具、收取的收付款凭证，只是一种商事凭证，只开具交易数量、价格等内容，不开具税金，使用范围比较广泛。

增值税专用发票，是为加强增值税的征收管理，根据增值税的特点而设计的，专供增值税一般纳税人销售货物或应税劳务使用的一种特殊发票。增值税专用发票既是纳税人经营活动的商事凭证，又是兼记销货方纳税义务和购货方进项税额的合法证明，具有增值税完税凭证的作用。增值税专用发票使用的范围相对较小，票面所记录的内容较多，其法律作用更强，税务机关的控管措施更严。

二、发票的作用

在各种经济活动中，发票被最广泛、最大量地使用着，发挥着非常重要的作用。

（一）发票是财务收支的合法凭证

发票作为一种重要的商事凭证，它一方面反映了销售商品或提供劳务服务而收取货币资金形成收入；另一方面购买商品或接受劳务服务而支付货币资金形成成本费用。由于这些活动要接受财务规章制度的约束，反映这些活动的发票又具有国家认可的特点，因此，发票无疑是财务收支的合法凭证。

（二）发票是抵扣税款的凭证

现行增值税的计算采用"发票扣税法"，增值税专用发票是增值税一般纳税人计算应抵扣的进项税额的重要凭证。增值税专用发票抵扣联注明的进项税额，在计算当期应纳税额时可从销项税额中抵扣。

（三）发票是会计核算的原始凭证

发票完整、详细地记录了有关经济活动发生和完成的情况，反映了业务收支的内容、数量、单价、金额等，是经济交往双方业务往来最初记载的原始证据。真实、合法的发票，是交往双方进行财务会计核算的法定原始凭证，以此来编制会计分录，登记会计账簿。

（四）发票是购货方合法权益的证明

发票是在购销业务发生后，通常由收款方向购货或货款支付方开具的一种凭证，它记载了购货方付款的金额，以及收款开票方提供商品货物的品种、规格、等级、数量、单价、金额等详细内容。它是经济交往双方已经履行或承诺将要履行义务的一种证明。发票开具后，如果收款开票方未能完全履行发票约定的义务，如提供的商品规格、等级质量等与发票注明的内容不符，购货方有权要求对方重新履行发票约定的义务，或给予一定赔偿。由此，发票也是维护购货方合法权益的证明。

（五）发票是税务稽查的对象

发票记录了纳税人经营活动形成的交易额，是计税的重要依据，因此，发票是税务稽查的直接对象。而发票作为原始凭证，往往也是稽查的重点，对账簿、报表的检查最后也要通过凭证的检查加以确认。

三、发票管理的意义

（一）加强发票管理，可以促进企业加强财务管理

企业提供劳务或购买商品，开具或取得发票，实现了商品或劳务的购销，并收付货币资金，形成生产经营收入和成本。发票成为记录经济业务、反映财务收

支的法定凭证。通过加强发票管理，就可以防止企业不按规定填开发票、发票各联数字不符、隐瞒收入、乱列成本费用等违法行为的发生，保证发票的真实性、准确性，提高会计核算的正确性，促进购销双方加强财务监督，严肃财经纪律。

（二）加强发票管理，可以提高税务机关税源管理水平

发票直接反映着从事生产、经营的纳税人各项业务收入和支出，而收支所形成的资金流恰恰与计税依据存在密切联系。通过加强发票管理，建立行之有效的"以票管税"制度，就可以掌握纳税人的生产经营活动及其商品流转信息，进而有效地控制整个税源，控制滞纳欠税，堵塞税收漏洞，防止税款流失，保证税收收入，提高税收征管工作的质量和水平，并为各项税务管理工作奠定良好的基础。

⚠ 【探讨】 要重视和督促经营者开具发票

在商业零售行业，经营者往往只给信誉卡而不开发票。这样，消费者可以享受优惠价，并且有信誉卡作售后保障，双方均有好处。这实际上是双方瓜分了国家税款。为此，应取消单独的信誉卡（以发票代信誉卡），这样，当消费者寻求售后服务时，就会索要发票，从而促进经营者开发票。地方税务局推行有奖发票制度，也是鼓励消费者索取发票，从而督促纳税人开具发票。因此，在发票管理中，不但要加强发票领、用、存的管理，还要想办法督促纳税人如实开具发票。你还有什么好的建议吗？

（三）加强发票管理，有利于维护市场经济秩序

发票的应用范围十分广泛，在经济交往和经济核算中发挥着相当重要的作用。一些不法分子往往利用发票进行贪污贿赂、走私贩私、偷税骗税、侵吞国家财物等违法犯罪活动。私自印刷、倒买倒卖、伪造变造及转借发票等违法现象大量存在，极大地影响了合法经营，严重地干扰了正常的市场经济秩序。通过加强发票管理就可以有效地遏制上述违法行为的蔓延，打击违法犯罪活动，保证各项经济活动正常进行。

⚠ 【案例】

某市大华汽车修配厂为了招徕客户，长期以来采取虚开发票的不正当手段进行经营。比如，机关单位的司机前来修车时，实际修理费虽为 1 000 元，但该修配厂却开出金额为 1 200 元的发票，以便司机回去报销得到好处。后来群众举报，该修配厂的上述违规行为被该市税务局稽查局立案调查。经过反复调查，对多人进行取证，该局遂按照《中华人民共和国发票管理办法》的规定，对该修配厂做出罚款 1 万元的处罚决定。该修配厂对此不服，认为其已按发票上开具的销售额如实纳税，虽然发票有虚开的情况，但实际上还多向国家缴了税，于是向该市税务局申请复议。

试回答：纳税人的说法似乎有点道理，你的观点是什么？

第二节　发票的内容及种类

一、发票的内容

（一）发票的票面结构

发票的票面结构分为表格和非表格两个部分。发票票面非表格的部分包括票头、票尾和其他部分。

1. 票头。发票表格以上的部分为票头，包括发票名称、全国统一发票监制章、发票号码、发票代码和开票日期等五项内容。

⚠【提示】

发票号码和发票代码按一定规律生成，可以追踪到开票人，是发票稽核的重要元素。增值税电子普通发票的发票代码为 12 位，编码规则：第 1 位为 0，第 2~5 位代表省、自治区、直辖市和计划单列市，第 6~7 位代表年度，第 8~10 位代表批次，第 11~12 位代表票种（11 代表增值税电子普通发票）。发票号码为 8 位，按年度分批次编制。电子发票的号段由税务后台征管系统同步至增值税电子发票系统，通过增值税电子发票系统赋予纳税人。

2. 票尾。发票表格下面的部分为票尾，一般设有"开票单位（章）""收款人""开票人""复核"等栏。

3. 其他部分。在发票的右边，印有发票的联次和每一联的用途；在发票的左边，印有批准印制发票的文号、印制数量和印制单位等信息。

发票票面表格部分也叫票体，是发票的核心部分，它以表格的形式规定了发票需要反映的内容。

（二）发票的内容

1. 普通发票票体部分包括：商品名称或经营项目、计量单位、数量、单价、大小写金额等。

2. 增值税专用发票票体部分包括三方面内容：

（1）购货单位有关情况，具体设有购货单位"名称""地址""电话""税务登记号或统一社会信用代码""开户银行及账号"等栏；

（2）经济业务有关情况，具体设有"货物或应税劳务名称""计量单位""数量""单价""金额""税率""税额""价税合计"等栏；

（3）销货单位有关情况，具体设有销货单位"名称""地址""电话""税务登记号或统一社会信用代码""开户银行及账号"等栏。

（三）发票的基本联次

普通发票的基本联次为三联：第一联为存根联，开票方留存备查；第二联为发票联，收执方作为付款或收款原始凭证，填开后的发票联要加盖财务印章或发票专用章；第三联为记账联，开票方作登记账簿的原始凭证。

增值税专用发票的基本联次为四联：第一联为存根联，开票方留存备查；第二联为发票联，交购货方作记账凭证使用，只属于商事凭证；第三联为税款抵扣联，是购货方计算抵扣进项税额的证明，由购货方持有；第四联为记账联，是销货方核算销售额和销项税额的主要凭证。纳税人可根据生产经营需要申请使用增加辅助联的多联发票，如七联发票，增加出库联、出厂联等。

使用计算机或防伪税控系统开具发票的，机器存储的信息视同存根联，可以取消纸质存根联。县（市）以上税务机关可以在权限范围内确定发票基本联次、内容的增减。

二、发票的种类

发票的种类很多，每一种发票都有特定的使用范围。对发票进行科学的分类，并限定其使用范围，既便于用票单位掌握使用，也便于税务机关审核把关，是加强发票的日常管理和监督检查、控制税源、有效防范发票违法活动的重要措施。

发票按照其性质可以分为普通发票、增值税专用发票、特殊发票、专业发票和其他发票。

（一）普通发票

普通发票是相对于增值税专用发票而言的，是用票单位和个人提供非增值税应税劳务、销售货物但不能或不需要使用增值税专用发票时，所广泛使用的一种最典型、最大量的商务凭证。普通发票又有多种分类方法。

1. 按发票适用行业进行分类，大致可分为工业发票、商业发票、交通运输业发票、建筑安装发票、服务业发票、文教卫生等其他行业发票等若干类。工业发票等还可以进一步分类。

2. 按发票是否印有单位名称进行分类，可分为统一发票和衔头发票。统一发票是由税务机关统一设计、统一印制、统一发售、行业通用的发票。衔头发票由用票人草拟发票式样，报税务机关审定批准后印制，由用票人自行保管和使用的发票。

3. 按发票填开金额有无限制分类，可分为限额发票和非限额发票两类。限额发票一般在票面上印明"超过××元无效"的字样或在发票样式设计时将金额栏最大设定为百位，适用于个体经营者使用。非限额发票从理论上来说也有一个填开金额的上限，只是其填开额度相对是比较大的。

4. 按发票版面设计及开具方式分类，可分为电脑发票、表格发票、定额发票、裁剪发票等。

5. 按发票印制所用的纸质（材料）分类，可分为涂碳纸发票、无碳纸发票、普通纸发票和磁卡发票等。

（二）增值税专用发票

设置增值税专用发票，使税款的计算由"会计扣除法"转变为规范的"发票扣除法"，是实行凭发票注明税金进行税款抵扣制度和完善增值税征收管理工作的重要措施。增值税专用发票只限于增值税一般纳税人领购使用，它与普通发票在使用范围、发挥的作用、票面所记录的内容以及反映的价格等方面都是不同的。

增值税专用发票有中文版和中英文版以及四联和七联发票等不同类别。

（三）特殊发票

特殊发票是指具有发票的特点和功能、由税务机关填开的具有特殊用途的一种发票。

1. 发票换票证。它是税务机关在进行发票检查过程中，需要将纳税人已经填开的发票调回税务机关查验时，给对方开具的调换凭证。《发票换票证》与被调出的发票具有同等法律效力，纳税人不能拒绝换票。查验完毕后将发票退还纳税人，收回《发票换票证》。

2. 印花税票销售凭证。印花税票销售凭证，是税务机关销售印花税票时使用的一种特殊发票，是供购买印花税票的单位和个人用作会计核算的记账凭证。

（四）专业发票

专业发票是指由国有金融、保险、邮电通信、铁路航运等部门开具使用的专业性很强的票据。如金融保险企事业的存贷、汇兑、转账凭证、保险凭证；邮电通信企业的话务、电报收据等。

专业发票通常由行业主管部门统一管理，自行设计式样，自行组织印制，实行行业归口管理，不套印税务机关的发票监制章。

（五）其他发票

其他发票是指具有发票的部分特征、属于税务机关监督检查范围但税务机关不进行印制领购管理的一类票据。

1. 财政收款收据，与计税无关的非营业性收付款凭证，如中小学学费收据。

2. 国外取得发票，国际贸易中的商业发票，在进出口商之间使用，如银行发票、海关发票、形式发票、领事发票等。

第三节 发票管理的内容与方法

国家税务总局统一负责全国的发票管理工作，如发票防伪专用品的生产和发票防伪措施的采用，增值税专用发票式样设计，全国统一发票监制章，都由国家税务总局管理。省级及以下税务局负责发票的印制、发放和管理，其中，发票印制审批权通常集中在省级税务局。

一、发票印制管理

发票印制是发票管理的首要环节，加强发票的印制管理是从源泉上对发票进行控制。

（一）发票印制权限

发票一般由国家税务总局或省级税务机关统一设计式样，套印全国统一发票监制章，由省、自治区、直辖市税务机关确定的印刷企业印制，由各级税务局发放和管理。发票的印制管理权归税务机关，具体包括印制"衔头发票"的审批权和对印刷企业的选择权。

1. 印制"衔头发票"的审批权。对于有固定生产经营场所、财务和发票管理制度健全、发票使用量较大的单位，可以申请印制印有本单位名称的自用发票，即"衔头发票"。印制带"衔头发票"，必须提交申请，由办税服务厅受理，经县以上税务机关批准确定发票的种类和数量后，向发票印制企业下达《发票印制通知书》。

2. 印刷企业的选择权。税务机关遵循行政许可程序选择发票印刷企业，选择的标准除了取得印刷经营许可证和营业执照之外，还包括：一是设备、技术水平能满足印制发票和生产发票防伪专用品的需要；二是能够按照税务机关的要求保证供应；三是企业管理规范，有健全的财务制度以及严格的质量监督、安全管理和保密制度；四是有专门车间生产，专用仓库保管，专人负责管理；五是能严格遵守发票印制和发票防伪专用品生产管理规定。对于符合标准的，发给由国家税务总局统一制发的行政许可证——《发票准印证》和《发票防伪专用品准产证》。

税务机关应定期对印制发票企业和生产发票防伪专用品企业进行监督检查，对不符合条件的，应取消其印制发票或生产发票防伪专用品的资格。

⚠【提示】

税务行政许可，是指税务机关根据纳税人、扣缴义务人或者其他税务当事人的申请，经依法审查，准予其从事特定税务活动的行为。税务行政许可的范围包括：（1）企业印制发票审批；（2）对延期申报、延期纳税以及变更纳税定额的审批；（3）对增值税防伪税控系统最高开票限额的审批；（4）根据实际利润预缴以外的所得税预缴方式的核定；（5）非居民企业汇总缴纳企业所得税机构场所的审批。其中有两项许可与发票有关。

（二）发票的印制要求

1. 对印制企业的要求。印制企业必须持《发票准印证》；印制企业接到主管税务机关下达的《发票印制通知书》后，要严格按照通知书上载明的发票名称、种类、联次、印制数量等内容进行印制。

2. 对印制地点的要求。各省、自治区、直辖市内的单位和个人使用的普通发票，应当在本省、自治区、直辖市内印制。确有必要到外省、自治区、直辖市印制的，应当经省级税务机关同意，由印制地省级税务机关指定的印制发票的企业印制，禁止在境外印制发票。

3. 对使用文字的要求。发票应使用中文印刷；民族自治地方的发票可以加印当地一种通用的民族文字；涉外企业有实际需要的，也可以同时使用中外两种文字印制。

（三）发票的防伪措施

1. 使用防伪用品。专用纸：普通发票的发票联通常使用白色专用水印原纸、底纹纸或带有背涂颜色的干式复写纸。防伪油墨：发票联所套印的发票监制章和发票号码，统一使用有色荧光防伪油墨。

2. 发票实行不定期换版制度。为了防止和杜绝私印、伪造发票，对发票实行不定期改变版面印刷要求，包括更换监制章、版式、底纹式样、印色及用纸类别等。

3. 严格制度管理。发票承印企业使用的防伪专用品，须填制《发票防伪用品领购申请表》，统一由税务机关负责向定点生产企业调拨。发票承印企业必须建立健全防伪专用品的领、用、存管理制度，并应设专人、专库加强保管，确保专用品的安全。未经批准严禁擅自调拨或互相串用防伪专用品。

4. 防伪税控系统开具的增值税专用发票和普通发票，采用电子存储和数字密码技术进行防伪，因此，纸质发票无须防伪措施。

二、发票领购管理

用票单位和个人使用增值税专用发票或通用性普通发票时，都要向当地税务机关申请领购。

（一）发票领购资格

从事生产经营并依法办理税务登记的单位和个人，都有资格向主管税务机关申请领购发票。

衔头发票在申请印制发票时就已审查确定了发票的具体使用对象，发票印制完成后直接交付申请人保管、使用，因此不涉及发票领购问题。

（二）《发票领购簿》的发放

申请领购发票的单位和个人，首先要提出购票申请，并提供加载统一社会信用代码的营业执照（或税务登记证、组织机构代码证等）、经办人身份证明，以及财务印章或发票专用章的印模。然后由主管税务机关进行审核，对审核无误的，在5个工作日内发给《发票领购簿》。

⚠【提示】 实名办税

取得工商营业执照后，纳税人的办税人员到服务大厅扫描身份证进行实名认证，办税系统便将该身份证与税务登记事项关联起来。之后再办理税收事项时，多数情况下就不再要求提交税务登记证副本（未实行"多证合一、一照一码、两证整合"登记模式的纳税人仍需报送）。

发票领购簿的内容应包括用票单位和个人的名称、所属行业、经济类型、购票方式、核准购票种类、发票名称、领购日期、准购数量、起止号码、违章记录、领购人签字（盖章）、核发税务机关（章）等内容。

新办纳税人首次申领增值税发票主要包括发票票种核定、增值税专用发票（增值税税控系统）最高开票限额审批、增值税税控系统专用设备初始发行、发票领用等涉税事项。

1. 税控盘的领购。税控盘（也称金税盘）是将增值税税控系统中的金税卡做成移动硬盘，外接电脑使用。可用于领购发票、开具发票、报税等。纳税人在初次使用或重新领购税控设备开具发票之前，税务机关需要对税控设备进行初始化处理，将开票所需的各种信息载入税控盘。

2. 领用发票。用票人可携带税控盘、报税盘、税控收款机用户卡、经办人身份证，到办税服务厅（场所）或通过电子税务局、自助办税终端办理。增值税专用发票通常只限于增值税一般纳税人领购使用。但是增值税小规模纳税人由税务部门代开增值税专用发票。

（三）临时使用发票的规定

需要临时使用发票的单位和个人，可以直接向税务机关申请办理。

临时到本省、自治区、直辖市行政区域以外从事经营活动的单位或者个人，应当凭所在地税务机关的证明，向经营地税务机关申请领购经营地的普通发票。增值税一般纳税人临时到省外从事生产经营活动的，在机构所在地领购专用发票，但不能跨地区携带，只能在经营活动结束后回机构所在地补开。

临时在本省、自治区、直辖市以内跨市、县从事经营活动领购发票的办法，由省、自治区、直辖市税务机关规定。

税务机关对外省、自治区、直辖市来本辖区从事临时经营活动的单位和个人申请领购发票的，可以要求其提供保证人或者根据所领购发票的票面限额及数量交纳不超过 1 万元的保证金，并限期缴销发票。按期缴销发票的，解除保证人的担保义务或者退还保证金；未按期缴销发票的，由保证人或者以保证金承担法律责任。

（四）发票领购方式

在实际工作中，为了既满足用票人的需要，又便于管理监控，设定了以下三种购票方式。

1. 批量供应。税务机关根据用票单位业务量及对发票需求量的大小，确定一定时期内的合理领购批量，用量大的可以按月提供，用量不太大的可以按季领购，防止其积存较多发票而引起管理上的问题。这种方式主要适用于经营规模较大、财务管理制度健全、依法履行纳税义务、发票管理规范、发票用量较大的纳税人。纳税信用 A 级的纳税人可一次领取不超过 3 个月的增值税发票用量。

2. 验旧购新。这是指每次领购发票时，要把上次领购、开具的发票存根联交给发票管理部门检验，合格的可以领购新发票，存根联由用票人自行保管。这种方式适用于财务制度不很健全、纳税意识不强、发票管理不完善、发票用量不大的企业和个体工商户。

税务机关逐步取消增值税发票和定额发票等非税控发票的手工验旧，而更多的利用增值税发票税控系统报税数据，通过信息化手段实现增值税发票验旧工作。

3. 交旧购新。用票单位和个人交回旧的（即已填用过的）发票存根联，经主管税务机关审核后留存，才允许再领购新发票。主管税务机关对旧发票存根联进行审核，主要看其存根联是否按顺序号完整保存，作废发票是否全份保留，填开的内容是否真实、完整、规范等。这种方式适用于财务制度不健全、经营规模较小的个体工商户和临时经营者。

【思考 4－1】

规定发票领购方式在税务管理中的实践意义是什么？

三、发票开具管理

发票的开具是发票使用的关键环节，直接决定着发票使用的合法性、正确性和真实性，税务机关对此制定了严格的监管规定。具体如下。

1. 用票单位和个人在整本发票使用前，要认真检查有无缺页、错号、发票联无发票监制章或印制不清楚等现象，如发现问题应报税务机关处理，不得使用。未经税务机关批准，不得拆本使用发票。

2. 开具发票必须在发生经营业务确认营业收入时，按照规定的时限、顺序逐栏、全部联次一次性如实开具，并加盖发票专用章。整本发票开始使用后，应做到填写项目齐全，内容真实，字迹清楚，填开的发票不得涂改、挖补、撕毁，如发生错开，应将发票各联完整保留，书写或加盖"作废"字样。

3. 发票限于领购单位和个人在本省、自治区、直辖市内开具。发票限于领购单位和个人自己填用，不准买卖、转借、转让、代开和虚开发票。向消费者个人零售小额商品，也可以不开发票，如果消费者索要发票则不得拒开。取得发票时，不得要求变更品名和金额。不符合规定的发票，不得作为财务报销凭证，任何单位和个人有权拒收。

4. 开具发票后，发生销货退回的，一是在购买方未付货款并且未作账务处理的情况下，须将原发票联和税款抵扣联收回，四联发票上注明"作废"字样保存，作为扣减当期销项税额的凭证。二是在购买方已付货款，或者货款未付但已作账务处理，发票联及抵扣联无法退还的情况下，购买方可以在增值税发票管理系统中填开并上传《开具红字增值税专用发票信息表》，经购买方主管税务机关校验后，作为销售方开具红字专用发票的合法依据。销售方在获取校验结果后，根据退回货物的数量、价款或折让金额向购买方开具红字专用发票。红字专用发票的存根联、记账联作为销售方扣减当期销项税额的凭证，其发票联、税款抵扣联作为购买方扣减进项税额的凭证。三是发生销售折让的，在收回原发票并注明"作废"字样后，重新开具销售发票。

【思考 4 – 2】

发生交易时通常由销售方开具发票，那么在发生销货退回需要填开红字发票时，为什么由购买方（而不是销售方）的主管税务机关审核《开具红字增值税专用发票信息表》？

5. 对不具备领购使用资格的用票人发生经营行为的，税务机关可以为其代开发票。有以下两种情况：一是需要临时使用普通发票的，税务机关可为其开具普通发票；二是增值税小规模纳税人发生应税行为的，税务机关可为其代开增值税专用发票（确定自行开具的除外）。

6. 使用非税控电子器具开具普通发票，须经主管税务机关批准，应当将非税控电子器具使用的软件程序说明资料报主管税务机关备案，并按照规定保存、报送开具发票的数据。国家推广使用网络发票管理系统开具发票。

7. 开具发票应当使用中文。

四、发票保管与缴销管理

（一）发票的保管

加强发票管理的主要作用是保证发票的安全使用，堵塞非法取得发票的漏洞。

1. 为了便于加强发票使用的管理,开具发票的单位和个人应建立发票使用登记制度,设置发票登记簿,并定期向主管税务机关报告发票使用情况。

2. 开具发票的单位和个人,发生转业、改组、分设、合并、联营、迁移、破产、歇业以及改变主管税务机关的情况,在办理变更或注销税务登记的同时,要办理发票和发票领购簿的变更、缴销手续。对原领购未用的发票要进行清理,报主管税务机关缴销或更换,不得自行处理。

3. 开具发票的单位和个人,都应建立健全发票保管制度,设专人负责,专柜存放,防止丢失损毁,定期进行盘点,保证账实相符。对已填用的发票存根联应与空白发票一样妥善保管,不得擅自销毁。已经开具的发票存根联和发票登记簿应保存5年。

4. 用票单位或个人丢失发票,应于丢失当日书面报告主管税务机关,并在报刊和电视等传播媒介上公开公告声明作废。

5. 除国务院税务主管部门规定的特殊情形外,任何单位和个人不得跨规定的使用区域携带、邮寄、运输空白发票。禁止携带、邮寄或者运输空白发票出入境。

(二)发票的缴销

用票人发生"关停并转"、已使用的发票存根联保存期满、因违法被取消用票资格、因保管不善发生损毁以及因税务机关统一实行发票换版、更换发票监制章等,都会涉及发票缴销,应向主管税务机关提出缴销申请。发票缴销的基本要求有以下三个方面。

1. 由用票单位和个人编制详细的发票缴销清册,列出印制或购领发票的年限、种类、号码,已使用发票和未使用发票情况,缴销发票的类别、种类、号码等,经财务负责人或法人代表签章后,加盖用票单位公章,连同发票一并报送主管税务机关。

2. 主管税务机关在接到用票单位和个人报送的缴销发票申请报告及其要求缴销的发票后,应认真审查,分类分户登记,发现问题应及时追查,依法处理。

3. 对依法应当缴销的发票,用票单位和个人既不能擅自销毁,也不能弃之不管、不报不缴,更不能违章使用或私自转让买卖。主管税务机关应监督用票单位和个人及时按规定缴销发票,并实行集中销毁的办法。

五、发票检查管理

发票检查是加强发票管理的重要措施之一。通过发票检查,可以及时纠正那些违反发票管理办法的行为,保证发票的正确使用,防止和堵塞漏洞,打击利用发票进行的违法犯罪活动。

（一）发票检查的内容

1. 税务机关检查发票的权力。（1）检查印制、领购、开具、取得、保管和缴销发票的情况；（2）调出发票查验；（3）查阅、复制与发票有关的凭证和资料；（4）向当事各方询问与发票有关的问题和情况；（5）在查处发票案件时，对与案件有关的情况和资料，可以记录、录音、录像、照相和复制。

2. 发票检查的要求。

（1）税务人员进行发票的检查工作，要严格执行《中华人民共和国发票管理办法》《中华人民共和国税收征收管理法》及其他政策法规，要主动出示税务检查证。

（2）一切印制、使用发票的单位和个人，都必须接受税务机关的监督检查，如实反映情况及提供有关资料，不得隐瞒和拒绝。

（3）税务机关需要将已填开的存根联或取得的抵扣联调出查验时，应开具发票换票证，调出空白专用发票查验要开具收据，查验后及时退还。发票换票证只限于在本县（市）范围内使用，需要调出外县（市）的发票查验时，应与该县（市）税务机关联系，使用当地的发票换票证。

（4）为了检查发票各联次填写是否相符，可采取异地间税务机关交叉传递法进行核对。当主管税务机关对购货单位发票的内容有疑问时，可以填制"发票填写情况核对卡"，用传真或信函方式发给异地销货单位的主管税务机关。异地税务机关接到核对卡后，认真与销货单位的发票存根联核对，并于15日内反馈有关核对情况。

（5）对通过增值税防伪税控系统开具的增值税专用发票，要纳入增值税稽核系统进行稽核比对。一是将开票系统和认证系统自动生成的发票数据通过计算机网络进行比对；二是对有疑问的或已经确定虚开的增值税专用发票进行协查。

3. 发票检查的内容。发票检查的内容十分广泛，包括发票印制、领购、开具、取得、使用、保管和缴销等环节，涉及税务机关内部控制管理和用票单位、个人发票管理两个方面。

（1）普通发票检查的内容。普通发票检查的内容包括：一是检查自用发票的印制是否有完备的手续；二是检查是否按规定领购、开具和使用发票；三是检查是否设置发票管理账簿，并按规定保管和缴销发票。

（2）增值税专用发票检查的内容。除上述普通发票检查所涉及的内容外，增值税专用发票检查还要侧重以下两个方面：其一，检查增值税专用发票的真实性。检查是否为伪造、变造的发票，防止"假票真开"。其二，检查增值税专用发票的合法性、有效性。检查发票填开内容是否符合增值税专用发票使用的规定，有关计算销项税额、进项税额的各个栏目是否合乎规范，是否涂改，防止"真票假开"、转借代开、虚开增值税专用发票的情况发生。

除了检查发票本身的内容外，还要对征纳双方发票管理状况进行检查，如人员配备、设施配备、制度建设、登记核算等方面的情况。

（二）发票检查的方法

1. 对照检查法。对照检查法是将用票单位发票使用和管理的实际情况与有关的单证、账表进行核对，从中发现问题。这是在发票检查的初始阶段采用的方法。根据用票单位《发票领购簿》上记载的发票种类、名称、册数、起讫号码与已填开使用的发票进行核对，可以检查丢失发票、借用发票和使用假发票的问题。另外，将有疑点的发票与一般发票进行对照，确认发票违法使用的问题。如对照检查发票票面的光滑程度以及纸的厚薄，从而判断是否被刮擦；对照检查发票的脆硬度，看是否被化学药水侵蚀；对照检查发票填开的笔迹，看填开笔迹深浅、粗细以及字体是否前后一致，从而判断是否被涂改；检查发票票面的正反面，看是否为一次性复写等。

2. 票面逻辑推理法。票面逻辑推理法，就是根据发票票面反映的经济活动内容与用票单位经营活动的规律之间以及数量、单价、金额各个栏目之间的逻辑关系，来推断其合法、真实性，对发票检查中的某些疑点进行推理，以进一步确定检查的重点方向。

3. 顺向检查法。这是指以提供商品、劳务而开出发票收取款项的单位或个人为检查的起点，按照发票存根联指明的方向到购货单位或接受劳动服务的单位检查发票联，将两者相互对照，以确认用票单位发票违章的性质和基本事实。顺向检查法的特点是有的放矢，能较为直接地判断和查清问题，在对有疑点发票检查时可以有目的地采用这种方法。

4. 逆向检查法。这种检查方法是以支付货款和劳务费用取得发票联的单位为检查的起点，到收款单位核查其开出发票的存根联，从而为原来掌握的发票违章问题提供确凿的证据。如审查企业财务收支凭证的合法性，检查有无伪造、涂改的发票，有无白条入账，大头小尾发票都可采用这种方法。在实际工作中，逆向检查法与顺向检查法同时并举，可扩大检查的广度，增强检查的深度。特别是对大头小尾发票，顺向与逆向检查法都能收到明显的效果。

5. 增值税专用发票检查的一般方法：对照光线检查发票联和抵扣联，看是否使用国家税务总局统一规定带有水印图案的防伪专用纸印刷，用紫外线发票鉴别器检测无色和有色荧光防伪标志。

六、金税工程

（一）金税工程的概况

金税工程是全国增值税专用发票计算机防伪税控和稽核系统的统称，是利用覆盖全国税务机关的计算机网络，实现对纳税人增值税专用发票使用管理及经营状况进行严密监控的一个高科技管理系统。金税工程是国家经济信息化工作的重点工程，是全国税务信息化工作的重要组成部分。

金税工程通过计算机网络和相关系统实现税务系统对纳税人增值税专用发票和经营状况的严密监控，以及对涉税犯罪行为进行及时、有效的查处和打击。它对于强化增值税管理和出口退税管理、强化税务稽查工作、监控税源变化、减少税款流失、监督和规范税务人员的执法行为、促进税收征管的进步和税务办公自动化具有十分重要的意义。

1994 年，金税工程一期的增值税计算机交叉稽核系统在 50 个大中城市试点，对加强增值税征收管理起到了积极作用。

1998 年，以"一个平台、四个系统"为内容的金税工程二期正式立项。

2000 年，在总结实践经验的基础上，完善金税工程二期的建设思路，提出了整体方案，加快了建设步伐。国家税务总局到省、市、县国税局的四级网络全部联通。

2001 年 1 月 1 日，四个系统在辽宁、江苏、浙江、山东、广东和北京、天津、上海、重庆"五省四市"开通运行。7 月 1 日，四个系统在其他 22 省区开通运行，金税工程二期基本建成，取得了重大成效。

2003 年，国家税务总局向国家发改委提交了《金税工程（三期）项目建议书》；2005 年，国务院审议批准了金税工程三期立项，金税工程与其他税务管理信息系统进入了整合发展的新阶段。

2013 年，金税工程三期系统在重庆、山东等省市单轨上线运行。截至 2016 年底，金税工程三期推广应用到全国税务系统。

2018 年，国家税务局与地方税务局机构合并后，形成全国一体化的税务信息系统，金税工程也不再是单纯的增值税专用发票管理信息系统。

（二）金税工程防伪原理

金税工程的防伪措施主要在防伪税控开票子系统中，其核心部（硬）件是"金税卡"，其关键技术有两个：一是数字密码技术，用于票据防伪；二是电子存储技术，用于税源和票源控制。

销货方企业在发生业务开具发票时，系统自动生成发票存根联数据，存储到金税卡上。金税卡是一个大容量存储器，防伪税控盘是其简化形式，就像飞机上的"黑匣子"。对于企业来说，"黑匣子"中的数据只能写入，可以查看但不能修改。企业在打印发票的同时，"黑匣子"自动记录发票的销售金额和税额，这就是电子存储技术。

企业在打印发票时，金税卡会把发票上的七个要素（即加密参数：发票代码、发票号、开票日期、购货方纳税号、销货方纳税号、金额、税额）"翻译"成 84 位由特殊符号（0 至 9、>和<以及 +、−、*、/共 16 种字符）组成的、人工无法破译的密码，打印到纸质发票票面密码区内，这就是数字密码技术。

销货方企业通过网络在线开票的信息会自动传送到税务机关的数据库，每张发票的开具信息也会同时存储到"黑匣子"中，在税务机关汇总成电子底账。月末可以通过网络向税务机关的报税子系统进行报税。税务机关就可以通过报税子系统对"黑匣子"中的数据进行处理，从而了解企业发票的开具使用情况。

购货方企业在每月末将购货取得的增值税专用发票抵扣联汇总，登录税务机关网站，对照本企业收到的抵扣联按发票号码一一勾选确认即可，纸质抵扣联留存备查，一般不需要向税务局提交。识伪原理是：将密码区的84位密码，由金税卡进行反向翻译，还原对密文解密恢复出的发票七个要素，与发票上打印的明文比对，判别发票的真伪。因此，认证与开票是一个相反的过程。

【思考4-3】

有的增值税一般纳税人在取得增值税专用发票抵扣联以后，自行作废，不去认证，这是不符合常规的，为什么？

（三）金税工程系统构成

金税工程共由八个子系统组成，其中，在税务部门安装使用的有七个，即税务发行子系统、企业发行子系统、发票发售子系统、报税子系统、认证子系统、防伪开票子系统（企业安装使用），具体如图4-1所示。此外，还有增值税稽核子系统、发票协查子系统。

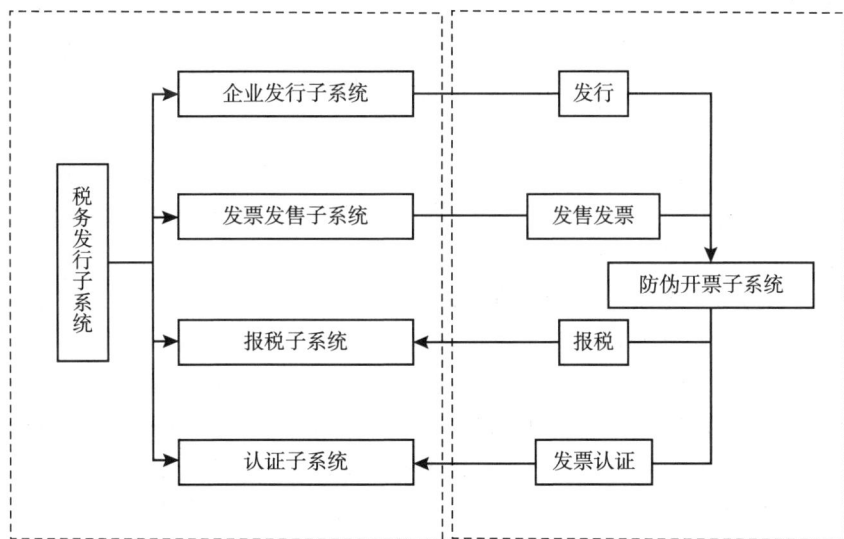

图4-1 金税工程系统

1. 税务发行子系统。在税务系统内部，国家税务总局向省局、省局向地市局逐级进行发行。所谓发行就是经过密钥的自动生成和传递，将发行对象的金税卡进行初始化启动，未经发行的卡不能使用。地市局的税务发行金税卡运行后，负责向区县局发行企业发行金税卡、发票发售金税卡、认证报税金税卡。

2. 企业发行子系统。区县级税务机关经上级地市局税务发行系统发行，生成本级企业发行子系统，它可以对纳入防伪税控系统管理的企业进行开票授权，即为企业安装防伪税控开票子系统。

3. 发票发售子系统。它安装在区县税务局，主要功能是向企业开票子系统发售专用发票；对已售和未售发票进行相关库（发票库、发票代码库、经办人库）库存管理；查询统计发票发售信息（发票情况统计、纳税户情况统计、发票流向统计）等。

4. 报税子系统。它安装在区县税务局，主要功能是接收防伪税控企业的报税信息；对所辖企业进行已报税和未报税信息查询统计；将相关信息传递给稽核子系统。

5. 认证子系统。它安装在区县税务局，主要功能是对企业取得的抵扣联发票进行认证；对企业丢失的存根联数据进行补录；将认证结果数据向稽核与协查系统传递。由于开票时购买方信息已经存入电子底账，认证时购买方上网对照勾选号码即可，一般无须提交纸质抵扣联扫描识别。经认证无误的，才能作为纳税人合法的抵扣凭证，否则，一律不能抵扣。

6. 防伪开票子系统。它是运用数字密码和电子信息存储技术，通过强化增值税专用发票的防伪功能，监控企业的销售收入，解决销项发票信息真实性问题的计算机管理系统。该子系统是唯一设置在企业端的，可以领购及开具增值税专用发票，生成报税数据。

7. 增值税稽核子系统。它是将开票子系统和认证子系统自动生成的发票存根联和抵扣联数据通过计算机网络进行比对。理论上讲，经过报税和认证，计算机系统中就有了一定期间内的所有存根联和抵扣联数据，这就为发票比对奠定了基础，同时也表明，发票稽核具有普遍性。稽核的方法采取三级交叉稽核，即本地市发票就地交叉稽核，跨地市发票上传省级税务机关交叉稽核，跨省发票上传国家税务总局进行交叉稽核。

8. 发票协查子系统。它是对有疑问的和已证实虚开的增值税发票案件协查信息，以及认证子系统和稽核子系统发现有问题发票的信息，在金税工程网络上，经过上级机关传递给异地基层税务机关，由其人工干预处理后，将协查结果信息原路传回。它是异地基层税务机关之间相互委托、受托协查关系，协查对象是有问题的发票个例，因此，相比稽核子系统来说，不具有普遍性。

对发票检查中发现的问题，要依法予以处理。具体内容见第十一章。

复习思考题

1. 什么是发票？其作用有哪些？
2. 加强发票管理的意义有哪些？
3. 发票一般包括哪些种类？
4. 发票管理包括哪些环节？如何加强发票管理？
5. 金税工程的两大核心技术是什么？

第五章 税务基础管理

税务基础管理是对税收基础业务的管理，通过税务登记、账簿凭证管理、纳税申报以及税务资料文书档案管理，掌握纳税人静态、动态基本信息，为后续的各项管理工作奠定基础。

第一节 税务登记

一、税务登记的概念和作用

（一）税务登记的概念

税务登记，又称"纳税登记"，是税务机关依法对纳税人的生产经营情况及其税源变化情况进行登记管理的一项基本制度，是整个税收征收管理工作的首要环节，也是纳税人必须履行的法定义务。

⚠【提示】**税务登记属于户籍管理的范畴**

户籍管理的内容包括开户、变更、停复业、注销、外出经营报验登记、非正常户的认定和处理等管理工作。依托信息化，进一步落实纳税人户籍资料的"一户式"管理，及时归纳、整理和分析户籍管理的各类信息，建立健全户籍管理档案，加强辖区管户的巡查，充分了解纳税户实际情况，可以有效地减少漏征漏管户，强化税源管理。

（二）税务登记的作用

税务登记是与新中国税收征收管理有着同样长历史的一项管理制度，在国际上也被普遍采用。健全和完善税务登记制度，对征纳双方来说，都具有十分重要的意义。

从法律角度来说，税务登记确立了征纳之间的税收法律关系。具体包括以下三个方面：一是确定了税收法律关系主体，即征税主体和纳税主体。征税主体从本质上说只能是国家，但税务机关可以作为国家的代表取得征税主体资格。纳税主体则是将要依法产生纳税义务的单位和个人，如增值税一般纳税人、金银首饰消费税纳税人。二是确认税收法律关系的内容，即征纳双方各自的权利和义务。尤其明确了纳税人有了解税法、申请减免退税、领购发票以及陈述、申辩等权利。三是初步确认了税收法律关系的客体，即主体权利和义务所指向的对象，包括收入、所得、财产、货物、资源、行为等。

从管理角度来说，税务登记确立了征纳之间的税收工作关系，为整个税收征收管理奠定了基础。税务登记既是纳税人履行纳税义务的前置程序，也是税务机关开展税收征收管理的基础环节。税务登记可以使税务机关比较全面、及时、有效、动态地掌握本辖区内纳税人的数量、结构及其变动趋势，了解纳税人的生产经营情况以及税源的分布状况，从而有针对性地制定税收计划，合理地设置机构和配备征管人员，有效地实施管理、征收、检查等各项工作。对于纳税人来说，进行税务登记，取得税务登记证件，也是其办理涉税事项的资格证明，便于征纳之间的业务交流。

总而言之，通过税务登记确立征纳之间的税收法律关系和税收工作关系，既有利于增强纳税人的纳税意识，也有利于强化税务机关对税源的源泉控制，对征纳双方来说都是必不可少的。

二、税务登记的种类

（一）税务登记的适用对象

凡经国家市场监督管理部门批准从事生产经营的纳税人，都属于应办理税务登记的对象。其具体范围如下：

1. 企业，包括国有企业、集体企业、私营企业、联营企业、股份制企业、外商投资企业、外国企业、港澳台投资企业以及其他企业。

2. 企业在外地设立的分支机构和从事生产经营的场所，包括各种分厂、分公司、分站、产品经销处、维修服务点等。

3. 个体工商户，即经国家市场监督管理部门批准开业的城乡个体工商业户。

4. 从事生产经营的事业单位，即经市场监督管理部门批准开业而从事生产经营的机关、团体、部队、学校和其他事业单位。

除国家机关、个人和无固定生产经营场所的流动性农村小商贩外的其他纳税人，均应当向纳税义务发生地税务机关申报办理税务登记，税务机关核发税务登记证及副本。

（二）基本税务登记制度

1. 开业税务登记。开业税务登记，是指企业、单位和个人经国家市场监督管理部门或有关部门批准设立后所需办理的税务登记。纳税人应自领取营业执照之日起或自依照法律、行政法规的规定成为法定纳税义务人之日起30日内，持有关证件资料，向主管税务机关申报办理开业税务登记。

以下三种情形可比照开业税务登记来办理：（1）非独立经济核算的分支机构与已办理税务登记的总机构不在同一地区的，分支机构应自设立之日起30日内，向所在地税务机关申报办理税务登记。（2）纳税人到外县（市）从事经营活动，要持其所在地税务机关填发的《跨区域涉税事项报告表》，向所到地（即经营地）税务机关报验登记。（3）扣缴义务人应当自发生扣缴义务之日起30日内，向主管税务机关申报办理代扣（收）税登记，并领取代扣代缴、代收代缴税款证件。

办理开业税务登记的程序一般分为以下三步。

第一步，由纳税人向登记机关报告相关信息。报告的登记信息包括：（1）单位名称、法定代表人或者业主姓名及其居民身份证、护照或者其他合法证件的号码；（2）住所、经营地点；（3）登记类型；（4）核算方式；（5）生产经营方式；（6）生产经营范围；（7）注册资金（资本）、投资总额；（8）生产经营期限；（9）财务负责人、联系电话；（10）国家税务总局确定的其他有关事项。

第二步，纳税人提供相关证件、资料。具体包括：（1）工商营业执照或其他核准执业证件；（2）有关合同、章程、协议书；（3）组织机构统一代码证书；（4）法定代表人或负责人或业主的居民身份证、护照或其他合法证件。

第三步，登记机关进行审核。登记机关对纳税人报告信息、提供的证件和资料，应自收到之日起30日内审核完毕。对符合规定的予以登记，并发给相应的证件。

⚠【提示】简化办证的历史沿革

根据国务院的要求和国家工商总局的部署，江苏等多个地方从2013年底开始试行工商营业执照、组织机构代码证和税务登记证"三证合一"登记制度改革，并于2015年10月1日在全国推行。

2016年6月30日，国务院办公厅发布了《关于加快推进"五证合一、一照一码"登记制度改革的通知》（以下简称《通知》），《通知》要求，从2016年10月1日起，全国范围内实施"五证合一、一照一码"登记，各地在原有的工商营业执照、组织机构代码证、税务登记证"三证合一"改革基础上，整合社会保险登记证和统计登记证，推进"五证合一"改革。有的地区在"五证合一"的基础上，将公安部门核发的印章刻制备案证明和银行开户许可证纳入原有的"五证合一"系统，发展为"七证合一"，采取"一窗受理、联动审批"模式。

"五证合一"新登记制度的程序：

新设立的公司、非公司企业法人、个人独资企业、合伙企业、农民专业合作社等（个体工商户除外）企业类市场主体，纳入"一照一码"管理范围，适用新税务设立登记程序。这一登记程序有两个基本步骤：

第一步，申领营业执照。拟设立的相关市场主体，到市场监督管理部门政务大厅办理登记手续，只需要填写"一张表格"，向"一个窗口"提交"一套材料"即可。市场监督管理部门审核后，直接核发领取加载法人和其他组织统一社会信用代码的营业执照，并在全国企业信用信息公示系统公示。登记信息同步传送税务机关共享。

第二步，办理税务登记。纳税人对税务机关依据市场监督管理等部门共享信息制作的《"多证合一"登记信息确认表》进行确认，对其中不全的信息进行补充，对不准确的信息进行更正。税务机关不再发放税务登记证（以营业执照代替）。

纳税人采用新办纳税人"套餐式"服务的，可一并办理以下涉税事项：电子税务局开户、登记信息确认、财务会计制度及核算软件备案、纳税人存款账户账号报告、增值税一般纳税人登记、发票票种核定、增值税专用发票最高开票限额审批、实名办税、增值税税控系统专用设备初始发行、发票领用。

⚠【提示】实名办税

首次办理涉税事宜时，通过扫描身份证对办税人员进行实名信息验证，与该纳税人信息建立关联。后续再办理税收业务时，有些证明类材料可以不再需要提供，从而简化办税业务，提高办事效率。

2. 变更税务登记。税务登记的内容发生变化，纳税人应当自办理工商变更登记之日起或自有关机关批准或宣布变更之日起30日内，持有关证件，向原税务登记机关申报办理变更税务登记。内容变化包括：改变名称、改变住所或经营地点；改变法人代表或财务负责人；改变经济性质或隶属；改变生产经营范围、经营方式、经营期限或生产经营权属；增减注册资本；改变开户银行和账号等。

实行"五证合一"管理的纳税人，生产经营地址、财务负责人、核算方式等非市场监管等部门登记信息发生变化的，直接向主管税务机关申报办理变更。办理变更税务登记的一般程序是：首先，由纳税人提出书面申请，写明变更登记的具体内容及原因；其次，由纳税人填写《税务变更登记表》，同时报送变更的有关批准文件或证明材料；最后，由原登记税务机关进行审核，对符合规定的准予变更。

"五证合一"纳税户的生产经营地、财务负责人、核算方式等以外的项目发生变更时，向市场监管机关办理变更登记。办理税务变更登记的流程是：向市场监督管理部门申报办理变更登记。市场监管机关核准后将变更信息即时共享至省级信息交换平台，税务机关接收市场监管部门变更信息，经纳税人确认后更新系统内的对应信息。持有旧营业执照的存量企业办理变更登记的，向企业登记机关申请变更，换发载有统一社会信用代码的营业执照。原税务登记证由企业登记机关收缴、存档。

3. 注销税务登记。纳税人发生解散、破产、撤销以及其他情形，依法终止纳税义务的，自有关机关批准或者宣告终止之日起15日内，或者在向市场监督管理机关办理注销登记之前，持有关证件，向原税务登记机关申报办理注销税务登记。

注销税务登记的一般程序是：首先，由纳税人在规定的期限内持税务登记证件到税务机关领取注销税务登记申报表，并如实填写有关内容；其次，由纳税人向税务机关提供《税务登记表》，税务登记证件，发生解散、破产、撤销以及其他情形的有关证明，结清应纳税款、滞纳金、罚款以及缴销票证、发票领购簿的证明等；最后，由原税务登记机关进行审核，符合规定要求的，准予办理注销税务登记，收回税务登记证件。

（三）再登记制度

1. 增值税纳税人的登记管理。凡在我国境内销售货物或者提供加工、修理修配劳务以及进口货物的单位和个人，为增值税的纳税义务人。增值税纳税义务人分为一般纳税人和小规模纳税人。两类增值税纳税人使用的发票不同，适用税率及税额计算方法也不同，因此，在税务登记时要加以区别。

增值税纳税人税务登记的内容与前面所介绍的税务登记的内容基本相同，只是符合"增值税一般纳税人"条件的，还要履行认定手续。

（1）增值税一般纳税人的认定标准。具备下列条件之一的，可认定为增值税一般纳税人：第一，年应纳增值税销售额超过财政部规定的小规模纳税人标准；第二，年应税销售额未超过标准的小规模企业，会计核算健全，能准确核算并提供销项税额、进项税额的；第三，总机构已被认定为增值税一般纳税人的分支机构。

下列纳税人，无论其销售额是否超过小规模纳税人标准，都不属于一般纳税人：第一，除个体经营者以外的自然人；第二，不经常发生应税行为的非企业性单位；第三，不经常发生增值税应税行为的单位和个体工商户。

（2）增值税一般纳税人的认定程序。符合增值税一般纳税人条件的企业，在办理税务登记之后，接着办理一般纳税人认定手续。具体程序如下：首先，由增值税纳税人提出申请报告，并提供规定的有关证件、资料，经主管税务机关初步审核后，如实填写《增值税一般纳税人登记表》。其次，由县级以上税务局负责审批，并应在收到申报表之日起 30 日内审核完毕。最后，对符合增值税一般纳税人条件的，认定为增值税一般纳税人，在其《税务登记证》副本首页上方加盖"增值税一般纳税人"确认专章。

2. 外出经营报验登记。纳税人到外县（市）临时从事生产、经营活动的，应当在外出生产经营以前，持《税务登记证》向机构所在地主管税务机关填报《跨区域涉税事项报告表》（以下简称《报告表》）。税务机关按照一地一证的原则核发。纳税人跨区域涉税事项信息，通过税务信息系统在机构所在地和经营地税务机关之间传递，实时共享。《报告表》的有效期限一般为 30 天，最长不得超过 180 天，否则要重新办理设立登记。

纳税人首次在经营地办理涉税事宜时，应向经营地税务机关报验跨区域涉税事项，并提交下列证件、资料：（1）《税务登记证》副本；（2）《报告表》；（3）销售货物的，须填写《报告表》，并申请查验货物。纳税人所携带的货物没有在证明上注明地销售完毕而需易地销售的，必须经过注明地税务机关验审，并在其所持证明上转注。易地销售而没有经过注明地税务机关验审转注的，视为未持有证明。

纳税人外出经营活动结束，应当向经营地税务机关填报《经营地涉税事项反馈表》，并按照规定结清税款、缴销没有使用完的发票。经营地税务机关应当在《报告表》上注明纳税人的经营、纳税及发票使用情况。经营地税务机关核对《经营地涉税事项反馈表》后，及时将相关信息反馈给机构所在地的税务机关。纳税人不需要另行向机构所在地的税务机关反馈。

3. 出口企业登记。对外贸易经营者按《中华人民共和国对外贸易法》和商务部《对外贸易经营者备案登记办法》的规定办理备案登记后，没有出口经营资格的生产企业委托出口自产货物（含视同自产产品），应分别在备案登记后，代理出口协议签订之日起 30 日内，到主管税务机关退税部门办理出口货物退（免）税认定手续。特定退（免）税的企业和人员办理出口货物退（免）税认定手续按国家有关规定执行。

（1）纳税人应提供资料。第一，《税务登记证》副本；第二，已办理备案登记并加盖备案登记专用章的《对外贸易经营者备案登记表》原件及复印件，没有出口经营资格的生产企业委托出口货物的提供代理出口协议原件及复印件；第三，海关自理报关单位注册登记证明书原件及复印件（无进出口经营资格的生产企业委托出口货物的不需提供）；第四，外商投资企业提供《中华人民共和国外商投资企业批准证书》原件和复印件；第五，特许退（免）税的单位和人员还须提供现行有关出口货物退（免）税规定要求的其他相关凭证。

（2）纳税人办理业务的时限要求。对外贸易经营者（包括从事对外贸易经营活动的法人、其他组织和个人）应在办理对外贸易经营者备案登记后 30 日内，持有关证件到主管税务机关退税部门申请办理出口货物退（免）税认定手续。

没有出口经营资格的生产企业委托出口自产货物（含视同自产产品）的，应在代理出口协议签订之日起 30 日内，持有关证件，到主管税务机关退税部门申请办理出口货物退（免）税认定手续。

4. 停业、复业登记。

（1）停业登记。实行定期定额征收方式的纳税人在营业执照核准的经营期限以内需要停业的，应当向税务机关提出停业登记，说明停业的理由、时间以及停业以前的纳税情况和发票的领、用、存情况，并如实填写申请停业登记表。

税务机关经过审核（必要的时候可以实地审查），应当责成申请停业的纳税人结清税款并收回其税务登记证件、发票领购簿和发票，办理停业登记。纳税人的发票不便收回的，税务机关应当就地封存。

经核准停业在 15 日以上的纳税人，税务机关应当相应调整已经核定的应纳税额。具体调整的时限或者额度由省、自治区、直辖市税务机关确定。

如果纳税人在停业期间发生纳税义务，应当及时向税务机关申报，依法补缴应纳税款。

（2）复业登记。纳税人应当于恢复生产、经营以前向税务机关提出复业登记申请，经过确认以后，办理复业登记，领回或者启用税务登记证件和发票领购簿及其领购的发票。

纳税人停业期满不能及时恢复生产、经营的，应当在停业期满以前向税务机关提出延长停业登记。

纳税人停业期满没有按期复业，又不申请延长停业的，税务机关应当视为已经恢复营业，实施正常的税收征收管理。

5. 代扣代缴（代收代缴）税务登记。为了有效地控制税源，对负有代扣代缴、代收代缴义务的扣缴义务人，税务机关对其要进行登记管理。

（1）适用对象。第一，按税法规定负有代扣代缴义务的扣缴义务人，应自发生扣缴义务之日起 30 日内，向主管税务机关申报办理代扣（收）税务登记，并领取代扣代缴税款证件；第二，税法或税务机关规定负有代征、代缴义务的单位，应在履行代征税款义务之前，到主管税务机关办理代征、代缴税款登记。

（2）纳税人应提供的资料。第一，《税务登记证》副本原件（已办理税务登记的）；第二，组织机构代码证书（未办理税务登记的）；第三，受托加工应税消费品的相关协议、合同原件及复印件（发生本项代扣代缴义务的）。

三、税务登记证及代码管理

（一）税务登记证的种类

税务登记证是纳税人履行了法定税务登记手续的证明文件，也是纳税人已经纳入税务机关监督管理的一项证明。税务登记证分为正本和副本，两者具有同等的法律效力。

对从事生产经营并经市场监督管理部门核发营业执照的纳税人，发给税务登记证及其副本；对纳税人非独立核算的分支机构及非从事生产经营的纳税人，发给注册税务登记证及其副本。

纳入"五证合一"管理范围的纳税人取得的由市场监督管理部门核发的营业执照，具备税务登记证的法律地位和作用。

市场监督管理机关应当将办理登记注册、核发营业执照的情况，定期向税务机关通报。税务机关要仔细核对，清查漏管户。

（二）税务登记证的主要内容

税务登记证正本主要内容包括：纳税人名称、纳税人地址、法定负责人、经济类型、经营方式、经营范围（包括主营、兼营）、税务代码、发证税务机关（盖章）等；注册税务登记证应包括经营期限、总机构名称、总机构地址等。副本还应包括验证记录（两栏）等。

（三）统一纳税人识别号

纳税人在向主管税务局办理税务登记前，必须先取得技术监督局发放的国际统一代码标识，即组织代码，确保两证一号。即各类企业、事业单位、机关、团体、学校等组织机构纳税人适用国家技术监督局编制的 9 位码，并前加国际 6 位行政区域码、后加 3 位管理码作为附码；个体工商户和其他缴纳个人所得税的中国公民适用公安部编制的居民身份证 18 位码；外国个人以其国别加护照号码作为纳税人识别号。

实行"一照一码"管理的新设纳税人，取得的由市场监督管理部门核发的营业执照，加载的统一社会信用代码，即为纳税人的税务识别号码。

⚠【提示】纳税人识别号码制度

纳税人识别号码，从税务机关管理的角度就是税务登记号码。各国都非常重视纳税人识别号码管理，有的国家以社会保险号码为税务识别号码，有的国家采用身份证件号码。发展趋势是将纳税人各种身份识别号码统一，使其具有唯一性。这有利于纳税人各种收入所得的归集，便于加强税源管理。

纳税人要把税务登记证上的纳税人识别号登录到其所开立的银行账户中，并把全部银行账户报告给主管税务机关。

（四）税务登记证的使用要求

1. 亮证经营。税务登记证正本，纳税人应在生产、经营场所的明显处张挂；固定业户外出经营时，应携带税务登记证副本或税务机关出具的其他有关证件，亮证经营，接受检查监督。

2. 依法使用。税务登记证件，只限纳税人本人使用，不得转借、涂改、损毁、买卖或者伪造。

3. 持证办事。纳税人办理申请减免退税、领购发票、办理外出经营活动税收管理证明等事项时，必须出示税务登记证件。

4. 定期验换。税务登记证件通常一年验证一次，三年更换一次。纳税人应当在规定的期限内持有关证件到主管税务机关办理验证或换证手续。

5. 遗失声明作废。税务登记证件发生遗失，应书面报告税务机关，并通过传播媒体公开声明作废，然后申请补发新证。

四、与市场监督管理部门、银行的信息交换

（一）与市场监督管理部门的信息共享

在税收征收管理实践中存在许多漏征、漏管户，为了使工商登记与税务登记

相互衔接、共同控管，《税收征收管理法》及其实施细则已明确规定，各级市场监督管理机关要定期向同级税务机关通报有关办理登记注册、核发营业执照的情况和开业、变更、注销登记以及吊销营业执照的情况。目前，工商登记基本信息已经实现与税务机关联网共享。在税务登记环节与市场监督管理部门建立健全信息共享制度，目的在于解决两种登记的脱节问题，这对于加强市场监督管理部门与税务部门的配合、强化税源管理、完善税务登记制度具有重要作用。市场监督管理部门应当依法履行定期通报的义务，也可以利用税务部门掌握的信息加强对各种市场主体经济活动的监督管理。

（二）与银行及其他金融机构实行"双向登录"管理

从事生产、经营的纳税人，在银行或者其他金融机构开立基本存款账户和其他存款账户，应当向主管税务机关书面报告其全部账号；银行和其他金融机构在为纳税人开立有关账户时，登录纳税人提供的税务登记证件号码，并在纳税人提供的税务登记证件中登录纳税人已经开立的账户的账号，履行"双向登录"义务。银行及其他金融机构与税务部门之间的相互配合，有利于保障国家税收的及时、足额入库，解决各级税务部门难以掌握纳税人账户有无资金的难题，发现税收违法行为，有效地采取税收保全措施和税收强制执行措施。纳税人在办理税务登记之后，与税务机关和开户银行签订扣缴税款的三方协议，纳税人在纳税申报之后，税款可以自动缴入国库。

第二节　账簿和凭证管理

账簿和凭证是纳税人进行会计核算的基础和核心，是纳税人正确履行纳税义务的前提。税务机关加强账簿和凭证管理，就是要依照税收法规和财务会计制度的规定，对纳税人账簿和凭证的设置、使用、保管等方面进行监督与检查。这对于促进纳税人提高会计核算水平，正确执行财务制度和财经纪律，改善经营管理，认真依法纳税，有十分重要的意义。

一、账簿管理

账簿是以会计凭证为依据，全面、系统、连续地记录各项经济业务的簿籍，由若干具有一定格式而又相互联系的账页组成，是会计核算的必要工具。

账簿按其外表形式可以分成订本式账簿、活页式账簿和卡式账簿；按其用途可以分为序时账簿、分类账簿和备查账簿。税务机关进行账簿管理，就是要督促纳税人、扣缴义务人按有关规定设置账簿并正确使用账簿。

（一）账簿设置要求

设置账簿，是会计核算的基础性工作。从事生产、经营的纳税人及扣缴义务人要根据自身业务情况和经营管理的特点来设置会计账簿，使之能够准确、完整地反映自身的经济活动。设置账簿的具体要求是：

1. 一般的纳税人要按照国务院财政、税务主管部门的规定和税收征管法的要求，自领取营业执照之日起 15 日内设置账簿，根据合法、有效凭证记账，进行核算。

2. 生产经营规模小又确无建账能力的纳税人，可以聘请注册会计师或者（经税务机关认可的）财会人员代为建账和办理账务；聘请注册会计师或者财会人员有实际困难的，报经县以上税务机关批准，可不设置账簿。小规模纳税人不能设置系统的、比较健全的账簿的，也要设立收支凭证粘贴簿、进销货登记簿等简单的日记账或者使用税控装置。

【思考】

怎样理解小规模纳税人要设立收支凭证粘贴簿、进销货登记簿或者使用税控装置？

3. 扣缴义务人要在税收法律、行政法规规定的扣缴义务发生之日起 10 日内，按照所代扣、代收的税种，分别设置代扣代缴、代收代缴税款账簿。

除此之外，如果纳税人、扣缴义务人的会计制度健全，能够通过计算机正确、完整地计算其收入或所得，那么，计算机储存和输出的会计记录可视同会计账簿，但是应打印成书面记录并完整保存；否则，要建立总账和其他有关账簿。

（二）账簿使用要求

为了保证记账工作的质量，明确账务处理的责任，确保账簿记录的合法性和账簿资料的完整性，账簿必须按照规定的要求使用。

每本账簿启用时，应在封面上标有账簿名称、所属年度，要在账簿扉页上详细载明单位名称、编号、页数、启用日期、会计主管人员、记账人员姓名及签章等。记账人员工作变动时，要办理交接手续，在交接记录内载明交接日期和接替人员姓名及签章。

账簿、收支凭证粘贴簿、进销货登记簿等资料，除另有规定外，至少要保存10 年，未经税务机关批准不得销毁。保管期满需要销毁时，应编造销毁清册，报主管部门和税务机关批准，然后在其监督下销毁。

二、凭证管理

纳入凭证管理范围的凭证主要包括会计凭证和税收凭证两大类。

（一）会计凭证的管理

会计凭证分为原始凭证和记账凭证两种。原始凭证是在经济业务发生或完成时填制的业务手续凭证，有外来的和自制的两种。原始凭证是进行会计核算的最原始的依据，必须如实地表明各项经济业务的真实情况，并要在业务发生或完成时立即办理。在原始凭证上应有以下内容：凭证的名称、凭证的编号、填制日期、业务内容、数量金额、填制和接受凭证的单位或部门名称以及负责人和经办人签章等。凭证要连续编号，填写内容要完整、真实、可靠，字迹书写要清楚，不得随意涂改。

记账凭证是根据原始凭证进行整理或汇总后编制的会计手续凭证，在编制记账凭证时，除了要遵循原始凭证的填制要求外，还要注意所记载经济业务的性质、类型以及登记账簿的需要，不得把不同类型的经济业务合并编制一张记账凭证，也不得编制多借多贷会计分录的记账凭证。

（二）税收凭证的管理

税收凭证是指税务机关在税款的征、减、免、退、补、罚过程中开具的凭证。税收凭证通常分为两类：一是完税凭证类，包括各种完税证和缴款书，是纳税人依法缴纳税款后，税务机关所出具的完税证明，它反映了纳税人的纳税情况；二是综合凭证类，包括各种提退减免凭证、罚款收据、票款结算单、代扣代缴税款专用发票、纳税保证金收据、税票调换证等。

税收凭证通常由税务机关直接填发和管理。由于税收凭证是纳税人履行纳税义务状况和履行某种手续的证明，纳税人必须妥善保管，便于税务机关检查。有些税收凭证填用后，既是税收会计的记账依据，也是纳税单位会计核算的原始凭证，征纳双方都必须严格进行管理，防止出现差错和短缺。

三、会计报表的管理

会计报表是综合反映纳税人一定时期的经济活动情况及其财务成果的书面文件，也是会计核算工作的总结。报表管理主要是对报表的编报提出一些具体要求，其内容包括以下五个方面。

1. 编制会计报表前，必须将总分类账和明细分类账登记齐全，并试算平衡，不允许先编制报表然后再记账、结账。

2. 会计报表中的数字必须真实，必须以查对核实后的核算资料作为编制的依据，不得以任何方式弄虚作假，隐瞒谎报。

3. 会计报表的内容必须按照规定完整地填列，不得遗漏，表内项目和补充资料都必须填列齐全。

4. 会计报表的编报必须及时，不得拖延。

5. 以外币作为记账本位币的纳税人，编制的会计报表要折算为人民币反映，要使用中文。

纳税人的会计报表编制完成后，必须在规定的日期内逐级上报。一般除了向主管部门、开户银行、财政部门等报送外，还要向税务机关报送，尤其是办理纳税申报等事项时。

第三节　纳税申报

一、纳税申报的概念和意义

（一）纳税申报的概念

纳税申报，是纳税人依据税法规定，以特定方式向税务机关报告一定时期应纳税项目及应纳税款的一项制度，也是纳税人必须履行的法定手续。健全和完善纳税申报制度，对于增强纳税人、扣缴义务人依法履行纳税和扣缴税款义务的自觉性，提高其计算应纳和扣缴税款的正确性，防止漏缴、错缴税款，以及税务机关加强税收征收管理，正确贯彻执行税收政策，严格依法治税，都有十分重要的意义。

（二）纳税申报的意义

从法律角度来看，纳税申报对纳税人是至关重要的。近二十年来征管改革的重要内容之一就是要形成纳税人自主申报制度，将纳税申报的权利、义务、责任归还给纳税人。有了纳税人自主申报，税务机关界定纳税人行为、进行处罚等才有坚实的法律基础。

从管理角度来看，纳税申报是税务机关掌握现实税源的重要手段，是建立双向申报制度的前提条件，是税收会计、统计核算的基本信息来源。纳税申报作为税收征收管理的重要环节，是后续征收、检查等工作的重要制度基础。

二、纳税申报的对象

1. 从事生产、经营并实行独立核算的企业和单位。包括国有企业、集体企业、私营企业、股份制企业、联营企业、外商投资企业、港澳台投资企业等。

2. 个体工商户。包括从事各种行业经营、采取各种税款征收方式的个体工商户。

3. 未取得市场监督管理部门颁发的营业执照从事生产、经营的单位和个人，以及临时取得应税收入和发生应税行为的单位和个人。

4. 其他负有纳税义务的单位和个人。如应纳房产税、土地使用税的单位和个人。

5. 扣缴义务人。这是指依法负有代扣代缴、代收代缴义务的单位和个人。

上述单位和个人在连续经营期间或扣缴税款期间，无论有无应税收入、所得及其他应税项目，无论是否享受减免税，无论有无代扣、代收税款，均必须按照税务机关的规定办理纳税申报。

比较而言，税务登记的对象是部分纳税人和扣缴义务人，而纳税申报的对象则是全部纳税人和扣缴义务人。

三、纳税申报的内容

（一）纳税申报表及扣缴税款报告表

纳税人填报的纳税申报表，因各税种的计税依据、计税方法等有所不同，其格式及项目各异。但各税种申报的主要内容基本相同，一般都包括：税种、税目、应纳税项目、计税依据、适用税率或者单位税额、减税免税、扣除项目金额及其标准、应纳税额、税款所属时期等。

增值税、消费税、企业所得税以及涉外税收各种税的纳税申报表格式由国家税务总局统一制定，其他各税种的纳税申报表由各省、自治区、直辖市税务机关按税种印制。

扣缴义务人报送代扣代缴、代收代缴税款报告表的内容主要有：扣缴义务人名称，被扣收税款的纳税人的名称，代扣、代收税款的税种，税目，项目，计税依据，适用税率，代扣、代收税额，代扣、代收税款的所属时期等。

（二）财务会计报表及其说明书

需要报送的财务会计报表包括资产负债表、损益表、财务状况变动表以及资金流动情况、财务情况说明书。

纳税人要按照主管税务机关的要求，报送相应的财务会计报表及其说明书。根据规定不需要办理税务登记的纳税人，一般不需要向税务机关报送财务会计报表，可以直接到税务机关申报纳税。

（三）其他有关证件、资料

纳税人、扣缴义务人办理纳税申报时，除了报送纳税申报表或扣缴税款报告表、财务会计报表及其说明书以外，有的还要按照主管税务机关的要求，报送下列一种或几种证件、资料：

1. 与纳税、扣税有关的合同、协议书。
2. 外出经营活动税收管理证明。
3. 境内或者境外公证机构出具的有关证明文件。
4. 工资和所得收入证明。
5. 税务机关规定应当报送的其他有关证件、资料。

采用防伪税控系统开具专用发票的纳税人进行纳税申报时，要将企业取得的专用发票抵扣联进行对比确认，将税控盘的开票信息上报主管税务机关。

四、纳税申报的方式

纳税申报的方式，是指纳税人、扣缴义务人向税务机关报送纳税申报表、财务会计报表及其他有关证件、资料的方法和形式。具体申报方式有以下四种。

1. 直接申报。即纳税人、扣缴义务人在税收法律和行政法规的规定确定的纳税申报期限内，直接到税务机关办理纳税申报或者代扣代缴、代收代缴税款报告手续的一种申报方式。这一度是纳税申报的主要方式，但正在被数据电文申报方式所取代。

2. 邮寄申报。即纳税人、扣缴义务人通过邮政部门寄送纳税表格、资料的申报方式。这种方式对于那些路途较远或有其他困难的纳税人、扣缴义务人十分方便，有利于纳税人及时、主动地办理纳税申报。它是完善我国纳税申报制度的一项新措施，符合国际上通行的做法。采用邮寄申报方式，需要事先申请，经主管税务机关批准后，在一个年度内保持不变。邮寄纳税申报表必须在法律和行政法规规定的申报期限内办理，以寄出地邮戳日期为实际申报日期。

3. 委托申报。即纳税人、扣缴义务人根据法律和行政法规的规定，委托合法的税务代理人到税务机关代为办理纳税申报或者报送代扣代缴、代收代缴税款报告表的一种申报方式。

4. 数据电文申报。即纳税人、扣缴义务人采用互联网、电话、电子传真、电子计算机软磁盘等现代手段传送纳税申报信息资料的一种新型申报方式。这种申报方式往往与电子缴税配套运用。

△【提示】个人所得税实行双向申报制度及单项申报制度变化

即要求个人取得收入后，单位应代扣代缴个人所得税并向税务机关申报，纳税人个人也要定期向税务机关申报。通过建立纳税人和扣缴义务人向税务机关双向申报制度，形成两条信息来源渠道，相互印证，促进双方自觉申报。

年所得12万元以上的单项申报制度。2005年12月23日，国务院总理温家宝签署第452号国务院令，发布《国务院关于修改〈中华人民共和国个人所得税法实施条例〉的决定》。修订后的《条例》规定，纳税人年所得12万元以上的，应当按照规定到主管税务机关办理纳税申报。2019年个人所得税改革后，基本上实现全员全额申报。

五、纳税申报的期限

纳税申报的期限是指税收法律、法规规定的或者税务机关依法确定的纳税人、扣缴义务人向税务机关办理纳税申报的期限。

纳税人经税务机关批准采用邮寄申报的，以寄出地的邮戳日期为实际申报日期。纳税申报期限的最后一天是法定节假日的，以休假日的次日为期限的最后一天。

（一）现行主要税种的纳税申报期限

1. 流转税。流转税的纳税期限，分别为 1 日、3 日、5 日、10 日、15 日或者 1 个月。纳税人的具体纳税期限，由主管税务机关根据纳税人应纳税额的大小予以核定；不能按照固定期限纳税的，可以按次纳税。

纳税人以 1 个月为一个纳税期的，于次月 6 日至 15 日内申报纳税；以 1 日、3 日、5 日、10 日或 15 日为一个纳税期的，自期满之日起 5 日内预缴税款，于次月 6 日至 15 日内申报纳税并结算上月应纳税款。

2. 企业所得税。企业所得税的纳税人无论盈利或亏损，均应于月份终了后 15 日内或季度终了后 15 日内，向其所在地主管税务机关报送会计报表和预缴所得税申报表；年度终了后 5 个月内，向其所在地主管税务机关报送会计决算报表和所得税申报表。

采取分月或分季预缴所得税办法的纳税人，应于月份或季度终了后 15 日内申报预缴，年度终了后 5 个月内汇算清缴，多退少补。纳税人在年终汇算清缴时，少缴的所得税税额，应在下年度内缴纳；多预缴的所得税税额，应在下一年度内抵缴。

纳税人在年度中间合并、分立、终止时，应当在停止生产经营之日起 60 日内，向当地主管税务机关办理当期所得税汇算清缴。

3. 房产税。纳税人应在房产购入或建成后 30 日内，向房产所在地税务机关办理纳税申报，从购入或建成的次月起开始纳税；纳税人住址变更、产权转移、拆迁、房产原值或租金有变化时，应自变动之日起 30 日内向房产所在地税务机关申报变更登记。

房产税按年计算，分期缴纳。通常每半年缴纳一次。上半年 3 月份征收，下半年 9 月份征收。每次征期为 1 个月。

4. 车船税。纳税人应在每次征期开始，将现有车船情况向当地税务机关办理纳税申报登记，并在征收期内办理纳税事宜。车船税按年征收，属于企业单位的车船分两次缴纳，上半年 3 月份征收，下半年 9 月份征收。每次征期为 1 个月。属于个人的车船，应于 3 月份一次缴清全年税款。由保险公司代征车船税的，个人在办理车辆保险时一次性缴清。

（二）延期纳税申报

纳税人、扣缴义务人按照规定的期限办理纳税申报或者报送扣缴、代收代缴税款报告表确有困难而需要延期的，可在规定的期限内向税务机关提出书面延期申请，经税务机关批准，在批准的期限内办理纳税申报。

办理延期纳税申报，必须符合以下条件。

1. 纳税人必须是办理了税务登记的固定从事生产经营的纳税人，且要有下列情况之一：

（1）在法定纳税申报期限内或者代扣代缴、代收代缴税款期限内，账务未处理完毕，不能计算应纳税额或者代扣、代收税额，无法按期办理纳税申报或者报送代扣代缴、代收代缴税款报告表的。

（2）在法定的纳税申报期限内或者报送代扣代缴、代收代缴税款报告期限内，纳税人、扣缴义务人因不可抗力（指人类无法与之对抗的地震、水灾、火灾、风灾等重大的自然灾害）影响，不能按期办理纳税申报或者报送代扣代缴、代收代缴税款报告表的。

2. 纳税人、扣缴义务人申请延期纳税申报或者延期报送代扣代缴、代收代缴税款报告表的，必须在法定纳税申报期限内提出。对逾期提出的延期申请，税务机关不予受理。纳税人、扣缴义务人逾期不提出延期申请的，视为放弃延期申请的权利，对逾期未申报并造成拖欠税款的，税务机关要依法进行处罚。

3. 纳税人、扣缴义务人关于延期纳税申报的申请，必须经县以上税务局（分局）批准，不得擅自延期申报。获准延期申报的纳税人，应当在纳税期内按照上期实际缴纳税额或税务机关核定的税额预缴税款，并在核准的延期内办理税款结算。

（三）简易申报、简并征期

实行定期定额缴纳税款的纳税人，可以实行简易申报、简并征期等申报纳税方式。（1）适用简易申报、简并征期的纳税人，应到主管税务机关申报填写《简易申报、简并征期申请审批表》，报请县级税务机关审查核准，经核准后原则上一年内不得变动；（2）采用简易申报的纳税人，按照税务机关核定的纳税期限缴纳税款的，视为已办理纳税申报；（3）纳税人实行按月定额，原则上纳税期限合并为一个季度，纳税期限需合并为半年或者一年的，由市（地）税务局统一确定后报省级税务局备案。

第四节　税务资料档案与文书管理

一、税务资料档案管理

（一）税务资料档案管理的意义

税务资料是指在征管过程中形成的以文字、图表、声像、电子数据等形式存在的凭证、报表、账册、文书、文件、证明等不同形式或载体的记录。它包括纸质资料和电子资料。税务资料档案管理是一项重要的基础性工作，应当遵循科学规范、安全集中、系统完整、简便实用、真实准确的原则，充分利用现代信息技术手段进行管理，实现信息资源共享，提高利用效能。加强税务资料档案管理，可以明确数据管理的职责，保证征管数据的真实和有效，保证税务资料的完整和安全，逐步实现税务资料的信息化、电子化，这对于规范税收征管工作、强化税源管理、提高税收征管质量和效率、有效解决税务争议、防范税务执法风险都有十分重要的意义。

（二）税务资料档案管理的形式

税务资料档案采用分户和分项保管形式。分户保管即以一户一档的方式保管，适用于税务登记、申报、核税、减免税、退税、委托代征、发票、检查等资料的保管。分项保管即根据录入人或录入微机日期的顺序，以发生量的大小按日、月、年的发生量装订成册进行保管，适用于欠税、延期申报、外出经营管理证明、注销登记等资料的保管。

⚠【提示】

为了加强税源管理，更方便地查询纳税人的生产经营信息，各地税务机关普遍推行了"信息大集中"和"一户式"档案管理，充分利用信息化手段，建立统一的电子税源档案库，对纳税人的相关资料实行"一户式"存储，大大提高了信息共享水平，增强了税源监管能力。

1. 税务资料的分类。税务资料，按形成载体分为纸质和电子信息资料；按来源渠道分为内部信息资料和外部信息资料；按业务流程分为管理服务类、申报征收类、税收法制类、税务稽查类；按税收管理需要分为综合资料和分户资料。纸质资料包括纳税人向税务机关报送的纸质资料、税务机关向纳税人发出的有关纸质文书等；电子信息资料包括纳税人向税务机关报送的电子资料、税务机关向纳税人发送的电子资料和征管业务系统内自动生成的征管资料及税务局统一推广的纸质资料电子拷贝管理系统生成的征管资料。内部信息资料指税务机关生成的相关资料；外部信息资料指纳税人及其他单位或部门向税务机关报送的有关资料。综合资料包括各类台账及清册、税源管理相关资料、各类零散集贸税收台账、发票分户明细账、纳税评估档案、纳税信用等级评定分级纳税人档案、欠缴税金统计表、征管质量考核资料等。分户资料指以单个纳税人为单位形成的有关税务资料。

2. 税务资料的归集。

（1）征收部门负责收集受理纳税人提交的税务登记、纳税申报、资格认定、行政许可、涉税审批、报送备案等类别的申请、申报、证明、说明等纸质资料和电子资料。

（2）税源管理部门根据税收管理的需要，通过调查、检查等形式，收集纳税人户籍管理、企业生产经营和财务核算动态监控、发票使用情况、申报征收监控、税收减免、审批审核、日常检查、纳税评估、税款核定以及其他管理等类别的纸质资料和电子资料。

（3）税务稽查工作中形成的《税务稽查结论书》《税务处罚决定书》《税务处理决定书》等资料，应及时传递给税源管理部门，并录入征管信息系统，实现信息共享。

（4）其他部门根据工作职责负责收集与之相关的信息资料。

3. 税务资料的审核。各部门收集的税务资料应按规定对资料的完整性、准确性、规范性、有效性进行认真的审核和整理。各级税务机关应采取定期审核、交互审核等方式，做好征管资料与录入征管业务软件的数据的比对工作，定期清理垃圾数据。对录入和传输的数据应严格监控，确保征管数据的准确性、完整性和一致性。税务资料的审核，按工作程序分为在录入前对纸质资料的审核和接受传输后对电子资料的审核，以及下一工作环节对上一工作环节的资料审核。对同一税务资料既有纸质资料又有电子资料的，应认真审核比对，保证两者之间完整一致。

4. 税务资料档案的保管与使用。税务资料档案管理环节对税务资料档案应按密级存入档案专柜保存，实行集中统一管理（在县一级税务局应建立税务资料档案室）。税务资料档案归档保管期限分为永久、长期（16~50年）、中期（6~15年）、短期（1~5年）。

各部门因工作需要，需使用税收征管档案的，应填写《税务资料档案调阅》，按密级经审批程序报批后，按有关档案调阅制度执行。

5. 税务资料档案管理责任。税务资料档案管理是非常重要的，各基层税收征收机关均设有专人负责这项工作。在税收征收机关的内部岗位责任制等有关制度上，都对税务资料档案管理有明确的责任规定。奖优罚劣以保证这项工作有序进行，并保证质量。税务资料档案管理出色的人员可给予表扬和奖励、晋职、晋级等鼓励；对税务资料档案管理出现纰漏的人员要给予批评、警告、记过、降职降级等处分，情节恶劣造成严重后果的还应追究刑事责任。

二、税收文书管理

税收文书（以下简称文书）是税务机关依法行政的具体体现，也是税务管理活动的真实记录和法律依据。概括地讲，税收文书应包括各种通知、告知书、决定书及各种申请等，其大致可分为征管文书和稽查文书两类。在税收管理信息化的条件下，文书是税收管理信息系统应用的重要因素。就征管文书而言，税收管理信息系统软件的开发，从原始数据的采集到形成综合的信息分析，均以征管文书所反映的内容为基本需求。也就是说，只有采集完整、规范、准确的数据，各种管理软件才能充分发挥其高效性，而文书正是实现这一目标的主要数据来源和依据。同时，随着系统不断升级，特别是金税三期信息系统的上线，系统会根据数据核对情况自动产生一些文书，部分需转交稽查。而就稽查文书而言，除上述转来的文书，主要是一些办案手续，可以说是税收执法过程中必需的程序和不可或缺的证据。

（一）税务办公自动化管理

税务机关办公自动化是国家信息化和行政管理系统现代化的重要组成部分，是"科技兴税"的重要内容，是提高税务机关工作效率的技术保障和物质基础。全国税务机关办公自动化建设的主要任务是：建设以现代计算机技术和通信技术为主要手段的全国税务机关办公服务系统，逐步实现办公手段自动化、资源处理信息化、信息传输网络化，为领导决策服务、为机关工作服务、为税收事业服务。全国税务机关办公自动化建设遵循"统筹规划、分步实施、讲求实效、安全保密"和"以需求为导向、以应用促发展"的指导方针。各级税务机关非常重视办公自动化工作，把办公自动化纳入重要议事日程，定期研究部署。各级税务机关通常按照全国税务机关办公自动化建设的总体规划和统一部署，结合实际，制定本单位的规划，实施统一管理；及时研究解决本地区办公自动化建设中遇到的问题。

1. 税务办公自动化管理的任务。在硬件建设上，全国省级以上税务机关要基本建成以现代计算机技术和通信技术为主要手段，文字、数据、声音、图像等多种信息共存，既自成体系、相对独立，又能与上下级机关及其他相关部门的网络互联、信息共享、安全保密的计算机网络系统。在软件应用上提供完善的公文处理（收文、发文、归档）和税务信息的管理功能，实现无纸化办公；具备日常办公服务（电子公告、电子邮件、电视会议等）功能；根据各职能部门（计统、法规、征管、稽查、人事、教育）业务上的相关性及各自的相对独立性，提供不同范围、不同层次的法规、数据查询功能；逐步建成税务系统综合信息应用系统，辅助领导决策。

2. 税务办公自动化管理的规划。全国税务机关办公自动化建设远期规划：建立决策型办公自动化系统，通过对来自外部的信息（纳税人及相关部门信息，国际、国内重大政治经济信息）和内部各业务部门专业信息（计统报表、税收法规、征管监控、内部行政管理等）等方面信息的综合集成和分析，建立决策支持服务系统，降低税收成本，提高工作效率。全国税务机关办公自动化建设近期规划是：以公文处理为龙头，逐步将计算机广泛运用于税务机关内部管理，实现公文处理、档案管理、活动安排、会议管理、来信来访接待管理、公共信息服务等事务的自动化处理；人事劳资、财务财产、物资设备等行政事务管理的自动化处理。

（二）税务文书的送达

1. 送达方式。根据《税收征收管理法实施细则》的有关规定，现行税务文书送达方式有四种。

（1）直接送达。即税务机关派专人将税务文书直接送交给受送达人的方式。税务文书原则上都应直接送达。

（2）委托送达。即在直接送达难以进行的情况下，税务机关把应当送给当事人的税务文书委托其他有关机关或者其他单位代为送达的一种方式。委托税务机关应出具委托函，并附有需要送达的税务行政处罚决定书和送达回证，受托送达的其他行政机关应在送达回证上注明日期、签名或者盖章。

（3）邮寄送达。即税务机关通过邮局，采用挂号函件将税务文书邮寄给受送达人的送达方式。这种方式通常是在税务机关离受送达人的住所比较远、直接送达有困难的情况下才采用的，邮寄送达应当附有送达回证。

（4）公告送达。当同一送达事项的受送达人众多或者采用以上三种送达方式均无法送达的，税务机关以张贴公告、登报等方式或者利用广播电视等传播媒介将税务文书有关内容告知当事人的送达方式。公告送达自发出公告之日起满60日即视为送达。公告送达应当在案卷中注明原因和经过。

2. 受送达人的接收。凡国家税务机关送达的税务文书，受送达的纳税人是公民的，应当由本人直接签收；本人不在，可委托同住的成年家属或代理人签收。其他组织的由主要负责人或者指定的收件人签收。有代理人的，也可委托代理人签收。税务文书一经送达即产生法律效力，受送达人如不在法定期限内以法定方式提出异议，应当自觉履行受送达的税务文书确定的义务。

3. 送达回证。送达税务文书必须要有《税务文书送达回证》，并由送达人或其他签收人在送达回证上注明收到日期、签名或盖章。这是确定税务文书送达日期的一项法定凭据，没有送达回证的送达是无效的。

复习思考题

1. 什么是税务登记？基本税务登记制度包括哪些内容？

2. 税务登记证发生了哪些变化？

3. 对纳税人设置账簿有哪些要求？

4. 什么是纳税申报？办理纳税申报有什么意义？

5. 纳税申报的方式有哪些？

6. 如何确认送达文书的有效性？

第六章 税款征收

税款征收是税务机关、扣缴义务人、纳税人根据税收法律或行政法规的规定，办理征收、解缴和缴纳税款的具体制度。税款征收是整个税收征收管理的中心环节，对实现税收工作目标有决定性影响。本章中的纳税担保、税收保全与强制执行、离境清税以及追缴欠税等具体制度，是保证税款及时、足额入库的重要措施。

第一节 税款征收解缴方法

一、税款征缴方法

税款征缴方法是指税务机关根据各税种的不同特点和征纳双方的具体条件而确定的计算、征收税款的形式和方法。税款征缴方法通常可以分为纳税人主动申报缴款、税务机关核定征收、扣缴和委托代征三大类。

（一）纳税人主动申报缴款方法

纳税人主动申报缴款方法目前主要是"自报核缴"的征收方法，即纳税人根据税法规定自行计算、填写纳税申报表并按期到税务局征收大厅办理纳税申报，税务人员简单审核后打印税收缴款书，纳税人依此到银行办理缴款手续。具备网络申报条件的纳税人，上述过程全部在网上完成。这类方法主要适用于财务会计制度比较健全、账簿凭证相对完整、遵守税收法规和制度较好的纳税人。

（二）税务机关核定征收方法

核定征收的方法有很多，《税收征管法》也作了相应的规定。一般包括核定税基、核定税率、核定税额等方面。从经营规模角度，税务机关对账簿不健全的小型纳税人通常有以下几种核定征收方法。

1. 查定征收。税务机关根据税法和纳税人的生产经营状况，按期查定征税对象、确定应纳税额、分期征收税款的一种征收方法。适用于生产经营变化较大、财务会计制度不够健全、账证不够完备的纳税户的税款征收。如对农村砖瓦窑、酒坊、油坊等作坊，可实行这种征收方式。具体做法是，由税务机关依据其生产设备、从业人员和正常条件下的生产销售情况，对其生产的应税产品查定产量和销售额，依率计征。

2. 查验征收。税务机关对应税货物入库、出库、运输和销售进行现场检查验证，并按规定确定计税依据，据以征收税款的一种征收方法。适用于对零星分散、流动性大的税源的税款征收，如神香、鞭炮等，在发货地起运环节进行查验征收。

3. 定期定额征收。税务机关根据纳税人自报、有关单位和人员审议情况，核定其一定时期应纳税款并分月征收的一种征收方法。适用于生产经营规模较小，营业额和所得额难以准确计算，无记账能力的小型合伙企业、个人独资企业、城乡个体工商业户。

（三）扣缴和委托代征方法

1. 代收代缴。税法规定的代收代缴单位和个人在向纳税人收取款项或交货的同时，依法收取税款的一种征收方法。如《中华人民共和国消费税暂行条例》第四条规定，委托加工的应税消费品，由受托方在向委托方交货时代收代缴税款。采用这种征收方法是为了加强税收源泉控制，简化征收手续，防止税款流失。

2. 代扣代缴。税法规定的扣缴义务人在向纳税人支付款项时，依法从支付额中扣减纳税人应纳税款并缴入国库经收处的一种征收方法。如《中华人民共和国个人所得税法实施细则》第三十四条中规定："扣缴义务人在向个人支付应税款项时，应当依照税法规定代扣税款，按时缴库。"

3. 委托代征。税务机关委托某些单位代行征收税款的一种征收方法。税务机关对受托单位除另有规定的外，应发给委托代征证书，明确代征的税种、税目、税率、缴库方式和缴纳期限等内容，并按规定支付手续费。

4. 海关代征。依照国家法律法规的规定，由海关代税务机关执行部分税款（进口环节增值税、消费税）征收职权的一种征收方法。

【思考 6 –1】

为什么存在着很多种征收方法？

二、税款入库方法

以上是税务机关征收税款时所采用的方法，而税款的具体入库方法又有很多种。（1）根据支付手段不同分为直接转账入库、现金汇总入库和其他结算方式入库三种：其一，直接转账入库，即纳税人、扣缴义务人通过其开户银行（个体工商户也可以设立专用的预储税款账户）将税款转账划入国库；其二，现金汇总入库，即税务机关服务大厅窗口、税务人员、代征人自收（现金）税款汇总缴入国库；其三，其他结算方式入库，即纳税人、扣缴义务人运用支票、银行卡及其他电子结算方式将税款缴入国库。（2）根据支付地点不同分为汇总缴库和就地缴库两种方式：其一，汇总缴库，即纳税人将应缴税款汇集在一起，在一个集中的地点缴纳入库，如铁道、邮电、银行等单位就是采用汇总在北京缴纳入库；其二，就地缴库，即纳税人、扣缴义务人将应缴纳和解缴的税款直接缴入当地的国库或国库经收处。

⚠【提示】

电子缴税，是税务机关、银行、国库和纳税人之间通过计算机网络进行税款结算、划解的过程。在申报、征收、入库等环节，依托计算机网络，建立纳税人、税务机关、国库、银行之间的信息网络，实现电子化操作，传递税款征收、入库数据，可减少征纳双方的工作量，降低征纳成本，提高征管效率，实现税款收付的无纸化。同时，通过税银库企的联网，可加快票据信息传递速度，缩短税款在途时间，加强税款入库和欠税的控管，确保税款准确、及时、足额入库。

第二节　税收票证

税收票证是税务机关、扣缴义务人依照法律法规，代征代售人按照委托协议，征收税款（包括基金、附加费及滞纳金、罚款等各项收入）时所开具的各种专用凭证。

税收票证既是纳税人实际缴纳税款或收取退还税款的完税和收款法定证明，也是税务机关实际征收或退还税款的凭据，又是税务机关进行税收会计和统计核算的原始凭证以及进行税务检查管理的原始依据。

一、税收票证的特点

（一）税收票证是一种可以无偿收取货币资金的凭证

人们在经济活动中相互间使用和提供许多经济凭证，如发票、收据等，每一类凭证的填开和使用都具有明确的对等交换性。而税收票证则不同，凭它可以无偿地收取货币资金，即依法征收税款，只是发生了价值的单方面转移，对纳税人没有任何直接的回报。

（二）税收票证填用后成为征纳双方会计核算的原始凭证

对税务机关来说，填用后的税收票证，是进行税收会计、统计核算的合法原始凭证和原始资料；对纳税人来说，是其完税证明和进行会计核算的合法原始凭证。

（三）税收票证填用后是纳税人履行纳税义务的唯一合法凭证

税收票证具有法律效力，纳税人向国家缴了税，就填开并取得了相应的税收票证，持有这种票证，就证明履行了法定的纳税义务，可以随时接受税务机关的检查。

二、税收票证的种类和内容

我国现行统一的税收票证大体可以分为两大类，即各种完税证明以及其他税收票证。

（一）税收完税证明类

此类税收票证是纳税人、扣缴义务人以及代征代售人或税务机关缴、扣、征、解税款时所使用的专用凭证，也是纳税人完成纳税义务的证明。具体包括以下几种。

1. 税收缴款书（银行经收专用）。它是纳税人、扣缴义务人、税务机关或代征代售人开具，以转账或现金方式向银行柜面办理解缴各项税款（出口货物劳务税收除外）时使用的纸质税收票证。

2. 税收缴款书（出口货物劳务专用）。专门用于纳税人直接向银行缴纳出口货物劳务增值税、消费税的纸质税收票证。由税务机关开具，随增值税与消费税附征的税款、费用和滞纳金及罚款收入等，不得使用本缴款书，应使用其他种类缴款书。

3. 税收缴款书（代扣代收专用）。它是扣缴义务人依法履行税款代扣代缴、代收代缴义务时开具并交付纳税人的纸质税收票证。

4. 税收缴款书（税务收现专用）。纳税人以现金、刷卡（未通过横向联网电子缴税系统）方式向税务机关缴纳税款时，由税务机关开具并交付纳税人的纸质税收票证。代征人代征税款时，也应开具本缴款书并交付纳税人。为方便流动性零散税收的征收管理，本缴款书可以在票面印有固定金额。

5. 税收电子缴款书。税务机关将纳税人、扣缴义务人、代征代售人的电子缴款信息通过横向联网电子缴税系统发送给银行，银行据以划缴税款到国库时，由税收征管系统生成的数据电文形式的税收票证。

6. 印花税票。它是专门用于征收印花税税款，在凭证上直接印有固定金额，并必须粘贴在应税凭证上的一种有价证券。按其票面金额可分为1角、2角、5角、1元、2元、5元、10元、50元和100元等。它是缴纳印花税的一种完税凭证。

7. 其他税收完税证明。是税务机关为证明纳税人已经缴纳税款或者已经退还纳税人税款而开具的纸质税收票证。如扣缴义务人代扣代收税款后，已经向纳税人开具税法规定或国家税务总局认可的记载完税情况的其他凭证，纳税人需要换开正式完税凭证，对纳税人特定期间的完税情况出具证明。

（二）列入税收票证管理的其他凭证及章戳

此类票证不属于征收税款所使用，但与征收业务有紧密关系而纳入税收票证管理范围。具体有以下几种。

1. 税收罚款收据。它是纳税人和扣缴义务人发生税务违章行为，由税务机关依法处以罚款，事后以现金向税务机关缴纳罚款时使用的一种专用收款凭证。

2. 税收收入退还书。它是税务机关依照税法及国家有关规定，将已征收入库的税款从国库退还给纳税人时使用的一种退库专用凭证。本凭证一般有纸质和数据电文两种形式。

3. 小额税款退税凭证。它是税务机关按规定在自收税款中办理限额以下的小额退税时使用的退税凭证。

4. 出口货物完税分割单。它是已经缴纳出口货物增值税、消费税的纳税人将购进货物再销售给其他出口企业时，为证明所售货物完税情况，便于其他出口企业办理出口退税，到税务机关换开的纸质税收票证。

5. 税票调换证。这是税务机关进行税收票证检查时，换取纳税人收执的税收完税凭证收据联时使用的一种证明性完税凭证。

6. 纳税保证金收据。它是税务机关收取纳税保证金时使用的专用凭证。

7. 印花税票销售凭证。它是税务机关和代售单位（人）销售印花税票时使用的专供购买方报销的凭证。

8. 票证专用章戳。税务机关印制税收票证和征退税款时使用的各种专用章戳，包括税收票证监制章、征税专用章、退库专用章、印花税收讫专用章等。

⚠【提示】

税收票证监制章是套印在税收票证上用以表明税收票证制定单位和票证印制合法性的一种章戳。征税专用章是税务机关办理税收征收和管理业务，填开税收票证时使用的征税业务专用公章。退库专用章是税务机关办理税收退库业务，填开退库凭证时使用的并在国库预留印鉴的退库业务专用公章。印花税收讫专用章是采取以税收完税证或税收缴款书代替贴花缴纳印花税时，加盖在应税凭证上用以证明应税凭证已完税的一种专用章戳。

三、税收票证的使用要求

税收票证的使用，对执行税法、进行会统核算的正确性有很大影响。因此，各级税务机关必须对各种税收票证的设计、印制、领发、保管、填用、结报缴销、作废、停用、盘点、损失处理、核算及检查等各个环节进行严格的管理。其中，税收票证的填用必须遵循以下具体规定：

1. 各种税收票证必须按票面的编号顺序使用。填写错误而必须作废的票证，应加盖作废章，或写明作废字样，并妥善保存，按期上缴，不得私自撕毁。

2. 各种票证都采用复写式填写时，必须多联一次复写完成，并做到字迹清楚、计算准确、章戳齐全。

3. 税收票证应当分纳税人开具。同一份税收票证上，税种（费、基金、罚没款）、税目、预算科目、预算级次、所属时期不同的，应当分行填列。

4. 不准收税不开票、开票不收税。

第三节 税款征纳基本制度

一、核定应纳税额制度

对账证不全、不能准确提供计税依据的纳税人，税务机关有权核定其应纳税额。

（一）核定应纳税额的适用条件

纳税人有下列情形之一的，税务机关有权核定其应纳税额：

1. 依照法律、行政法规的规定可以不设置账簿的。

2. 规定应当设置账簿但未设置的。

3. 擅自销毁账簿或者拒不提供纳税资料的。

4. 虽设置账簿，但账目混乱或成本资料、收入凭证、费用凭证残缺不全，难以查账的。

5. 发生纳税义务，未按照规定的期限办理纳税申报，经税务机关责令限期申报，逾期仍不申报的。

6. 纳税人申报的计税依据明显偏低，又无正当理由的。

（二）核定应纳税额的方法

税务机关拥有核定纳税人应纳税额的权力，但并不意味着可随意确定应纳税额，必须按照征管法的具体规定执行。税务机关有权采用下列任何一种方法核定其应纳税额：

1. 参照当地同类行业或者类似行业中经营规模和收入水平相近的纳税人的税负水平核定。

2. 按照营业收入或者成本加合理的费用和利润的方法核定。

3. 按照耗用的原材料、燃料、动力等推算或者测算核定。

4. 按照其他合理方法核定。

采用前款所列一种方法不足以正确核定应纳税额时，可以同时采用两种以上的方法核定。

✧【探讨】核定定额应当从高

目前，税务机关在核定纳税人应纳税额时，可能是感觉依据不足，怕引起麻烦，普遍从低核定，这不利于促进纳税人建账建制。为此，应当从高核定定额，让定额户的税负高于建账户。《税收征管法实施细则》第四十七条对此给予了法律上的支持：纳税人对税务机关核定的应纳税额有异议的，应当提供相关证据，经税务机关认定后，调整应纳税额。

（三）核定应纳税额的要求

对纳税人实行核定征收办法的，应由纳税人所在地的直接征收机关负责上报，由县级（包括县级）以上税务机关审核批准执行。要坚决杜绝不分纳税人的具体情况一律统一划线，按营业收入一定额度实行定额或定率附征的做法。对一些确有必要实行定额定率征收的企业，必须依法从严控制，原则上逐户核定。

二、纳税担保制度

纳税担保是税务机关为使纳税人在发生纳税义务后能够保证依法履行纳税义务而采取的一种控制管理措施，是一种较为缓和的保全措施。

（一）纳税担保的适用条件

1. 税务机关有根据认为从事生产经营的纳税人有逃避纳税义务行为的，可以在规定的纳税期之前责令限期缴纳税款；在限期内发现有明显的转移、隐匿其应纳税的商品、货物以及其他财产或应纳税收入的迹象的，可以责成纳税人提供纳税担保。

2. 欠缴税款而需要出境的，在出境前不能向税务机关结清应纳税款的，应当提供纳税担保。

3. 对于未领取营业执照从事工程承包或提供劳务的单位和个人，以及外来临时经营者需要购买发票的，税务机关可以令其提交纳税担保（保证金）。

（二）纳税担保的形式

1. 以纳税担保人担保，即负有担保责任的第三人向税务机关承诺，如果纳税人不履行法定义务，则由其代负履行责任。税法规定，纳税担保人应由纳税人提供并经税务机关认可。在中国境内具有纳税担保能力的公民、法人或其他组织，经税务机关认可，可以作纳税担保人，但国家机关及国家拨款单位不得作纳税担保人。纳税担保人同意为纳税人提供纳税担保的，应当填写纳税担保书，写明担保对象、担保范围、担保期限、担保责任以及其他有关事项。

【思考6 – 2】

国家机关有极高的信誉和经济能力，为什么不能作纳税担保人？

2. 以物担保，即纳税人不履行纳税义务时，税务机关有权处置其担保物以抵缴税款。关于纳税担保的标的物，主要是纳税人或者第三人的没有设置抵押权或者未全部设置抵押权的财产。纳税人以其自有的或者第三人的未设置或者未全部设置抵押权的财产作纳税担保的，应当填写作为纳税担保的财产清单，并写明担保财产的价值以及其他有关事项。纳税担保清单须经纳税人（或者第三人）和税务机关签字盖章后方为有效。

三、税收保全措施

税收保全措施是税务机关为了保证税款的征收入库，在规定的期限之前，对有逃避纳税义务行为的纳税人所采取的行政保护手段。

（一）采取税收保全措施的程序

1. 税务机关有根据认为从事生产、经营的纳税人有逃避纳税义务行为的，可以在规定的纳税期限之前责令限期缴纳应纳税款。

2. 在限期内发现纳税人有明显的转移、隐匿其应纳税的商品、货物以及其他财产或应纳税收入迹象的，税务机关可责成纳税人提供纳税担保。

3. 如果纳税人不能提供担保，经县以上税务局（分局）局长批准，税务机关可以采取税收保全措施。

△【提示】执行税收保全措施的程序时应注意的事项

一是税收保全是在纳税人不能提供纳税担保的情况下采取的非常措施。二是可以采取税收保全措施的纳税主体仅限于从事生产、经营的纳税人，包括企业，企业在外地设立的分支机构和从事生产经营的场所，个体工商户和从事生产经营的事业单位。不包括非从事生产经营的纳税人，也不包括扣缴义务人和纳税担保人。三是所谓"有根据认为"，是指税务机关依据一定线索做出的符合逻辑的判断。"根据"不等于"证据"。税收保全措施是针对纳税人即将或正在转移、隐匿应税商品、货物、收入或其他财产的紧急情况而采取的一种紧急处置措施，不可能等到取得充分证据以后再采取行动。

（二）税收保全措施的内容

1. 书面通知纳税人开户银行或其他金融机构冻结纳税人相当于应纳税款金额的存款。

2. 扣押、查封纳税人的价值相当于应纳税款的商品、货物或其他财产。

（三）采取税收保全措施的要求

1. 税务机关扣押商品、货物或其他财产时，必须开付收据；查封商品、货物或其他财产时，必须开付清单。

2. 纳税人在上述规定的期限内缴纳税款的，税务机关必须在 1 日内解除税收保全措施；限期期满仍未缴纳税款的，经县以上税务局（分局）局长批准，税务机关可以采取税收强制执行措施。

3. 采取税收保全措施不当，或纳税人在限期内已缴纳税款，税务机关未及时解除税收保全措施，使纳税人的合法利益遭受损失的，税务机关应当承担赔偿责任。

⚠【案例】

迅捷打字社主要经营打字复印业务，通过举报税务机关了解到迅捷打字社有逃避纳税义务行为。为此，主管税务机关责令迅捷打字社在 10 日内缴纳税款。第二天，该纳税人不但不缴纳税款，还将账户上的存款转走。税务机关责令其在 3 日内提供纳税担保，过了 3 天迅捷打字社仍未提供。鉴于这种情况，经批准，主管税务机关扣押了迅捷打字社的一台打印机，开了收条并立即以 600 元价格（按二手打印机市场最低价为 1 500 元）私下卖给局内某税务干部，然后抵缴其应纳的 600 元税款。迅捷打字社提出税务行政复议申请，认为税务局扣押、变卖打印机的行为影响了正常业务，造成了很大损失，要求税务局给予赔偿，同时要求赔偿低价变卖打印机的差价。

四、税收强制执行措施

税收强制执行措施是税务机关依照税收法律、行政法规的规定，对纳税人不依法履行纳税义务的行为，所采取的强制其履行义务的手段。

（一）税收行政强制措施的对象及内容

税务机关对纳税人、扣缴义务人及其担保人未按照规定的期限缴纳或解缴税款、缴纳所担保的税款，可以责令限期缴纳，逾期仍未缴纳的，经县以上税务局（分局）局长批准，税务机关可以采取下列强制执行措施：

1. 书面通知其开户银行及其他金融机构从其存款中扣缴税款。

2. 扣押、查封、依法拍卖或者变卖其价值相当于应纳税款的商品、货物或其他财产，以拍卖或者变卖所得抵缴税款。

（二）采取税收强制执行措施的要求

1. 执行主体必须合法，只能由税务机关执行（其中对非从事生产、经营的自然人纳税人采取强制执行措施，只能申请人民法院执行）。实施强制执行的税务人员必须是两人以上。

2. 执行程序必须合法，实施强制执行措施必须经县以上税务局（分局）局长批准。应通知被执行人到场，拒不到场的不影响执行的进行。

3. 执行范围必须合法，即就纳税人、扣缴义务人、纳税担保人所欠税款和未缴纳的滞纳金进行执行，属于对财物的直接强制执行，执行措施包括依法拍卖或者变卖等形式。对纳税人个人及其所扶养家属维持生活必需的住房和用品，不在保全和强制执行措施范围之内。

4. 税务行政强制执行必须有相应的补救措施，这是维护纳税人利益的需要，也是税务机关依法治税所必需的。

⚠【提示】

税收保全与强制执行措施涉及的相关法律规定非常多，也容易引起和激化征纳矛盾，因此，必须严格遵守法定程序，履行相应的手续。采取税收保全与强制执行措施，必须制作《现场笔录》（这是行政诉讼的特有证据），由被执行人或见证人和税务执行人员签字。

五、离境清税制度

欠缴税款的纳税人或者其法定代表人需要出境的，应当在出境前向税务机关结清应纳税款、滞纳金或提供担保。未结清税款、滞纳金又不提供担保的，税务机关可以通知出境管理机关阻止其出境。

所谓出境管理机关，包括：公安部门以及公安部授权的地方公安机关、外交部以及外交部授权的地方外事部门、港务监督局、边防检查站。

离境清税制度是保证欠税追缴的重要措施，它可以阻止纳税人利用出境逃避纳税义务的行为。但在执行过程中要注意：由税务机关下达通知，由出入境管理机关去实施，而不能由税务机关直接做出阻止行为。

⚠【提示】

离境清税制度是一种特殊的保全措施，它保全的对象不是物，而是人——纳税人。这里所说的纳税人，是指欠缴税款的自然人以及法人和其他经济组织的负责人，包括中国公民、外国人和无国籍人。

六、税款的追征与退还

（一）税款的推迟缴纳

1. 延期纳税。纳税人因有特殊困难，不能按期缴纳税款的，经省、自治区、直辖市国家税务局、地方税务局批准，可以延期缴纳税款。

所谓特殊困难，是指下列情形之一：（1）因不可抗力，导致纳税人发生较大损失，正常生产经营活动受到较大影响的；（2）当期货币资金在扣除应付职工工资、社会保险费后，不足以缴纳税款的。

【思考 6-3】

当期货币资金在扣除应付职工工资、社会保险费后，不足以缴纳税款的，就可以延期纳税，其寓意是什么？

纳税人需要延期缴纳税款的，应当在缴纳税款期限届满前提出申请，并报送下列材料：申请延期缴纳税款报告、当期货币资金余额情况及所有银行存款账户的对账单、资产负债表、应付职工工资和社会保险费等税务机关要求提供的支出预算。

税务机关应当自收到申请延期缴纳税款报告之日起 20 日内做出批准或者不予批准的决定。批准延期的，延期最长不得超过 3 个月；不予批准的，从缴纳税款期限届满之日起加收滞纳金。

对纳税人在法定的缴款期限之前未提出延期缴税申请，超过法定的缴税期限又不缴款的，或在税务机关批准之前擅自延期的，按欠税的有关规定进行处罚。

2. 课征滞纳金。纳税人超过法定的或税务机关依法确定的缴款期限仍不缴纳税款的，即为滞欠税款，要依法加收滞纳金。滞纳金的计算公式为：

$$滞纳金 = 滞纳税额 \times 滞纳天数 \times 0.5‰$$

其中，滞纳天数是从法定的或税务机关依法确定的缴款期限届满次日起到税款实际缴纳入库的当天为止的天数。

3. 少缴未缴税款的处理。因税务机关的责任，致使纳税人、扣缴义务人未缴或者少缴税款的，税务机关在 3 年内可以要求纳税人、扣缴义务人补缴税款，但是不得加收滞纳金。因纳税人、扣缴义务人计算错误等失误，未缴或少缴税款的，税务机关 3 年内可以追征；有特殊情况（即累计数额在 10 万元以上）的，追征期可以延长到 5 年。此类未缴或少缴税款要加收滞纳金。

上述税款追征期，仅适用于纳税人、扣缴义务人的未缴或少缴税款。对于纳税人、扣缴义务人和其他当事人因偷税未缴或者少缴的税款，以及骗取的退税款，税务机关可以无限期追征，同时，追究其相应的法律责任。

4. 欠缴税款的处理。税务机关要及时清理、追缴纳税人欠缴的税款，并对纳税人欠缴税款的情况定期予以公告。对纳税人逃避追缴欠税的要追究其法律责任。

纳税人欠缴税款，同时又被行政机关决定处以罚款、没收违法所得的，税收优先于罚款、没收违法所得。纳税人欠缴的税款发生在纳税人以其财产设定抵押、质押或者纳税人的财产被留置之前的，税收优先于抵押权、质权、留置权执行。

纳税人有合并、分立情形的，应报告税务机关，并依法缴清税款；未缴清税款的，由合并、分立后的纳税人继续履行未履行的纳税义务。

欠缴税款数额较大的纳税人在处分其不动产或者大额资产之前，应当向税务机关报告。欠缴税款的纳税人因怠于行使或者放弃到期债权，或者无偿转让财产，或者以明显不合理的低价转让财产而受让人知道该情形，对国家税收造成损害的，税务机关可以依照合同法的规定行使代位权、撤销权。

（二）多缴税款的退还

纳税人超过应纳税额缴纳的税款，税务机关发现后应当立即退还；纳税人自结算缴纳税款之日起 3 年内发现的，可以向税务机关要求退还多缴的税款并加算银行同期存款利息，税务机关及时查实后应立即退还。

退还税款首先要由纳税人提出申请，然后由主管税务机关进行审核。对审核属实的，经县以上税务局（分局）批准，可办理税款退还。既可以按照纳税人的要求抵缴下期应纳税款，也可以通过国库退款。从国库退款原则上应通过转账办理，对个别特殊情况必须退付现金的，税务机关应当从严审查核实。

⚠【探讨】

税务机关发现纳税人多缴纳税款时，只退税，不退还相应的银行利息，是否存在问题？

七、税收优先制度

（一）税收优先

我国的税收优先制度是一种相对的优先，而不是绝对的优先。一般情况是：税收（欠税时间）发生在前的，税收优先。《税收征管法》第四十五条明确了税款优先制度，具体规定如下。

1. 税收优先于无担保债权。税务机关征收税款，税收优先于无担保债权，但法律另有规定的除外。

2. 税收先于抵押权、质权、留置权。纳税人欠缴的税款发生在纳税人以其财产设定抵押、质押或者纳税人的财产被留置之前的，税收应当先于抵押权、质权、留置权执行。

⚠【提示】

抵押权、质权的发生时间为合同生效日；留置权发生于运输、保管、加工三种合同行为中。留置权的发生时间则不同，不是合同生效日，而是财产被实际扣留之日。

　　欠缴的税款，是纳税人发生纳税义务，但未按照法律、行政法规规定的期限或者未按照税务机关依照法律、行政法规的规定确定的期限向税务机关申报缴纳的税款或者少缴的税款，纳税人应缴纳税款的期限届满之次日即是纳税人欠缴税款的发生时间。

　　3. 税收优先于罚款、没收违法所得。纳税人欠缴税款，同时又被行政机关决定处以罚款、没收违法所得的，税收优先于罚款、没收违法所得。

（二）欠税公告制度

　　欠税公告制度也属于税收优先制度的范畴。实施欠税公告有两个目的：（1）向第三人提出警示，以保护第三人利益。（2）公告纳税人欠税内容和时间，变相宣告税收优先。

　　《税收征管法》第四十五条第三款规定，税务机关应当对纳税人欠缴税款的情况定期予以公告。具体操作时，由县级以上各级税务机关将纳税人的欠税情况，在办税场所或者广播、电视、报纸、期刊、网络等新闻媒体上定期公告。

　　《税收征管法》第四十六条规定，纳税人有欠税情形而以其财产设定抵押、质押的，应当向抵押权人、质权人说明其欠税情况。抵押权人、质权人可以请求税务机关提供有关欠税情况。

（三）代位权和撤销权

　　《税收征管法》第五十条规定，欠缴税款的纳税人因怠于行使到期债权，或者放弃到期债权，或者无偿转让财产，或者以明显不合理的低价转让财产而受让人知道该情形，对国家税收造成损害的，税务机关可以依照《合同法》第七十三条、第七十四条的规定行使代位权、撤销权。

　　1. 代位权。如果欠缴税款的纳税人不去主动追讨第三人所欠（已到期）的债务，以归还欠税，又无其他财物偿还欠税的，税务机关可以向人民法院提出行使代位权申请，由法院做出裁决，向第三人追讨不超过应纳税额的债务。

　　2. 撤销权。欠缴税款的纳税人放弃到期债权（即不再追讨第三人所欠债款），或者无偿转让财产，或者以明显不合理的低价转让财产而受让人知道该情形（即逃避追缴欠税的背景），致使欠税可能无法收回的，税务机关可以向人民法院提出行使撤销权申请，由法院做出裁决，撤销欠税人上述行为。

　　税务机关依照前款规定行使代位权、撤销权的，不免除欠缴税款的纳税人尚未履行的纳税义务和应承担的法律责任。

复习思考题

1. 目前税款征收工作主要采取哪些方法？
2. 在哪些情形下税务机关有权核定纳税人的应纳税额？
3. 简要回答税收保全措施和税收强制执行措施的主要形式。

4. 离境清税的税收规定是什么?

5. 纳税人未缴或少缴税款的补缴及追征期限规定是什么?

6. 怎样理解税收优先制度?

7. 税务机关行使代位权、撤销权应注意哪些问题?

第七章 税收特殊事项管理

关联企业业务往来具有特殊性，需要根据税法相关规定进行处理。税收减免和出口退税，从一定意义上说都是对入库税金的冲减。因此，要加强管理，控制和打击非法减免和退税，防止税收流失。近年来，随着我国经济体制改革的不断深入，税收管理体制也相应地发生了较大变化，税务管理分工也逐渐细化。根据这种情况，本章从税务管理实务角度简要介绍关联企业业务往来税收调整、税收减免管理与出口货物退（免）税管理方面的有关内容。

第一节 关联企业业务往来税收调整

一、关联企业的认定

关联企业是指在资金、经营、购销及股权等方面存在直接或者间接拥有或者控制关系及其他利益关系的企业。根据我国所得税税法的有关规定，企业与其他企业、组织或者个人具有下列关系之一的，构成关联关系。

1. 一方直接或者间接持有另一方的股份总和达到25%以上；双方直接或者间接同为第三方所持有的股份达到25%以上。

如果一方通过中间方对另一方间接持有股份，只要其对中间方持股比例达到25%以上，则其对另一方的持股比例按照中间方对另一方的持股比例计算。

两个以上具有夫妻、直系血亲、兄弟姐妹以及其他抚养、赡养关系的自然人共同持股同一企业，在判定关联关系时持股比例合并计算。

2. 双方存在持股关系或者同为第三方持股，虽持股比例未达到第1项规定，但双方之间借贷资金总额占任一方实收资本比例达到50%以上，或者一方全部借贷资金总额的10%以上由另一方担保（与独立金融机构之间的借贷或者担保除外）。

$$借贷资金总额占实收资本比例 = \frac{年度加权平均借贷资金}{年度加权平均实收资本}$$

其中：

$$\frac{年度加权平均}{借贷资金} = \frac{i\text{ 笔借入或者贷出资}}{金账面金额} \times \frac{i\text{ 笔借入或者贷出资金}}{年度实际占用天数}\bigg/365$$

$$\frac{年度加权平均}{实收资本} = \frac{i\text{ 笔实收资本}}{账面金额} \times \frac{i\text{ 笔实收资本年度}}{实际占用天数}\bigg/365$$

3. 双方存在持股关系或者同为第三方持股，虽持股比例未达到第 1 项规定，但一方的生产经营活动必须由另一方提供专利权、非专利技术、商标权、著作权等特许权才能正常进行。

4. 双方存在持股关系或者同为第三方持股，虽持股比例未达到第 1 项规定，但一方的购买、销售、接受劳务、提供劳务等经营活动由另一方控制。

上述控制是指一方有权决定另一方的财务和经营政策，并能据以从另一方的经营活动中获取利益。

5. 一方半数以上董事或者半数以上高级管理人员（包括上市公司董事会秘书、经理、副经理、财务负责人和公司章程规定的其他人员）由另一方任命或者委派，或者同时担任另一方的董事或者高级管理人员；或者双方各自半数以上董事或者半数以上高级管理人员同为第三方任命或者委派。

6. 具有夫妻、直系血亲、兄弟姐妹以及其他抚养、赡养关系的两个自然人分别与双方具有第 1 项至第 5 项关系之一。

7. 双方在实质上具有其他共同利益。

除第 2 项规定外，上述关联关系年度内发生变化的，关联关系按照实际存续期间认定。

仅因国家持股或者由国有资产管理部门委派董事、高级管理人员而存在第 1 项至第 5 项关系的，不构成关联关系。

二、关联企业业务往来税收调整的内容与方法

企业或者外国企业在中国境内设立的从事生产、经营的机构、场所与其关联企业之间的业务往来，应当按照独立企业之间的业务往来收取或支付价款、费用；不按照独立企业之间的业务往来收取或支付价款、费用而减少其应纳税收入或所得额的，税务机关有权进行合理调整。企业与其关联方之间的业务往来，不符合独立交易原则而减少企业或者其关联方应纳税收入或者所得额的，税务机关有权按照合理方法调整。

（一）关联企业业务往来税收调整的内容

纳税人与其关联企业之间的业务往来有下列情形之一的，税务机关可以调整其应纳税额：

1. 购销业务未按照独立企业之间的业务往来作价。

2. 融通资金所支付或者收取的利息超过或者低于没有关联关系的企业之间所能同意的数额，或者利率超过或者低于同类业务的正常利率。

3. 提供劳务，未按照独立企业之间的业务往来收取或者支付劳务费用。

4. 转让财产、提供财产使用权等业务往来，未按照独立企业之间的业务往来作价或者收取、支付费用。

5. 未按照独立企业之间的业务往来作价的其他情形。

（二）关联企业业务往来税收调整的方法

1. 关联企业交易价格的具体调整方法。

（1）以非关联方之间进行的与关联交易相同或者类似业务活动所收取的价格作为关联交易的公平成交价格进行调整，也称可比非受控价格法。

（2）以关联方购进商品再销售给非关联方的价格减去可比非关联交易毛利后的金额作为关联方购进商品的公平成交价格进行调整，也称再销售价格法。

（3）关联交易发生的合理成本加上可比非关联交易毛利后的金额作为关联交易的公平成交价格进行调整，即成本加成法。

（4）以可比非关联交易的利润指标确定关联交易的利润进行调整，即交易净利润法。

（5）根据企业与其关联方对关联交易合并利润（实际或者预计）的贡献计算各自应当分配的利润额并进行调整，即利润分割法。

（6）其他符合独立交易原则的方法，包括成本法、市场法和收益法等资产评估方法，以及其他能够反映利润与经济活动发生地和价值创造地相匹配原则的方法。

（7）企业就其未来年度关联交易的定价原则和计算方法，向税务机关提出申请，与税务机关按照独立交易原则协商、确认后可以达成预约定价安排。

⚠【提示】预约定价方法

为节约对关联企业间业务往来转让定价税收的审计成本，我国允许企业提出一个企业与关联企业间交易转让定价的原则和计算方法，主管税务机关论证确认后，据以核算企业与关联企业间交易的应纳税所得或者确定合理的销售利率区间。凡采用预约定价方法的，应由企业提出申请，并提供有关资料，经过预备会谈、谈签意向、分析评估、正式申请、协商签署和监控执行六个阶段，企业可以与税务机关就企业未来年度关联交易的定价原则和计算方法达成预约定价安排。采用预约定价方法，把事后审计变为事前把关，既能规范转让定价行为，也可以方便征纳双方，降低税收成本。

2. 对关联企业之间融通资金的利息参照正常利率水平进行调整。调整时要注意企业与关联企业之间的借贷业务及与非关联企业之间的借贷业务在融资的金额、币种、期限、担保、融资人的资信、还款方式、计息方法等方面的可比性。

3. 对关联企业之间的劳务费用参照类似劳务活动的正常收费标准进行调整。

调整时要注意企业与关联企业之间提供的劳务及与非关联企业之间提供的劳务在业务性质、技术要求、专业水准、承担责任、付款条件和方式、直接成本和间接成本等方面的可比性。

4. 对关联企业间有形资产使用权或者所有权转让的调整。采用在相同或类似情况下，按与非关联企业之间提供使用相同或类似的有形财产，所收取或支付的正常费用调整。"相同或类似情况"主要指转让过程，包括交易时间与地点、交货条件、交货手续、支付条件、交易数量、售后服务等；转让环节，包括出厂环节、批发环节、零售环节、出口环节等；转让环境，包括民族风俗、消费者偏好、政局稳定程度以及财政、税收、外汇政策等，有形资产的性能、规格、型号、结构、类型、折旧方法等，提供使用权的时间、期限、地点、费用收取标准等，资产所有者对资产的投资支出、维修费用等这些要素要具有可比性。

5. 对关联企业之间转让无形财产的作价或收取的使用费参照没有关联关系所能同意的数额进行调整。调整时要注意考虑企业与其关联企业之间转让无形财产及与非关联企业之间转让无形财产，在无形资产的类别、用途、适用行业、预期收益；无形资产的开发投资、转让条件、独占程度、可替代性、受有关国家法律保护的程度及期限、地理位置、使用年限、研发阶段、维护改良及更新的权利、受让成本和费用、功能风险情况、摊销方法以及其他影响其价值发生实质变动的特殊因素等方面的可比性。

三、关联企业转让定价税收调整操作规范

（一）关联企业关联业务申报

实行查账征收的居民企业和在中国境内设立机构、场所并据实申报缴纳企业所得税的非居民企业向税务机关报送年度企业所得税纳税申报表时，应当就其与关联方之间的业务往来进行关联申报，附送《中华人民共和国企业年度关联业务往来报告表》。企业应当依据《企业所得税法实施条例》第一百一十四条的规定，按纳税年度准备并按税务机关要求提供其关联交易的同期资料。同期资料包括主体文档、本地文档和特殊事项文档。主体文档应当在企业集团最终控股企业会计年度终了之日起 12 个月内准备完毕；本地文档和特殊事项文档应当在关联交易发生年度次年 6 月 30 日之前准备完毕。同期资料应当自税务机关要求之日起 30 日内提供。同期资料应当自税务机关要求的准备完毕之日起保存 10 年。依照规定需要准备主体文档的企业集团，如果集团内企业分属两个以上税务机关管辖，可以选择任一企业主管税务机关主动提供主体文档。集团内其他企业被主管税务机关要求提供主体文档时，在向主管税务机关书面报告集团主动提供主体文档情况后，可免于提供。

税务机关应当结合被调查企业年度关联业务往来报告表和相关资料，对其与

关联方的关联关系以及关联交易金额进行确认，填制《关联关系认定表》和《关联交易认定表》，并由被调查企业确认签章。被调查企业拒绝确认的，税务机关调查人员（两名以上）应当注明。

（二）关联交易的类型

1. 有形资产使用权或者所有权的转让。有形资产包括商品、产品、房屋建筑物、交通工具、机器设备、工具器具等。

2. 金融资产的转让。金融资产包括应收账款、应收票据、其他应收款项、股权投资、债权投资和衍生金融工具形成的资产等。

3. 无形资产使用权或者所有权的转让。无形资产包括专利权、非专利技术、商业秘密、商标权、品牌、客户名单、销售渠道、特许经营权、政府许可、著作权等。

4. 资金融通。资金包括各类长短期借贷资金（含集团资金池）、担保费、各类应计息预付款和延期收付款等。

5. 劳务交易。劳务包括市场调查、营销策划、代理、设计、咨询、行政管理、技术服务、合约研发、维修、法律服务、财务管理、审计、招聘、培训、集中采购等。

（三）特别纳税调查对象的选择

税务机关通过关联申报审核、同期资料管理和利润水平监控等手段，对企业实施特别纳税调整监控管理，发现企业存在特别纳税调整风险的，可以向企业送达《税务事项通知书》，提示其存在的税收风险。税务机关实施特别纳税调查，应当重点关注具有以下风险特征的企业。

1. 关联交易金额较大或者类型较多；
2. 存在长期亏损、微利或者跳跃性盈利；
3. 低于同行业利润水平；
4. 利润水平与其所承担的功能风险不相匹配，或者分享的收益与分摊的成本不相配比；
5. 与低税国家（地区）关联方发生关联交易；
6. 未按照规定进行关联申报或者准备同期资料；
7. 从其关联方接受的债权性投资与权益性投资的比例超过规定标准；
8. 由居民企业，或者由居民企业和中国居民控制的设立在实际税负低于12.5%的国家（地区）的企业，并非由于合理的经营需要而对利润不作分配或者减少分配；
9. 实施其他不具有合理商业目的的税收筹划或者安排。

（四）特别纳税调查的实施

税务机关实施特别纳税调查时，可以要求被调查企业及其关联方，或者与调查有关的其他企业提供相关资料。

1. 要求被调查企业及其关联方，或者与调查有关的其他企业提供相关资料的，应当向该企业送达《税务事项通知书》，该企业在境外的，税务机关可以委托境内关联方或者与调查有关的境内企业向该企业送达《税务事项通知书》；

2. 需要到被调查企业的关联方或者与调查有关的其他企业调查取证的，应当向该企业送达《税务检查通知书（二）》。

被调查企业及其关联方以及与调查有关的其他企业应当按照税务机关要求提供真实、完整的相关资料。

1. 提供由自身保管的书证原件。原本、正本和副本均属于书证的原件。提供原件确有困难的，可以提供与原件核对无误的复印件、照片、节录本等复制件。提供方应当在复制件上注明"与原件核对无误，原件存于我处"，并由提供方签章。

2. 提供由有关方保管的书证原件、复制件、影印件或者抄录件的，提供方应当在复制件、影印件或者抄录件上注明"与原件核对无误"，并注明出处，由该有关方及提供方签章。

3. 提供外文书证或者外文视听资料的，应当附送中文译本。提供方应当对中文译本的准确性和完整性负责。

4. 提供境外相关资料的，应当说明来源。税务机关对境外资料真实性和完整性有疑义的，可以要求企业提供公证机构的证明。

税务机关实施特别纳税调查时，应当按照法定权限和程序进行，可以采用实地调查、检查纸质或者电子数据资料、调取账簿、询问、查询存款账户或者储蓄存款、发函协查、国际税收信息交换、异地协查等方式，收集能够证明案件事实的证据材料。收集证据材料过程中，可以记录、录音、录像、照相和复制，录音、录像、照相前应当告知被取证方。记录内容应当由两名以上调查人员签字，并经被取证方核实签章确认。被取证方拒绝签章的，税务机关调查人员（两名以上）应当注明。

被调查企业不提供特别纳税调查相关资料，或者提供虚假、不完整资料的，由税务机关责令限期改正，逾期仍未改正的，税务机关按照税收征管法及其实施细则有关规定进行处理，并依法核定其应纳税所得额。税务机关实施转让定价调查时，应当进行可比性分析，在可比性分析的基础上，选择合理的转让定价方法，对企业关联交易进行分析评估。税务机关分析评估被调查企业关联交易是否符合独立交易原则时，可以根据实际情况选择算术平均法、加权平均法或者四分位法等统计方法，逐年分别或者多年度平均计算可比企业利润或者价格的平均值或者四分位区间。

（五）税收调整的实施

经调查，税务机关发现企业存在特别纳税调整问题的，应当按照以下程序实施调整。

1. 在测算、论证、可比性分析的基础上，拟订特别纳税调查调整方案。

2. 根据拟订调整方案与企业协商谈判，双方均应当指定主谈人，调查人员应当做好《协商内容记录》，并由双方主谈人签字确认。企业拒签的，税务机关调查人员（两名以上）应当注明。企业拒绝协商谈判的，税务机关向企业送达《特别纳税调查初步调整通知书》。

3. 协商谈判过程中，企业对拟订调整方案有异议的，应当在税务机关规定的期限内进一步提供相关资料。税务机关收到资料后，应当认真审议，并作出审议结论。根据审议结论，需要进行特别纳税调整的，税务机关应当形成初步调整方案，向企业送达《特别纳税调查初步调整通知书》。

4. 企业收到《特别纳税调查初步调整通知书》后有异议的，应当自收到通知书之日起 7 日内书面提出。税务机关收到企业意见后，应当再次协商、审议。根据审议结论，需要进行特别纳税调整，并形成最终调整方案的，税务机关应当向企业送达《特别纳税调查调整通知书》。

5. 企业收到《特别纳税调查初步调整通知书》后，在规定期限内未提出异议的，或者提出异议后又拒绝协商的，或者虽提出异议但经税务机关审议后不予采纳的，税务机关应当以初步调整方案作为最终调整方案，向企业送达《特别纳税调查调整通知书》。

企业收到《特别纳税调查调整通知书》后有异议的，可以在依照《特别纳税调查调整通知书》缴纳或者解缴税款、利息、滞纳金或者提供相应的担保后，依法申请行政复议。企业可以在《特别纳税调查调整通知书》送达前自行缴纳税款。企业自行缴纳税款的，应当填报《特别纳税调整自行缴纳税款表》。

（六）跟踪管理

税务机关对企业实施转让定价纳税调整后，应自企业被调整的最后年度的下一年度起实施跟踪管理。在跟踪管理期内，企业应在跟踪年度的次年 6 月 20 日之前向税务机关提供跟踪年度的同期资料，税务机关应根据同期资料和纳税申报资料重点分析、评估以下内容：

1. 企业投资、经营状况及其变化情况；

2. 企业纳税申报额变化情况；

3. 企业经营成果变化情况；

4. 关联交易变化情况等。

税务机关在跟踪管理期内发现企业转让定价异常等情况，应及时与企业沟通，要求企业自行调整，或按照有关规定开展转让定价调查调整。

第二节 税收减免管理

一、税收减免管理概述

(一)税收减免的一般概念

税收减免,也称为减税免税,是指税务机关依据税收法律、法规以及国家有关税收规定(以下简称税法规定)给予纳税人减税、免税。减税是指从应纳税款中减征部分税款;免税是指免征某一税种、某一项目的税款。

税收减免的种类,包括宏观调控型税收减免、微观调节型税收减免、困难性税收减免等。不包括出口退税和财政部门办理的减免税。税收减免的种类一般应在税制课程中介绍,这里从税务管理实务角度可以将税收减免分为申报享受税收减免、税收减免备案、税收减免核准3种。

申报享受税收减免是指应由税务机关审批的减免税项目。符合申报享受税收减免条件的纳税人,在首次申报享受时随申报表报送附列资料,或直接在申报表中填列减免税信息,无须报送资料。纳税人提出申请,经具有审批权限的税务机关(以下简称有权税务机关)审批确认后执行。未按规定申请或虽申请但未经有权税务机关审批确认的,纳税人不得享受减免税。

税收减免备案是指取消审批手续的减免税项目和不需税务机关审批的减免税项目。纳税人如需享受备案类减免税,应在首次享受减免税的申报阶段或在申报征期后的其他规定期限内提交相关资料向主管税务机关申请备案,备案材料一次性报备,在政策存续期可一直享受,当减免税情形发生变化时,应当及时向税务机关报告。纳税人未按规定备案的,一律不得减免税。

税收减免核准是指法律、法规规定应由税务机关核准的减免税项目,多为灾害性或困难性减免。纳税人享受核准类减免税,应当提交核准材料,提出申请,经依法具有批准权限的税务机关按本办法规定核准确认后执行。未按规定申请或虽申请但未经有批准权限的税务机关核准确认的,纳税人不得享受减免税。

【思考】

为什么要集中税收减免的审批权限?

(二)税收减免的有关规定

1. 税收减免管理的依据:《税收征管法》及其实施细则和有关税收法律、法规、规章的相关规定。

2. 符合税收优惠条件的纳税人，在减税、免税期间，应按规定办理纳税申报，填写申报表及其附表上的优惠栏目。

3. 享受减税、免税优惠的纳税人，减税、免税期满，应当自期满次日起恢复纳税；不再符合减税、免税条件的纳税人，应当依法履行纳税义务；未依法纳税的，税务机关应当予以追缴。

4. 纳税人同时从事减免项目与非减免项目的，应分别核算，独立计算减免项目的计税依据以及减免税额度。不能分别核算的，不能享受减免税；核算不清的，由税务机关按合理方法核定。

5. 纳税人依法可以享受减免税待遇，但未享受而多缴税款的，凡属于无明确规定需经税务机关审批或没有规定申请期限的，纳税人可以在《税收征管法》第五十一条规定的期限内申请减免税，要求退还多缴的税款，但不加算银行同期存款利息。

6. 减免税审批机关由税收法律、法规、规章设定。凡规定应由国家税务总局审批的，经由各省、自治区、直辖市和计划单列市税务机关上报国家税务总局；凡规定由省级税务机关及省级以下税务机关审批的，由各省级税务机关审批或确定审批权限，原则上由纳税人所在地的县（区）税务机关审批；对减免税金额较大或减免税条件复杂的项目，各省、自治区、直辖市和计划单列市税务机关可根据效能与便民、监督与责任的原则适当划分审批权限。

二、税收减免管理规程

（一）税收减免的申请

1. 申报享受税收减免的，应当在政策规定的减免税期限内，向主管税务机关提出书面申请，并报送以下资料：（1）减免税申请报告，列明减免税理由、依据、范围、期限、数量、金额等；（2）财务会计报表、纳税申报表；（3）有关部门出具的证明材料；（4）税务机关要求提供的其他资料。

纳税人报送的材料应真实、准确、齐全。税务机关不得要求纳税人提交与其申请的减免税项目无关的技术资料和其他材料。

纳税人可以向主管税务机关申请减免税，也可以直接向有权审批的税务机关申请。由纳税人所在地主管税务机关受理，应当由上级税务机关审批的减免税申请，主管税务机关应当自受理申请之日起 10 个工作日内直接上报有权审批的上级税务机关。

2. 税务机关对纳税人提出的减免税申请，应当根据以下情况分别作出处理：（1）申请的减免税项目，依法不需要由税务机关审查后执行的，应当即时告知纳税人不受理；（2）申请的减免税材料不详或存在错误的，应当告知并允许纳税人更正；（3）申请的减免税材料不齐全或者不符合法定形式的，应在 5 个工作日内一次告知纳税人需要补正的全部内容；（4）申请的减免税材料齐全、符合法定形式的，或者纳税人按照税务机关的要求提交全部补正减免税材料的，应当受理纳税人的申请。

税务机关受理或者不予受理减免税申请，应当出具加盖本机关专用印章和注明日期的书面凭证。

（二）税收减免的审批

1. 减免税审批是对纳税人提供的资料与减免税法定条件的相关性进行的审核，不改变纳税人真实申报责任。

税务机关需要对申请材料的内容进行实地核实的，应当指派 2 名以上工作人员按规定程序进行实地核查，并将核查情况记录在案。上级税务机关对减免税实地核查工作量大、耗时长的，可委托企业所在地区县级税务机关具体组织实施。

2. 减免税期限超过 1 个纳税年度的，进行一次性审批。

纳税人享受减免税的条件发生变化的，应自发生变化之日起 15 个工作日内向税务机关报告，经税务机关审核后，停止其减免税。

（三）税收减免的批复执行

1. 有审批权的税务机关对纳税人的减免税申请，应按以下规定时限及时完成审批工作，作出审批决定：县、区级税务机关负责审批的减免税，必须在 20 个工作日内作出审批决定；地市级税务机关负责审批的，必须在 30 个工作日内作出审批决定；省级税务机关负责审批的，必须在 60 个工作日内作出审批决定。在规定期限内不能作出审批决定的，经本级税务机关负责人批准，可以延长 10 个工作日，并将延长期限的理由告知纳税人。

2. 减免税申请符合法定条件、标准的，有权税务机关应当在规定的期限内作出准予减免税的书面决定。依法不予减免税的，应当说明理由，并告知纳税人享有依法申请行政复议或者提起行政诉讼的权利。

3. 税务机关作出的减免税审批决定，应当自作出决定之日起 10 个工作日内向纳税人送达减免税审批书面决定。

4. 减免税批复未下达前，纳税人应按规定办理申报缴纳税款。

5. 纳税人在执行备案类减免税之前，必须向主管税务机关申报以下资料备案：（1）减免税政策的执行情况；（2）主管税务机关要求提供的有关资料。主管税务机关应在受理纳税人减免税备案后 7 个工作日内完成登记备案工作，并告知纳税人执行。

（四）税收减免的监督检查

1. 纳税人已享受减免税的，应当纳入正常申报，进行减免税申报。纳税人享受减免税到期的，应当申报缴纳税款。税务机关和税收管理员应当对纳税人已享受减免税情况加强管理监督。

2. 税务机关应结合纳税检查、执法检查或其他专项检查，每年定期对纳税人减免税事项进行清查、清理，加强监督检查，主要内容包括：

（1）纳税人是否符合减免税的资格条件，是否以隐瞒有关情况或者提供虚假材料等手段骗取减免税。

（2）纳税人享受减免税的条件发生变化时，是否根据变化情况经税务机关重新审查后办理减免税。

（3）减免税税款有规定用途的，纳税人是否按规定用途使用减免税款；有规定减免税期限的，是否到期恢复纳税。

（4）是否存在纳税人未经税务机关批准自行享受减免税的情况。

（5）已享受减免税是否未申报。

3. 减免税的审批采取"谁审批、谁负责"制度，各级税务机关应将减免税审批纳入岗位责任制考核体系中，建立税收行政执法责任追究制度。

（1）建立健全审批跟踪反馈制度。各级税务机关应当定期对审批工作情况进行跟踪与反馈，适时完善审批工作机制。

（2）建立审批案卷评查制度。各级审批机关应当建立各类审批资料案卷，妥善保管各类案卷资料，上级税务机关应定期对案卷资料进行评查。

（3）建立层级监督制度。上级税务机关应建立经常性的监督的制度，加强对下级税务机关减免税审批工作的监督，包括是否按规定的权限、条件、时限等实施减免税审批工作。

4. 税务机关应按规定的时间和程序，按照公正透明、廉洁高效和方便纳税人的原则，及时受理和审批纳税人申请的减免税事项。非因客观原因未能及时受理或审批的，或者未按规定程序审批和核实造成审批错误的，应按税收征管法和税收执法责任制的有关规定追究责任。

5. 纳税人实际经营情况不符合减免税规定条件的，或采用欺骗手段获取减免税的、享受减免税条件发生变化未及时向税务机关报告的，以及未按规定程序报批而自行减免税的，税务机关按照《中华人民共和国税收征管法》的有关规定予以处理。

6. 税务机关应按照实质重于形式原则对企业的实际经营情况进行事后监督检查。检查中，发现有关专业技术或经济鉴证部门认定失误的，应及时与有关认定部门协调沟通，提请纠正，及时取消有关纳税人的优惠资格，督促追究有关责任人的法律责任。有关部门非法提供证明导致未缴、少缴税款的，按《中华人民共和国税收征收管理法实施细则》第九十三条的规定予以处理。

（五）税收减免的备案

1. 主管税务机关应设立纳税人减免税管理台账，详细登记减免税的批准时间、项目、年限、金额，建立减免税动态管理监控机制。

2. 属于"风、火、水、震"等严重自然灾害及国家确定的"老、少、边、穷"地区以及西部地区新办企业年度减免，属于中央收入的税收达到或超过100

万元的，国家税务总局不再审批，审批权限由各省级税务机关具体确定。审批税务机关应分户将减免税情况（包括减免税项目、减免依据、减免金额等）报省级税务机关备案。

3. 各省、自治区、直辖市和计划单列市税务机关应在每年6月底前，书面向国家税务总局报送上年度减免税情况和总结报告。由国家税务总局审批的减免税事项的落实情况应由省级税务机关书面报告。

减免税总结报告的内容包括：减免税基本情况和分析；减免税政策落实情况及存在的问题；减免税管理经验以及建议。

第三节　出口货物退（免）税管理

一、出口货物退（免）税管理概述

出口货物退（免）税是指在国际贸易业务中，对我国报关出口的货物退还在国内各生产环节和流转环节按税法规定缴纳的增值税和消费税，即出口环节免税且退还以前纳税环节的已纳税款。

作为国际通行惯例，出口退税可以使出口货物的整体税负归零，有效避免国际双重课税。一般分为两种：一是退还进口税，即出口产品企业用进口原料或半成品，加工制成产品出口时，退还其已纳的进口税；二是退还已缴纳的国内税款，即企业在商品报关出口时，退还其生产该商品已缴纳的国内税金。

我国的出口货物退（免）税制度是参考国际上的通行做法，对出口货物实行退（免）税，意在使企业的出口货物以不含税的价格参与国际市场竞争。这是提高企业产品竞争力的一项政策性措施，与其他税收制度鼓励与限制并存、收入与减免并存的双向调节职能比较，出口货物退（免）税具有调节职能单一的特点。

⚠【提示】

近年来，我国出口退税工作在国际形势以及国内宏观政策发生较大变化的情况下，出口退税的税目、税率都随着形势的变化而不断调整。近期内，世界经济不景气，国内经济增长压力较大，在坚持内循环的同时还要大力鼓励出口，退税会比较充分。长期趋势是国家不再盲目鼓励出口。对于紧缺的资源产品，逐渐要减少退税，直至进一步采取限制性措施。

二、出口货物退（免）税企业的分类管理

为进一步优化出口退（免）税管理，提高纳税人税法遵从度，推进社会信用体系建设，充分发挥出口退税支持外贸发展的职能作用，根据《中华人民共和国

税收征收管理法》及其实施细则、相关出口税收规定，税务机关按照风险可控、放管服结合、利于遵从、便于办税的原则，对出口退（免）税企业（以下简称出口企业）进行分类管理。

（一）出口企业管理类别

具体分为一类、二类、三类、四类。各省、自治区、直辖市、计划单列市税务局负责组织实施本地区出口企业的分类管理工作；具有出口退（免）税审批权限的税务局负责评定所辖出口企业的管理类别。

（二）出口企业管理类别评定标准

1. 一类出口企业的评定标准。

（1）生产企业应同时符合下列条件：一是企业的生产能力与上一年度申报出口退（免）税规模相匹配；二是近 3 年（含评定当年，下同）未发生过虚开增值税专用发票或者其他增值税扣税凭证、骗取出口退税的行为；三是上一年度的年末净资产大于上一年度该企业已办理的出口退税额（不含免抵税额）；四是评定时纳税信用级别为 A 级或 B 级；五是企业内部建立了较为完善的出口退（免）税风险控制体系。

（2）外贸企业应同时符合下列条件：一是近 3 年未发生过虚开增值税专用发票或者其他增值税扣税凭证、骗取出口退税的行为；二是上一年度的年末净资产大于上一年度该企业已办理出口退税额的 60%；三是持续经营 5 年以上（因合并、分立、改制重组等原因新设立企业的情况除外）；四是评定时纳税信用级别为 A 级或 B 级；五是评定时海关企业信用管理类别为高级认证企业或一般认证企业；六是评定时外汇管理的分类管理等级为 A 级；七是企业内部建立了较为完善的出口退（免）税风险控制体系。

（3）外贸综合服务企业应同时符合下列条件：一是近 3 年未发生过虚开增值税专用发票或者其他增值税扣税凭证、骗取出口退税的行为；二是上一年度的年末净资产大于上一年度该企业已办理出口退税额的 30%；三是上一年度申报从事外贸综合服务业务的出口退税额，大于该企业全部出口退税额的 80%；四是评定时纳税信用级别为 A 级或 B 级；五是评定时海关企业信用管理类别为高级认证企业或一般认证企业；六是评定时外汇管理的分类管理等级为 A 级；七是企业内部建立了较为完善的出口退（免）税风险控制体系。

2. 具有下列情形之一的出口企业，其出口企业管理类别应评定为三类。

（1）自首笔申报出口退（免）税之日起至评定时未满 12 个月。

（2）评定时纳税信用级别为 C 级，或尚未评价纳税信用级别。

（3）上一年度累计 6 个月以上未申报出口退（免）税（从事对外援助、对外承包、境外投资业务的，以及出口季节性商品或出口生产周期较长的大型设备的出口企业除外）。

（4）上一年度发生过违反出口退（免）税有关规定的情形，但尚未达到税务机关行政处罚标准或司法机关处理标准的。

（5）存在省税务局规定的其他失信或风险情形。

3. 具有下列情形之一的出口企业，其出口企业管理类别应评定为四类。

（1）评定时纳税信用级别为 D 级。

（2）上一年度发生过拒绝向国税机关提供有关出口退（免）税账簿、原始凭证、申报资料、备案单证等情形。

（3）上一年度因违反出口退（免）税有关规定，被税务机关行政处罚或被司法机关处理过的。

（4）评定时企业因骗取出口退税被停止出口退税权，或者停止出口退税权届满后未满 2 年。

（5）四类出口企业的法定代表人新成立的出口企业。

（6）列入国家联合惩戒对象的失信企业。

（7）海关企业信用管理类别认定为失信企业。

（8）外汇管理的分类管理等级为 C 级。

（9）存在省税务局规定的其他严重失信或风险情形。

4. 一类、三类、四类出口企业以外的出口企业，其出口企业管理类别应评定为二类。

出口企业管理类别评定工作每年进行 1 次，应于企业纳税信用级别评价结果确定后 1 个月内完成。评定工作完成的次月起，税务机关对出口企业实施对应的分类管理措施。主管税务机关发现出口企业存在下列情形的，应自发现之日起 20 个工作日内，调整其出口企业管理类别：

（1）一类、二类、三类出口企业的纳税信用级别发生降级的，可相应调整出口企业管理类别。

（2）一类、二类、三类出口企业发生以下情形之一的，出口企业管理类别应调整为四类：一是拒绝提供有关出口退（免）税账簿、原始凭证、申报资料和备案单证；二是因违反出口退（免）税有关规定，被税务机关行政处罚或被司法机关处理；三是被列为国家联合惩戒对象的失信企业。

（3）一类、二类出口企业不配合税务机关实施出口退（免）税管理，以及未按规定收集、装订、存放出口退（免）税凭证及备案单证的，出口企业管理类别应调整为三类。

（4）一类、二类出口企业因涉嫌骗取出口退税被立案查处尚未结案的，暂按三类出口企业管理，待案件查结后，依据查处情况相应调整出口企业管理类别；三类、四类出口企业因涉嫌骗取出口退税被立案查处尚未结案的，暂按原类别管理，待案件查结后，依据查处情况调整出口企业管理类别。

（5）在税务机关完成年度管理类别评定后新增办理出口退（免）税备案的出口企业，其出口企业管理类别应确定为三类。

负责评定出口企业管理类别的税务机关在评定出口企业的管理类别时，应根据出口企业上一年度的管理类别，按照四类、三类、二类、一类的顺序逐级晋级，原则上不得越级评定。四类出口企业自评定之日起，12 个月内不得评定为其他管理类别。

（三）分类管理及服务措施

1. 主管税务机关可为一类出口企业提供绿色办税通道（特约服务区），优先办理出口退税，并建立重点联系制度，及时解决企业有关出口退（免）税问题。对一类出口企业中纳税信用级别为 A 级的纳税人，按照《关于对纳税信用 A 级纳税人实施联合激励措施的合作备忘录》的规定，实施联合激励措施。对一类出口企业申报的出口退（免）税，税务机关经审核，同时符合下列条件的，应自受理企业申报之日起，5 个工作日内办结出口退（免）税手续：

（1）申报的电子数据与海关出口货物报关单结关信息、增值税专用发票信息比对无误。

（2）出口退（免）税额计算准确无误。

（3）不涉及税务总局和省国家税务局确定的预警风险信息。

（4）属于外贸企业的，出口的货物是从纳税信用级别为 A 级或 B 级的供货企业购进。

（5）属于外贸综合服务企业的，接受其提供服务的中小生产企业的纳税信用级别为 A 级或 B 级。

2. 对二类出口企业申报的出口退（免）税，经税务机关审核，同时符合下列条件的，应自受理企业申报之日起，10 个工作日内办结出口退（免）税手续：

（1）符合出口退（免）税相关规定。

（2）申报的电子数据与海关出口货物报关单结关信息、增值税专用发票信息比对无误。

（3）未发现审核疑点或者审核疑点已排除完毕。

3. 对三类出口企业申报的出口退（免）税，经税务机关审核，同时符合下列条件的，应自受理企业申报之日起，15 个工作日内办结出口退（免）税手续：

（1）符合出口退（免）税相关规定。

（2）申报的电子数据与海关出口货物报关单结关信息、增值税专用发票信息比对无误。

（3）未发现审核疑点或者审核疑点已排除完毕。

4. 对四类出口企业申报的出口退（免）税，税务机关应按下列规定进行审核：

（1）申报的纸质凭证、资料应与电子数据相互匹配且逻辑相符。

（2）申报的电子数据应与海关出口货物报关单结关信息、增值税专用发票信息比对无误。

（3）对该类企业申报出口退（免）税的外购出口货物或视同自产产品，国税机关应对每户供货企业的发票抽取一定的比例发函调查。

（4）属于生产企业的，对其申报出口退（免）税的自产产品，税务机关应对其生产能力、纳税情况进行评估。

税务机关按上述要求完成审核，并排除所有审核疑点后，应自受理企业申报之日起20个工作日内办结出口退（免）税手续。

三、出口货物退（免）税管理工作流程

1. 出口企业办理出口退（免）税事项，分为即办事项和非即办事项。

即办事项主要包括：出口退（免）税备案、备案变更（不涉及结清税款或已结清税款的）、备案撤回（已结清税款的）、出口退（免）税凭证无相关电子信息备案、生产企业进料加工计划分配率备案、放弃出口货物劳务退（免）税声明、放弃出口货物劳务免税权声明、放弃适用增值税零税率声明等备案类即办事项；委托出口货物证明、补办和作废出口退（免）税相关证明等证明类即办事项。

非即办事项主要包括：出口退（免）税申报、生产企业进料加工核销等申报类非即办事项；出口退（免）税备案变更（未结清税款的）、备案撤回（未结清税款的）等备案类非即办事项；出口退（免）税证明（委托出口货物证明除外）、出口免税证明及核销等证明类非即办事项。

2. 对出口企业报送办理出口退（免）税事项的相关资料，由税务机关申报受理岗接收。属于即办事项且符合要求的，当场办理并向出口企业反馈办理结果或者出具相关文书；属于非即办事项且符合要求的，向企业出具受理通知，并将相关资料或者电子数据传递至审核岗。不符合要求的，不予受理并一次性告知出口企业需补正的资料或者不予受理的原因。

对申报受理岗传递至审核岗的非即办事项相关资料（含电子数据），按照下列流程进行办理，办理结果由申报受理岗反馈给出口企业，如图7-1所示：

【办理流程】

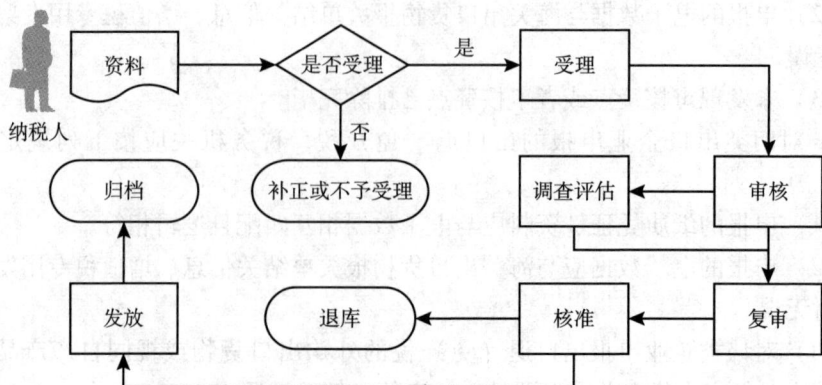

图7-1　办理流程

3. 对于申报类非即办事项相关资料，经审核岗审核未发现不符合规定且审核系统没有提示疑点的，传递至复审岗复审（一类出口企业符合条件的，直接传递至核准岗）。经审核岗审核未发现不符合规定但审核系统提示疑点的，应对疑点进行核实，核实后疑点可以排除的，将审核结果传递至复审岗；核实后疑点无法排除的，传递至调查评估岗。经审核岗审核发现不符合规定的，签署不予办理的原因并将审核结果传递至复审岗确认。对审核岗转来的疑点，由调查评估岗进行核实，按规定完成核实工作后，将处理意见传递至复审岗。对审核岗转来的审核通过结果，由复审岗进行复审，复审通过的，签署意见后传递至核准岗；复审不通过的，签署意见后退回至审核岗。对审核岗转来的不予办理审核结果，由复审岗进行确认，确认不予办理的，签署意见后传递至申报受理岗；确认应当予以办理的，签署意见后退回至审核岗。对调查评估岗转来的审核疑点处理意见，由复审岗进行复审，复审通过的，签署意见完成疑点处理；复审不通过的，签署意见后退回调查评估岗进一步核实。对审核岗或复审岗转来的审核结果，由核准岗进行核准，核准同意的，签署意见完成审核；核准不同意的，签署意见并退回至上一环节岗位。核准岗在出口退（免）税计划内进行核准。综合管理岗按照核准岗核准的数额，办理出口退（免）税退库和免抵调库。

4. 对备案类、证明类非即办事项相关资料，审核通过的，签署意见后传递至复审岗；审核不通过的，签署意见后退回至申报受理岗。审核中需要其他岗位调查核实或办理的，传递至相关岗位，待相关岗位反馈结果后再审核。对审核岗转来的审核结果，由复审岗进行确认或者核准，确认或者核准通过的，签署意见后传递至申报受理岗；确认或者核准不通过的，签署意见后退回至审核岗。

5. 对出口企业申报的出口退（免）税，需要发函调查的，由调查评估岗发起，经复审岗确认、核准岗核准后，向复函地税务机关发函。复函地税务机关接收后开展核查，核查结果经分管局领导核准后，向发函地税务机关复函。发函地税务机关调查评估岗接收复函后，根据复函内容提出处理意见，经复审岗确认后传递至相关岗位进行处理。调查评估岗将复函处理结果录入函调系统。外贸综合服务企业主管税务机关可以比照对供货企业的函调管理规定，对委托代办退税的生产企业实行函调。对需要实地核查的情形，由调查评估岗提出实地核查申请，经复审岗确认后，按规定开展实地核查。调查评估岗根据核查情况出具报告，提出处理意见，报复审岗确认后传递至相关岗位处理。

对需要追回已退（免）税款的情形，由调查评估岗或预警分析岗提出意见，经复审岗复审、核准岗核准后，采取冲抵或补缴方式追回已退（免）税款并由调查评估岗出具税务事项通知书。采取冲抵方式追回已退（免）税款的，由核准岗在已核准的应退（免）税款中冲抵；采取补缴方式追回已退（免）税款的，由综合管理岗在出口企业缴纳税款后进行销号处理。对需要暂扣或解除暂扣出口退税款的情形，由调查评估岗提出意见，经复审岗复审、核准岗核准后，对相应税款进行暂扣或解除暂扣并出具税务事项通知书。

对出口退（免）税企业管理类别的评定和动态调整，由调查评估岗提出建议，经复审岗复审、核准岗核准后，确定管理类别并传递至申报受理岗和综合管理岗。由申报受理岗向企业反馈评定结果，由综合管理岗按照信息公开程序公开一类和四类企业名单。对出口企业提出的复评管理类别申请，由申报受理岗受理后传递至调查评估岗按照上述流程办理。

四、出口货物退（免）税日常管理

1. 税务机关对出口货物退（免）税有关政策、规定应及时予以公告，并加强对出口企业的宣传辅导和培训工作。

2. 税务机关应做好出口货物退（免）税计划及其执行情况的分析、上报工作。税务机关必须在国家税务总局下达的出口退（免）税计划内办理退库和调库。

3. 税务机关遇到下述情况，应及时结清出口企业出口货物的退（免）税款：

（1）出口企业发生解散、破产、撤销以及其他依法应终止出口退（免）税事项的，或者注销出口货物退（免）税认定的。

（2）出口企业违反国家有关政策法规，被停止一定期限出口退税权的。

4. 税务机关应建立出口货物退（免）税评估机制和监控机制，强化出口货物退（免）税管理，防止骗税案件的发生。

5. 税务机关应按照规定，做好出口货物退（免）税电子数据的接收、使用和管理工作，保证出口货物退（免）税电子化管理系统的安全，定期做好电子数据备份及设备维护工作。

⚠【提示】

中国电子口岸数据中心，是海关总署直属的事业单位。中国电子口岸是一个运用现代信息技术，借助国家电信公网，将外经贸、海关、市场监管、税务、外汇、运输等涉及口岸行政管理和执法的信息流、资金流、货物流电子底账数据集中存放在一个公共数据中心，使口岸行政管理和执法部门可以进行跨部门、跨行业的数据交换与联网核查；企业可以通过互联网"一点接入"办理报关、报检、结付汇核销、出口退税等手续。

复习思考题

1. 关联企业业务往来税收调整的内容有哪些？
2. 关联企业转让定价税收调整操作规范分哪几个步骤？
3. 什么是税收减免？税收减免从管理的角度分为哪几种？
4. 简述出口货物退（免）税的概念和特点。
5. 生产企业达到一类出口企业的标准有哪些？

第八章　税源管理

税源状况取决于经济发展状况，它也影响着税收收入状况。税源管理是整个税务管理工作的难点，在税收工作中居于基础地位。在本章中，重点税源管理遵循抓主要矛盾的哲学思想，强调对税源大户的管理；纳税评估则从微观上，细致地进行税源事后分析；税收风险管理强调对税源变化进行事先、实时的防范性管理。

第一节　重点税源管理

一、税源管理的概念

税源，即税收收入的来源。由于税收来源于经济，因此，实践中一般也把税源称为经济税源。

税源管理是税务机关遵循税源的变动规律，采取专门的手段和方法，全面掌握税源的规模、分布以及各税种税基的构成，及时监控税源的变动，防止税收流失的一项管理活动。

（一）税源的分类

1. 宏观税源与微观税源。宏观税源主要是指国内生产总值、三次产业增加值等；微观税源可按照不同分类加以区别，如行业与企业税源；增值税税源和所得税税源等。其中，企业税源是宏观税源的基础，是税源管理的关键环节。

2. 隐性税源与显性税源。隐性税源主要是指因未被认识而处于隐蔽状态的税源；显性税源是指已经显露出来并已纳入税务机关管理范围的税源，如申报之后形成的应征、待征税收。隐性税源与显性税源是此消彼长的关系。

3. 重点税源与一般税源。重点和一般是哲学上的概念，重点是从一般中产生并且重要性高于一般。税源形成税收，并在数量上存在正相关，因此，有时用产生的税收量来衡量税源的重要性，即纳税大户往往就是重点税源户。

4. 分税种与分地区税源。作为税源指标的并不是税收收入，因此，分税种税源中，增值税、消费税的税源是货物和劳务销售额（量），企业所得税的税源通常是企业利润，财产税的税源是财产估值，等等。分地区税源是上述税源指标按地区的汇总额。

（二）税源管理工作的构成

税源管理是一个过程管理。税源管理不局限于税源形成阶段，而应包括税款运动的全过程，即：应税行为—税基—计税—应征—入库，都是税源管理的范畴。具体来说，税源管理过程包括三个阶段，即税源调查与预测（事前）—税源管理与监控（事中）—税收分析与评估（事后）。税收分析与税源预测往往合二为一，或具有承接关系。

1. 税源调查与预测。税源调查与预测，有的称之为税源调查分析，是对税收收入来源和分布及趋势的调查与预期。它是在税收经济理论指导下，对税收与经济税源进行的定性定量综合研究，旨在了解经济税源与税收收入质的规定关系，了解经济税源提供与税收收入增长量的规定关系，对税收来源以及对税收的影响有一个基本的把握。调查预测的根本问题是掌握过去和现在的状况与特点，观察、推测未来变化规律。广义的税源调查包括现有税源管理工作中能够取得税源数据的各项工作；狭义的税源调查主要指税源的普查或重点税源调查工作。税源预测从空间范围来说，可以进行分地区、分行业的预测；从时间上来说，可以进行分季度和年度税源与税收预测，也可以进行中长期税源与税收预测（2~3年和5~10年），以短期预测为重点。税源预测对确定税收计划有重要影响。

2. 税源管理与监控。税源管理与监控是税源管理部门在户籍管理的基础上，对税源进行科学分类管理，运用税控装置及发票等手段，并选择一定的指标对税源变化的特点、走势进行实时的监测和预警、预报。税源管理与监控是税收收入工作的基础和起点，各级税务机关必须不断扩大重点税源管理范围，有条件的地区尽快实现由重点税源管理向整体税源管理的过渡，强化税源过程管理。既要注重为分析收入服务，也要确保税源管理数据真实、信息准确，保证监控的有效性和及时性。主要工作有：

（1）加强户籍管理，严格税务登记，搞好"一户式"档案建设，强化非正常户管理，打好税源管理基础。

（2）在属地管理的基础上，实施科学的分类管理，对重点税源大户、小户集中税源（集贸市场）、小户分散税源以及不同信誉等级的纳税人采取不同的管理监控办法，便于积累经验，总结规律，形成管理规范。

（3）充分发挥计算机税控装置和发票管理机制等的作用，加强税源动态监控，实时反映税源的变动趋势。

3. 税源分析与评估。税源分析是以税收经济现象的数量方面为研究对象，以经济税源调查、监控数据为主要依据，以税收预测目标和上年实际或历史最高水平为量度，运用数学分析方法和一定的指标体系，揭示税源变动规律、税源与经济之间的相互关系及影响税源变动的因素等的一种税务管理活动。

税源分析是税源调查与预测、税源管理与监控工作的延续，通过税源分析，可以掌握影响税收收入经济税源规模、结构、增长、弹性、周期等基本特征，揭示现象背后的本质问题，因此，对税源管理工作有重要的指引作用。

二、经济税源调查

经济税源调查是税务机关为掌握税源发展变化情况、观察税源变化趋势及其对税收收入的影响程度而进行的一种专业性调查。它是税源预测的前提，其质量对税收计划、税收征管工作都有重要的影响。

（一）经济税源调查的内容

近年来，我国经济在原有高速发展的格局下，受国内外复杂环境影响缓慢下行，GDP 年均增长速度维持在 6% 以上，2019 年 GDP 总量达到 990 865 亿元。全国税收收入也在大幅度减税的情况下放缓速度。但是，地区、行业间差距很大，同时也存在着大量的税收流失。因此，要深入开展调查研究，分析现象背后的原因，以利于更好地指导税源管理工作。

1. 政策因素对税源的影响。调查国家各项政策对税源及税收收入变动的影响，特别是税制的重大调整和重大政策出台，如进出口政策、招商引资优惠政策变动对税收的影响。

2. 产业因素对税源的影响。调查国家产业政策的变化对三次产业结构的影响，了解国家在技术、产品政策鼓励或限制方向，进而对税源、税收收入的影响。

3. 物价因素对税源的影响。调查物价结构性变动及价格指数变动情况对税收的影响。近期农产品及资源类产品价格快速上涨，导致 CPI 居高不下，但对税收收入增长究竟影响如何，需要深入调查研究。

4. 管理因素对税源的影响。调查税务管理工作改革对税收的影响，包括征管制度的完善、征管方式和手段的提升、税务人员素质的普遍提高等，对减少税收流失、增加收入的影响。

（二）经济税源的调查方法

经济税源调查是社会经济调查的一种，所使用的方法一般是通用的。但税源调查又有自身的特殊性，即调查对象更加重视对调查内容的保密，因此，调查的难度更大。具体调查方法一般分为经常性调查和专题性调查两种。

1. 经常性调查。经常性调查也称"常规性调查"，即把经济税源调查工作制度化，形成日常性的一项管理工作。主要包括：（1）重点税源调查制度。基层税务机关根据具体情况，选择经营规模大，产品稳定，在税收收入中占有较大比重，或具有代表性的企业或产品作为调查重点，定期进行摸底、统计调查、汇总上报。（2）与第四方的信息交流制度。主要是与产权交易中心、国家技术监督检验部门等建立信息交流制度，也包括与计（经）委、统计、土地、市场监管、海关等综合部门以及企业主管部门建立联系，定期收集与税收收入密切相关的经济税源资料。

"一户式"档案建设、纳税评估等，从某种意义上说也是税源经常性调查的方法。

2. 专题性调查。专题性调查亦称"一次性调查"，它是围绕一定的主题、为了特定的目的而有针对性地开展的专项调查。其具体调查方法一般有以下五种。

（1）普查。为了某一特定目的而专门组织的一次性全面调查，主要用来调查经济税源现象总体在一定时点上的某种状况。普查工作应遵循以下原则：一是选择最适宜的标准时点；二是尽可能在规定范围内的地区和单位同时进行调查，并且在最短期限内完成；三是同一种普查的主要项目要保持连贯性，尽可能按照一定时间同期进行，以利于作动态对比分析。

（2）重点调查。重点调查是在调查对象总体中选择部分重点单位或重点项目进行调查，以掌握较大分量的数据和资料进行分析，预测其发展趋势。重点单位的选择是重点调查成功与否的关键，重点指两个方面：一是缴纳税款数额较大的企业；二是在税收收入总体结构中比重较大的税种或税目。

（3）典型调查。典型调查是一种非全面调查，是根据调查的目的和要求，对调查对象在进行分析的基础上，选择个别或少数具有代表性的纳税人进行调查。典型调查是通过对特殊的典型的了解，推论总体的一种方法。从本质上来说，典型调查是一种选择调查；从选择数量上来看，典型调查是一种小型调查；从调查具体方法上来看，典型调查是一种解剖麻雀的调查方法；从调查结果上来看，典型调查是一种侧重于定性分析的调查研究方式。

（4）抽样调查。抽样调查是在调查研究的对象总体中按随机原则抽取部分个体单位进行调查，以其结果来推断调查总体状况的一种方法。具体包括简单随机抽样、类型抽样、系统抽样、整群抽样、多阶段抽样等。

抽样调查的特点：一是按随机原则从总体中抽选样本单位；二是根据样本资料估算总体的数量特征；三是抽样估算的抽样误差可以事先计算并加以控制。

（5）专案调查。专案调查是对某一具体纳税单位进行全面、深入的调查研究的方法。它基本上是一种定性研究方法，主观随意性较大，缺少严密的科学方法，但是，调查过程是一个详细了解事实的过程，得到的资料十分丰富。

【思考 8 – 1】

市场经济环境和现代网络技术应用对税源调查方法的创新有哪些影响？

（三）加强税源调查的具体措施

在现实中，纳税人的数量不断增加，涉及的行业领域日益广泛，又充分借助于现代交通通信工具、银行结算工具和电子商务交易方式，使税源的隐蔽性、流动性大大加强。面对新的税源管理形势，税务部门难以有效地掌握纳税人的基本税源状况，无法做到"知己知彼"。因此，加强税源调查是十分必要的，具体应当采取以下措施。

1. 提高认识，转变观念。要认识到税源调查制度是税源管理的基础，要纠正嫌麻烦、短期利益思想，要纠正对计算机的过分依赖，不能把获取税收信息的希望寄托在税务与工商、银行、海关以及企业的计算机联网上。

2. 调整机构，充实人员。明确税源调查是税源管理部门、税收管理员的一项职责，为税源调查提供必要的组织保证。

3. 研究方法，总结经验。采取普查与专项调查相结合的方法，调查人员配备便携式计算机，分片分段调查，随时随地进行信息采录和检索分析。要不断探索规律，总结信息管理的经验，拓宽信息来源渠道。

4. 完善制度，健全规程。基本对策就是要建立完善的税源调查制度，将现有的各项调查工作集中起来，统一、高效地开展税源调查工作。

三、重点税源监控

重点税源监控是税务机关应用现代信息手段建立重点税源数据库，进而对企业生产经营和纳税状况实时进行监控分析，以发现税源税收异常情况并及时进行处理的税源管理方式。通过对重点税源企业有关财务、税收数据指标的分析，了解和掌握企业的生产经营情况，分析税收收入的影响因素、各个行业的税负水平以及各纳税人围绕这一水平所表现出的各种规律和特征等情况，并根据监控数据建立预警机制，为税收征收管理提供数据支持和决策参考。

重点税源监控工作是从 2000 年开始实施的，1999 年国家税务总局首次明确了重点税源监控的标准为年缴纳"两税"在 2 000 万元以上的增值税纳税人、年缴纳营业税在 500 万元以上的营业税纳税人，共有监控企业 1 404 户。根据国家税务总局的有关规定，2009 年独立纳税重点税源企业的监控标准有三个方面。一是 2008 年实际缴纳税款达到以下标准的企业：缴纳增值税 500 万元以上的增值税纳税户；缴纳消费税 100 万元以上的消费税纳税户；缴纳营业税 100 万元以上的营业税纳税户；缴纳企业所得税 500 万元以上的其他纳税户。二是预计 2009 年缴纳税款达到上述标准的企业。三是房地产开发企业除按上述标准监控外，对项目投资额超过 5 000 万元的，各基层地方税务局均要及时纳入重点税源监控范围，实行从立项至清算的全过程监控，并自缴纳税款的月份开始，按规定表式和要求向国家税务总局上报。总体来看，随着税务机关对税源管理的不断加强，重点税源监控标准在不断调低，监控范围也在逐年扩大。

⚠【探讨】

2008 年 9 月，国家税务总局成立了大企业管理司，专司大企业税收管理职责，可以看作是我国重点税源管理在制度上的创新和延续。

⚠ 【提示】

　　各级税务机关都有自己的重点税源户，规模标准也不同。省以下各级税务机关的重点税源监控对象，其划分标准可根据本地区的具体情况确定，同时兼顾行业分布状况，在条件许可的情况下，应不断扩大税源监控面，一般监控面应达到本局各税总收入的60%左右。

　　重点税源监控工作主要由税收管理员和计征（计统）部门的重点税源管理人员承担。其主要职责是：向企业催报数据、辅导企业填报、重点税源数据库的日常管理维护、及时向上一级税务局上报数据、编写数据的应用分析报告、定期或不定期地深入重点税源户开展调查研究、了解重点税源户的生产经营情况。

　　列入重点税源企业监控范围的企业，须逐月完整地上报相应的报表，例如企业基本信息表、税收信息月报表、工业产品月报表、财务信息季报表、房地产企业季报表和调查问卷季报表。其中，企业基本信息表为年初1月份报送，以后月份如有变更再报；工业产品月报表为征收资源税（不包括代扣代缴）的企业按月报送；税收信息月报表和财务信息季报表（包括利润表、附列的统计资料和资产负债表三部分）为所有监控户按月报送；房地产企业季报表为房地产企业按季报送。

第二节　纳税评估

　　所谓纳税评估，是指税务机关运用数据信息对比分析的方法，对纳税人、扣缴义务人当期的纳税申报（包括减免缓抵退税申请，下同）情况的真实性、准确性、合理性及合法性做出定性和定量的综合评定，并依法及时进行处理的管理工作。作为微观税源分析的重要制度，对于搞好微观税源管理是十分必要的。

⚠ 【提示】

　　纳税评估与税务稽查都是在微观上事后甄别纳税人纳税的真实情况，只不过纳税评估采用了较税务稽查更为柔和的方法，侧重于掌握税源，对轻微违法纳税人以教育为主。在实践中，纳税评估与税务稽查往往在业务上前后衔接，相互配合，实现矫正税收违法的目的。

一、纳税评估的必要性

　　1. 开展纳税评估是税务机关加强税源监控的需要。税收征管质量的高低，取决于税务机关对各类税源监控能力的强弱。在税源日益隐蔽分散、纳税人数量逐渐增多、税务人员相对不足的情况下，通过开展纳税评估工作，从搜集纳税人基础资料做起，加强对财务和企业纳税数据进行分析，辅之以实地核查，就可以切实增强对税源的动态监控。

2. 搞好纳税评估是解决"疏于管理，淡化责任"问题的需要。1994年税制改革以后，取消了税务专管员，强调纳税人自主上门申报纳税，事实证明是过高地估计了纳税人的素质，其结果是纳税人不来，税务人员不去，形成征纳脱节的局面，出现了"疏于管理，淡化责任"问题。这就需要搞好纳税评估，建立税收管理员制度，更加全面地了解企业账务、经营、税收等情况，找出管理中的漏洞，进一步采取措施，强化基础管理。

3. 加强纳税评估是规范税务稽查工作的需要。税收征管法实施细则对税务稽查的定位是"专司偷税、逃避追缴欠税、骗税、抗税案件的查处"。纳税评估的出现，一方面取代了原有的稽查选案工作，提高了稽查选案准确度，有助于税务稽查局查案；另一方面，纳税评估替代了原有的"日常检查"工作，使税务稽查部门更能够集中精力查处立案的案件。

4. 加强纳税评估是税务机关做好内部管理工作的需要。纳税评估是纳税申报、日常管理、计划分析及稽查工作重新整合形成的一项系统性、综合性的管理工作，使税务机关内部管理工作更加规范化。而且，纳税评估不但对纳税人遵纪守法的情况进行评定，同时通过对纳税人各方面管理状况调查分析，间接地对税务机关内部相关部门和人员的工作状况进行评价。评估工作结束后，评估人员要给存在问题的部门发送《改进工作建议书》，这样有利于相关部门提高管理水平。

5. 开展纳税评估是建立现代税收管理工作模式的需要。开展纳税评估重视纳税人的申报、纳税和经营情况信息的采集，广泛应用数据指标进行分析计算，充分借助现代化网络技术的信息处理手段，以案头审核为主要工作方式，有利于形成以信息采集、存储、传输、加工和运用为流程的信息化管理模式，推进税收征管工作的信息化、规范化、现代化，逐步实现与国际接轨。

二、纳税评估的作用

1. 采集信息，形成"一户式"电子档案，并及时更新。

2. 在评估过程中发现问题以后，有针对性地开展税收宣传辅导。

3. 纳税评估的结论，可以直接调整税收定额。

4. 纳税评估的结论，可以直接成为评定纳税信誉等级的依据。

5. 纳税评估的结论，可以成为稽查选案的案源信息。

6. 评估中发现纳税人有其他方面问题的，说明税务机关相应部门管理不到位，评估人员要向有关科室提出改进工作建议。

⚠【提示】

纳税评估的出现，是管理理念、管理制度、管理方式变化的结果，是多项税收工作分割、重组的结果。税务稽查、计会统、核定定额、资料管理等原有各项工作都要相应地简化，加强各项工作之间的协调才能达到预期的效果。

三、纳税评估的程序

1. 确定纳税评估对象（初评）。纳税评估对象确定是指纳税评估业务管理部门按照事先设定的指标和参数，利用资料稽核和其他信息来源，运用计算机或人工方法，对所有纳税人进行筛选并确定纳税评估对象的过程。

2. 评估分析（详评）。评估分析是指评估人员采取人机结合方式，利用所掌握的信息对纳税评估对象纳税申报的真实性、准确性进行综合分析，查找并初步确定申报中存在问题的过程。评估分析是整个纳税评估工作的核心阶段。

3. 约谈举证。约谈举证是评估人员在评估分析的基础上，就需要向纳税人说明的疑点问题和需要提供证明的情况，约请纳税人到税务机关进行举证说明的过程。

4. 实地核查。实地核查是指评估人员根据纳税评估中发现的问题，按照日常检查的要求，对纳税人生产经营、财务核算及纳税等情况进行实地检查的过程。

实地核查完成后，评估人员应将核查的有关情况及处理建议书面记载，与相关证据材料一道转入评估处理环节。

5. 评估处理。评估处理是指评估处理岗位人员根据评估分析和约谈说明、实地核查过程中所掌握的情况进行综合分析后，对评估对象存在的疑点问题作出相应处理意见的过程。

6. 评估复核。评估复核是指对评估处理环节已归档的评估资料事后进行抽查复核的过程。

【思考 8－2】

纳税评估中发现的轻微违法行为，一般由纳税人自查纠正，不再进行行政处罚。而税收征管法规定的处罚下限是应纳税额的 50%。两者如何协调？

⚠【提示】

在纳税评估岗位职责分工上，实行分环节管理办法。评估处理与评估复核是两个独立的工作岗位，与前四个环节的工作要分离。评估复核也可以交由法制部门兼职完成。

四、纳税评估的指标体系

（一）能量耗用分析方法及指标

它是在已知企业生产过程中某种消耗的前提下，通过测算产量进而推算销量和销售收入，与实际申报数对比，生成收入问题值的一种分析方法。如果收入问题值为正数，则说明申报不足，进而反映出企业所得税的问题值，即少缴所得税数额。该方法广泛应用于各类生产性企业的纳税评估。计算公式如下：

$$应税销售收入测算数 = 产品销量测算数 × 测算期产品销售平均单价$$

$$产品销量测算数 = 期初库存产品数量 + 产品产量测算数 - 期末库存产品数量$$

$$产品产量测算数 = 测算期生产能耗量 / 单位产品能耗定额$$

$$收入问题值 = 应税销售收入测算数 - 企业实际申报应税销售收入$$

$$企业所得税问题值 = 收入问题值 × 收入利润率 × 适用税率$$

其中，单位产品能耗定额通常有国家标准或行业标准，如电的消耗定额：尿素 1 218 度/吨，水泥 85 度/吨，棉籽油 422 度/吨，等等。因此，该定额视同已知数。

◇【案例】

某水泥生产企业，主要产品为成品袋装水泥。1~6 月生产用电 32 990 604.48 度，行业单位产品耗电定额为 85 度/吨。首先利用能耗测算法测算水泥产量：

$$测算期产品产量 = 2 990 604.48 / 85 = 388 124.76 （吨）$$

然后根据已知的产品单价、产销比、实际申报收入数和收入利润率，就可以得出收入问题值和所得税问题值。

◇【提示】能量耗用分析的衍生方法

$$测算期产量 = \frac{某种物（人）力消耗量}{相应的消耗定额}$$

注：某种物（人）力包括原材料、辅助材料、部件、设备（运转时间）、人力（工时、工资）等。即使是不重要的辅助材料，只要知道某种消耗量，能够准确掌握其购进量或投入生产使用量，就能求出测算期产量。

（二）财务分析指标体系

1. 比率比较指标。比率一般是两个数相除的比值，是一个相对数指标。运用比率指标进行比较分析时，主要是横向对比。例如，与同行业、同规模平均水平相比或者与设定的标准相比。比率比较指标包括税负率、毛利率、销售利润率等。以税负率分析为例：

$$企业本期税负率 = 本期累计应纳税额 / 本期累计应税销售额 × 100\%$$

$$同行业平均税负率 = \frac{同行业本期累计应纳税额合计}{同行业本期累计应税销售额合计} × 100\%$$

分析方法：（1）如果企业本期税负率在同行业平均税负率正常峰值上、下限内，为正常，企业不成为疑点对象；（2）如果企业本期税负率大于同行业平均税负率正常峰值上限，企业可能存在将查补的以前属期应缴税款计入本期应缴税金，不成为疑点对象；（3）如果企业本期税负率小于同行业平均税负率正常峰值下限，企业有可能存在少计应税收入、多计进项税额或者进项税额应转出而没有转出等问题，成为疑点对象。

2. 变动率比较指标。变动率是将当期的比率指标与往期（历史）指标进行对比，反映该指标增减变动情况，是一种纵向对比。该指标计算结果为正值时，表明是增长；反之，是下降。变动率比较指标包括税负率、毛利率、主营业务收入（成本、费用、利润）的变动率等。以税负率变动率分析为例：

本期税负率＝本期累计应纳税额/本期累计应税销售额×100%

上年同期税负率＝上年同期累计应纳税额/上年同期累计应税销售额×100%

税负率变动率＝（本期税负率－上年同期税负率）/上年同期税负率×100% < 最低设定值（商品流通企业定为－35%，生产企业定为－20%）

分析方法：（1）如果税负率变动率大于或等于最低设定值，企业不成为疑点对象；（2）如果税负率变动率小于最低设定值，企业有可能存在少计应税收入、多计进项税额或者进项税额应转出而没有转出等问题，成为疑点对象。

3. 配比比较指标。配比比较是将两个或两个以上比率指标或变动率指标配合运用，反映指标之间相对变动情况及其蕴涵的意义。当用两个变动率指标配比分析时，是用两个变动率相除。在配比时，选择的指标应该是有密切关系的，如主营业务收入（成本、费用）变动率与主营业务利润变动率配比、营业税变动率与工资总额变动率配比、营业税变动率与印花税变动率配比等。

其一，比率指标的配比分析举例如下：

本期总资产周转率－上年同期总资产周转率≤0

本期销售利润率－上年同期销售利润率>0

本期资产利润率－上年同期资产利润率≤0

当上述三个关系式成立时，可能存在隐匿销售收入问题。

其二，变动率指标配比分析举例如下：

应税销售额变动率＝（本期累计应税销售额－上年同期累计应税销售额）/上年同期累计应税销售额×100%

应纳税额变动率＝（本期累计应纳税额－上年同期累计应纳税额）/上年同期累计应纳税额×100%

分析方法：（1）当应税销售额变动率/应纳税额变动率≈1时，为正常（应税销售额变动率和应纳税额变动率基本同步，比值应接近1），企业不成为疑点对象。（2）当应税销售额变动率/应纳税额变动率>1时，如果两项指标都为负值，表明应税销售额下降率大于应纳税额下降率，企业不成为疑点对象；如果两项指标都为正值，表明应税销售额增长率大于应纳税额增长率，企业有可能存在实现销售收入而不计提税金等违反税法行为，成为疑点对象。（3）当0<应税销售额变动率/应纳税额变动率<1时，如果两项指标都为正值，表明应税销售额增长率小于应纳税额增长率，企业不成为疑点对象；如果两项指标都为负值，表明应税销售额下降率小于应纳税额下降率，有可能存在实现销售收入而不计提税金等违反税法行为，企业成为疑点对象。（4）当应税销售额变动率/应纳税额变动率<0时，如果前项指标为正值而后项指标为负值，表明应税销售额增长而应纳税额下降，有可能存在实现销售收入而不计提税金等违反税法行为，企业成为疑点对象；如果前项指标为负值而后项指标为正值，表明应税销售额下降，而应纳税额增长，企业不成为疑点对

象。（5）当应税销售额变动率＞0，而应纳税额变动率＝0，企业成为疑点对象。

4. 控制分析。控制分析是利用指标之间的控制关系进行的分析。如进项税额控制数分析、进项税额转出分析等。以销项税额控制数分析为例：

$$\frac{\text{本期申报}}{\text{销项税额}} = \frac{\text{本期增值税专用}}{\text{发票所列销项税额}} + \frac{\text{本期普通发票}}{\text{所列销项税额}}$$

分析方法：（1）如果本期申报销项税额≥本期增值税专用发票所列销项税额＋本期普通发票所列销项税额，企业不成为疑点对象；（2）如果本期申报销项税额＜本期增值税专用发票所列销项税额＋本期普通发票所列销项税额，企业可能存在少申报销项税额等问题，成为疑点对象。

第三节　税收风险管理

一、税收风险管理概述

（一）税收风险管理的含义

风险就是生产目的与劳动成果之间的不确定性，即未来发生不利结果的不确定性。风险是客观存在的、可测度的客观概率事件。相对于组织目标的实现，风险被理解为具有负面、消极的意义。

风险管理，是 20 世纪初兴起的研究风险发生规律和风险控制技术的一门新兴管理学科。它是指经济组织透过对风险的认识、衡量和分析，选择最有效的方式，主动、有目的、有计划地处理风险，以最小的成本争取获得最大的安全保证的管理方法。

税收风险管理，是指税务机关在分析纳税人涉税信息的基础上，针对纳税人不同类型、不同等级以及在不同阶段的税收风险，科学配置税收管理资源，合理运用风险应对策略，防控税收风险，提高纳税人税法遵从度，提升税收治理能力的税收管理活动。

在税收风险管理过程中，税务机关通常与纳税人合作，识别纳税人存在的税收风险并指导纳税人进行规避，使税收风险消灭于无形，避免危害后果发生。在实践中，由于对大企业不太适合税务稽查的工作方式，税收风险管理成为首选。

（二）税收风险管理目标

我国的税收风险管理目标。我国的税收风险管理目标是促使纳税人的税务规划、经营决策和日常经营活动、纳税申报和税款缴纳、税务登记、账簿凭证管理、税务档案管理以及税务资料的准备和报备等事项符合税法规定，并促使纳税人税务事项的会计处理符合相关会计制度或准则以及相关法律法规的规定。

OECD 国家的税收风险管理目标。OECD 把税收风险定义为税收遵从风险，指在税收管理中，对提高纳税遵从目标实现产生负面影响的可能性。税收风险表现为税收流失的不确定性或预期应收尽收结果与实际征收结果偏离。

⚠【提示】 税收风险管理发展简要进程

1.《2002 年~2006 年中国税收征收管理战略规划纲要》在防范征管风险中提出"引进风险意识"，并提出了"在行政管理工作中引进风险意识是近年来管理科学的发展趋势，税收征管工作中的风险直接制约着税收征管的质量与效率，必须引起足够的重视。引进风险意识可以使各级税务机关更加深刻地从战略管理的角度认识自身工作的本质及其规律，防范征管风险的举措又便于税收征管工作获得更多的主动性。"

2. 2006 年 3 月 13~17 日，总局在扬州举办了一期"税收风险管理培训班"，来自瑞典、澳大利亚等国的税务专家介绍了各自国家开展税收风险管理工作的有关情况和对有关问题的看法。2007 年 8 月，总局在南京召开中国税收征管业务流程再造暨金税三期业务设计国际研讨会，国际货币基金组织（IMF）专家建议总局在"金税三期"业务设计中引入税收风险管理理论。2007 年 9 月，总局在青岛召开国际税收风险管理研讨会，IMF 专家以及全国十多个省市的国税和地税局代表参加了会议，介绍了各自实施税收风险管理的主要做法。

3. 2008 年 12 月，全国税务工作会议提出要"加强税收风险管理"。要以实行分类分级管理为基础，以加强税收风险管理为导向，以实施信息管税为依托，以完善运行机制为保障，不断提高税收征管的质量和效率。

4. 2012 年 7 月，在全国税务系统深化征管改革工作会议上，时任国家税务总局副局长的宋兰明确提出："构建以明晰征纳双方权利和义务为前提，以风险管理为导向，以专业化管理为基础，以重点税源管理为着力点，以信息化为支撑的现代化税收征管体系。"

5. 2014 年 9 月，国家税务总局下发了《国家税务总局关于加强税收风险管理工作的意见》，对税收风险管理工作进行定位，明确工作内容和工作流程。2016 年 4 月，国家税务总局下发了《关于进一步加强税收风险管理工作的通知》，明确税收风险管理工作的意义，健全税务总局和省税务机关的税收风险管理职责及工作机制。

6. 2018 年 6 月，在国地税征管体制改革中，各省成立了大数据和税收风险管理局。2019 年 12 月，国家税务总局成立大数据和税收风险管理局。

二、强化税收风险管理的意义

（一） 税收风险管理是推进税收治理现代化的必然要求

《深化国税、地税征管体制改革方案》描绘了构建科学严密税收征管体系的宏伟蓝图，为推进税收治理现代化指明了道路。以税收征管信息化平台为依托、以风险管理为导向、以分类分级管理为基础，推进征管资源合理有效配置，实现外部纳税遵从风险分级可控、内部主观努力程度量化可考的现代税收征管方式，是税收征管体制改革的方向。

（二）税收风险管理是促进纳税遵从的根本途径

通过加强税收风险管理，对纳税人实施差别化精准管理，对暂未发现风险的纳税人不打扰，对低风险纳税人予以提醒辅导，对中高风险纳税人重点监管。为愿意遵从的纳税人提供便利化办税条件，对不遵从的纳税人予以惩罚震慑，将从根本上解决纳税人不愿遵从或无遵从标准的问题，提高纳税遵从水平。

（三）税收风险管理是提高税务机关主观能动性的重要抓手

在做好基础管理的同时，通过对信息收集、风险识别、等级排序、任务推送、风险应对等环节实施过程监控和效果评价，可有效增强各级税务机关的主观努力程度，查找征管中的薄弱环节，防范税务系统内部风险，提高征管质效。

⚠【提示】大企业的税收风险管理

大企业多为集团化经营，业务广泛复杂，活动跨区域，核算体系多层次，涉税事项存在不确定性。对大企业进行税务稽查，企业抵触情绪明显，稽查过程中耗费大量人力、物力往往难以取得实效，对征纳双方都是得不偿失。而税收风险管理的宗旨是在不利后果实际发生前，进行风险监控预警、风险识别、风险分析，直到消除风险。这是大企业愿意接受的方式，因此，对大企业的税务稽查普遍为税收风险管理所替代，只对存在严重违法行为的大企业保留税务稽查。

三、税收风险的分级管理

税收风险的分级管理是指税务机关采用专门的方法将纳税人按照涉税风险的严重程度分成若干等级，然后针对不同风险等级的纳税人采取不同复杂程度的管理，以合理、高效地使用税务资源。

（一）税收风险等级划分

税收风险等级按照风险程度由高到低，分为高风险、中风险和低风险三级。

1. 高风险，指税收风险点情形复杂，预估未缴或者少缴税款数额较大，涉嫌偷、逃、抗、骗税以及虚开发票等税收违法行为；

2. 低风险，指风险指向明确且预估未缴或者少缴税款数额较小或者符合税收轻微违法"首违不罚"情形；

3. 中风险，指高、低风险以外的税收风险情形。

（二）税收风险等级确定

税务机关根据风险识别结果，结合风险点指数、权重等因素，按户综合计算纳税人风险指数，通过定量与定性、模型扫描与人工调整相结合的方式确定纳税人风险等级。

区分不同的应用场景，通常采用下列方法确定风险等级：

1. 户数比例法，即预设不同风险等级纳税人户数比例，按照纳税人风险得分从高到低顺序确定风险等级；

2. 分值区间法，即预设风险等级阈值，按照纳税人风险得分所在区间确定风险等级；

3. 其他通过系统评价确定风险等级的方法。

对扫描形成的风险等级结果，可以综合考虑风险性质、成因、风险发生频度和范围、涉税金额、税法遵从度、纳税信用状况等因素，进行人工辅助调整。人工调整风险等级的，需要详细记录调整理由，并经集体研究。

【思考 8－3】

从管理的视角看，划分风险等级的意义何在？

四、税收风险管理规程

1. 制定目标规划。要结合税收形势和外部环境，确定税收风险管理工作重点、工作措施和实施步骤，形成系统性、全局性的战略规划和年度计划，统领和指导税收风险管理工作。

2. 收集涉税信息。各级税务机关要落实信息管税的工作思路，将挖掘和利用好内外部涉税信息作为税收风险管理工作的基础。注重收集宏观经济信息、第三方涉税信息、企业财务信息、生产经营信息和纳税申报信息，整合不同应用系统信息。建立企业基础信息库，并定期予以更新。对于集团性大企业，还要注重收集集团总部信息。

3. 开展风险识别。各级税务机关要建立覆盖税收征管全流程、各环节、各税种、各行业的风险识别指标体系、风险特征库和分析模型等风险分析工具。统筹安排风险识别工作，运用风险分析工具，对纳税人的涉税信息进行扫描、分析和识别，找出容易发生风险的领域、环节或纳税人群体，为税收风险管理提供精准指向和具体对象。

4. 确定等级排序。根据风险识别结果，建立风险纳税人库，按纳税人归集风险点，综合评定纳税人的风险分值，并进行等级排序，确定每个纳税人的风险等级。结合征管资源和专业人员的配置情况，按照风险等级由高到低合理确定需采取措施的应对任务数量。

5. 组织风险应对。要按纳税人区域、规模和特定事项等要素，合理确定风险应对层级和承办部门。风险应对过程中，可采取风险提醒、纳税评估、税务审计、反避税调查、税务稽查等差异化应对手段。风险应对任务应扎口管理并统一推送下达。

6. 实施过程监控及评价反馈。要对税收风险管理全过程实施有效监控，建立健全考核评价机制，及时监控和通报各环节的运行情况，并对风险识别的科学性和针对性、风险等级排序的准确性、风险应对措施的有效性等进行效果评价。要将风险应对效果纳入绩效考核体系，加强对过程监控和评价结果的应用，优化识别指标和模型，完善管理措施，提出政策调整建议，实现持续改进。要全面归集分析税务总局定点联系企业税收风险的性质及成因，提出风险防控建议，反馈给企业集团。

五、我国开展税收风险管理的实践

在国家税务总局引入税收风险管理理念后，全国各级税务机关相继开展税收风险管理工作。从税收风险管理发展的进程看，随着时间的推移，税收风险管理理念日益形成共识、目标逐渐清晰、方法手段不断丰富、机制体制逐步完善，税收风险管理实践取得了长足进展。

1. 认识摸索阶段（2005 年 3 月至 2014 年 8 月）。为进一步强化税源管理，降低税收风险，减少税款流失，不断提高税收征管的质量和效率，全国各级国、地税务机关按照《国家税务总局关于印发〈纳税评估管理办法（试行）〉的通知》的规定开展纳税评估工作。

在开展纳税评估工作的过程中，工作人员注重提炼、汇总、分析纳税人的税收风险点，从而明确工作重点。部分省依托 CTAIS 系统中的数据，建立了本省的纳税评估工作平台，在平台中建立了识别纳税评估任务的指标体系，初步建立了纳税评估工作任务的识别模型，实现了纳税评估工作任务的识别、任务的推送、任务的应对、任务的评价，推进纳税评估工作的开展。

这一阶段的工作是税收风险管理的探索阶段，是在理念上逐渐完善，在方法上逐步创新的阶段，这一阶段更多地依赖于风险管理人员经验的判断，过多地依靠应对人员的能力，识别和应对质量是这一阶段的"瓶颈"。

2. 全面推进阶段（2014 年 9 月至 2019 年 11 月）。国家税务总局出台了两个文件，一是 2014 年 9 月，国家税务总局下发了《国家税务总局关于加强税收风险管理工作的意见》；二是 2016 年 4 月，国家税务总局下发了《关于进一步加强税收风险管理工作的通知》，这两个文件的出台标志着税收风险管理由开展纳税评估工作转到全面风险管理的阶段。

按照总局文件的要求，全国的省、市（州）、县级税务机关成立税收风险管理工作领导小组，明确税收风险管理工作在领导小组的统一领导下开展，同时明确了国家税务总局和省税务机关的税收风险管理职责及工作机制，明确了税收风险管理工作内容和工作流程。明确"税收风险管理是加强税种管理的有效方法和手段、税收风险管理也是加强日常征管的有效方法和手段、税收风险管理还是加强大企业税收管理的有效方法和手段"，同时强调税收风险管理是一项需要持续改进的系统工程。这一阶段，税收风险管理工作进入到"战略规划、风险识别、等级排序、任务推送、风险应对、过程评价"的闭环管理阶段，风险管理的模式进入到总、省两级税务机关识别，县（市）、区级税务机关开展风险应对的阶段。在税收风险管理的过程中，国家税务总局在金税三期的基础上，开发了总局的大数据云平台、智慧政务平台等工具，为全国的税收风险管理工作提供支撑，尤其是云平台的应用，使相关的风险信息打破了地域的"壁垒"，实现了风险管理信息的全国应用，同时在云平台中开发了"纳税人关系云图""纳税人画像""纳税人票流分析"等工具，为税收风险管理工作的开展提供了强有力的帮助，实现了信息的共享、应用工作的创新，提高了风险管理的质量和效率。

在这一阶段有了统一的领导机构，有了规范的工作职责，有了先进的工具，使税收风险管理工作取得了一定的进步，但也存在一定的问题。主要问题是识别的平台是对纳税评估工作平台的承继，与税收风险管理的要求还有一定的差距，同时税务机关囿于数据获取途径的问题，数据还不能达到税收风险管理工作的要求，在一定程度上影响了风险管理工作的质量。

3. 创新升级阶段（2019年12月至今）。在国家税务总局大数据和税收风险管理局成立后，加强了平台的开发和建设，对《税收风险管理办法》征求意见，从制度的层面规范和引领全国的税收风险管理工作。

同时，国家建立了"两库"（法人库和自然人库），相关业务实现了"云化"处理；在建立风险管理模型的过程中引入了先进的算法，未来的风险管理模型将更加科学性、针对性、实效性。政府部门间数据共享的力度正在加大，为税收风险管理工作提供了强大的数据资源。在这种情况下，全国的税收风险管理工作将进入一个全新的智能化管理新阶段。

复习思考题

1. 税源管理工作由哪几部分组成？
2. 为什么要开展纳税评估工作？
3. 纳税评估的作用有哪些？
4. 纳税评估的程序分为哪几步？
5. 税收风险管理程序分为哪些步骤？

第九章 税收经济分析与核算管理

税收经济分析与核算管理是税务机关的"神经系统",是观察、认识、分析、判断税源和税收变化的信息控制与反馈系统,是上级税务机关作出宏观决策和基层税务机关加强征管工作的重要依据,对强化税源管理和整个税收工作都有重要意义。

第一节 税收经济分析

一、税收经济分析概述

税收经济分析是指税务机关运用各种科学的手段和方法,对大量经济税源调查资料进行综合统计分析,对税收政策执行及税收征收管理活动作出客观的评估和预测,找出引起税收增减变化的原因,揭示影响税收收入进度的因素,预测税收发展的趋势,为编制税收计划、完善征管措施、开展纳税评估以及实施税务稽查提供依据的一种税收管理手段。

税收分析工作是税收管理的重要内容和基础工作,是保障税收职能实现,提升征管质量与效率的重要环节。作为税收管理的重要手段,税收分析在收入中心工作中发挥了重要的参谋助手作用。

(一) 税收经济分析的意义

1. 有助于科学预测税收经济走势。通过开展税收分析,运用大量影响税收收入增减变化的因素和税收管理资料,经过严密的推理和分析,可以了解本地区的经济结构、经济运行质量、税源构成状况及税收潜力,从而对未来一段时期内税收收入发展变化的情况、纳税人的生产经营情况及纳税变化作出比较确定的判断。

2. 有助于客观反映经济运行。税收分析在充分利用税收大数据优势的基础上,从税收角度观察和反映经济运行状况,把握经济发展方式转变进程,折射经济社会发展中值得关注的问题,透过税收放眼经济,利用税收数据反映经济运行状况及经济结构调整情况,揭示税源发展中存在的问题,为宏观决策提供意见和建议。

3. 有助于准确制定税收计划。税收计划是税务机关根据国民经济计划指标、现行税收政策以及客观税源的发展变化情况，对一定时期税收收入的测算、规划与控制，以进一步提高收入计划的刚性。通过对税收与经济关系的分析，掌握历史时期税收弹性和税负水平，能够从宏观上把握税收经济动态，找出影响税收收入增减变化的主要因素，测定未来税收发展趋势，为制订合理的税收计划提供科学依据。

4. 有助于进一步强化税收征管。税收分析是税收征收管理中的基础性工作。通过对各种税收收入指标进行详细分析，可以跟踪国家各项宏观经济政策以及新出台的税收政策如何影响税收，及时发现税收征收管理工作中出现的新情况、新问题，从而为基层税务机关强化税源管理和征管决策提供强有力的依据。

5. 有助于有效推进依法治税。税收分析可以为依法治税工作提供基础的量的支持。一方面，通过对宏观税收收入指标体系的分析，揭示组织收入中存在的问题，反映征管过程中的薄弱环节，并针对问题提出指导性意见，制定相关措施，指导组织收入工作的正常开展。另一方面，通过对重点企业和行业进行微观税收分析，利用大量的有价值的涉税信息，对纳税人在一定时期内的纳税情况进行综合分析、审核、评价、判定，及时发现存在问题，确保把依法治税落到实处。

【思考 9 – 1】

近年来，税务系统从上到下都特别重视税收经济分析工作，为什么？

（二）税收经济分析发展趋势

1. 从数量分析到质量分析的转变。一是税收与经济的关联程度。如果税收与经济关联度不高、不协调，那么税收质量就可能是有问题的。也许我们不是每个月都能得到经济数据，但可以掌握税基，这时就可以从税基上去分析，逐个税种、税目、品目进行分析。二是税收征管的完善程度。用更细化的指标去判断收入质量，对税收征管质量体系的指标进行研究、明确、评价、考核，通过对征管质量的评价来分析征管体系是否完善、是否存在漏洞，提升收入质量。三是税收结构的优化程度。税收分析可从产业结构入手，找出区域产业结构上的问题，从而提出优化产业结构的建议。如果某个地区的税收主要来源于某种资源（如煤、石油），那么这种资源的商品价格对税收的影响就很大，如果价格大幅下降，税收收入就会呈断崖式下降。如果某个地区税收的行业集中度、企业集中度过高，则税收抗风险能力就很差。

2. 从以税论税到经济与税收关联的转变。牢牢树立经济税收分析观，这是让税收分析提升的重要理念，不要停留在以税论税，要从第三方找数据做对比分析、关联分析。要结合区域经济发展情况开展分析，立足税收看经济，更要跳出税收看经济、聚焦经济看税收。

3. 从宏观微观分别分析到宏观微观系统分析的转变。分析要更精细化，全面掌握地区、行业、企业的情况，既要对区域经济税收宏观情况展开分析，同时也要多从微观层面分析。对产业行业税收数据开展分析，研究行业生产经营的规律。对重点税源企业做到心中有数据，跟踪分析，从微观上掌握企业生产经营情况。

⚠ **【提示】**

系统分析的"三个维度"：一是"面"的维度。全面分析收入的完成情况和增减变动情况，通过对总体收入进行横向和纵向对比分析，说明税收收入动态，判断收入趋势，如规模、增减、结构、进度等。二是"线"的维度。分析分税种、分行业和分经济类型的收入，说明行业收入和经济类型收入的增减变化情况及原因，从不同的视角剖析收入的结构特点，并由税收看经济，反映区域经济发展的产业、行业等特点。三是"点"的维度。对重点行业、企业作个案分析，如本期销售收入变化、本期成本费用变化、税收政策变化、税收征管因素等对当期实现税收的影响，通过企业经营状况、市场环境以及发展方向等判断企业未来发展趋势，预判税收收入。

（三）税收经济分析的种类

1. 经济运行分析。是指从税收收入的税种、产业、行业、地区、结构等不同视角客观反映宏观经济运行状况，揭示存在的问题，预测发展的趋势，为地方经济社会发展提供决策参考。主要包括：（1）通过对税收数据深度挖掘，对重大经济发展战略落实情况进行深入分析；（2）密切跟踪传统支柱行业和新兴行业发展指标运行情况，反映经济新旧动能转换、经济结构调整、供给侧结构性改革成效等情况；（3）利用微观数据反映投资、消费、分配、就业、生产率等关键指标运行情况，据以对经济高质量发展情况进行分析。

2. 税收形势分析。是指通过对税收走势的研判，从宏观上准确剖析收入增减变化原因，客观反映预期目标执行中存在的问题，准确提出加强组织收入工作的措施。在宏观上开展"面"的分析，包括总结特点、分析原因、查找问题、预测走势、提出建议等，根据不同阶段的税收发展状况确定下一时期组织收入工作的方向；在中观和微观上开展"线和点"的分析，从深层次、多角度解释税收收入变化的现象和原因，同时针对组织收入工作中存在的问题，结合自身职能，开展调研、深入分析、制定措施、跟踪落实、评估成效。

3. 政策效应分析。是指密切跟踪税制改革和税收政策变动实施后的经济社会发展变化情况，采取定量和定性多种分析方法，对改革实施的税收和经济影响加以描述和测算，提出调整和优化建议，从而更好地完善和落实税收政策。

4. 税收风险分析。是指运用税收与经济运行中的宏观、中（微）观数据，开展关键指标的横向、纵向等多维度比对，发现税收征管和纳税遵从中存在的风险点，指引征管资源的合理配置，并提出降低税收风险的方法、意见和建议，为依法组织收入服务。包括组织收入、征收管理、政策落实等风险分析。

二、税收经济分析工作机制

（一）横向税收经济分析

1. 经济运行分析，由税收经济分析部门牵头，结合各部门提供的税收经济数据开展。税收经济分析部门负责选题和提出数据需求，并结合各部门提供的数据和信息进行综合分析；各部门根据分析需求向税收经济分析部门提供相关税收、经济指标数据及对相关数据的专业解读和分析。

2. 税收形势分析，由收入规划核算部门牵头开展，其他各业务部门配合。收入规划核算部门负责税收收入总体情况分析，从宏观上把握面的情况，并定期向人大、政府、发改委等部门提供分析报告；其他各业务部门负责配合牵头部门，在中观和微观层次上开展分析，从深层次角度解释税收收入的现象和原因，并及时向牵头部门提供鲜活情况。

3. 政策效应分析，由税收经济分析部门牵头，各业务部门辅助配合开展。税收经济分析部门在宏观层次上，对政策实施所带来的经济税收效应进行综合分析；政策法规和税种管理等业务部门在中观和微观层次上，根据部门职能作好专项分析，从定量的角度测算对税收收入的影响，从定性的角度分析对经济运行的影响，并及时向牵头部门提供情况。

4. 税收风险分析，由税收大数据和风险管理部门牵头，各业务部门和稽查部门共同开展。税收大数据和风险管理部门负责制定税收风险工作计划，统筹安排税收风险分析任务，定期汇总、发布本级税收风险分析报告；各业务部门结合自身工作特点，承担分管税种或本部门业务的分析识别模型建设及风险分析识别工作，向税收大数据和风险管理部门提供具有全局性、普遍性特征的风险事项或风险分析任务。

（二）纵向税收经济分析

税收经济分析工作实行层级管理，分总局、省局、市（州）局和县（市、区）局四级。上级税务机关负责对下级税务机关税收经济分析工作进行指导和监督，下级税务机关要按照上级税务机关的要求开展税收经济分析工作，并反馈税收经济分析的具体执行情况。

1. 经济运行分析和政策效应分析。重点在省局和市（州）局开展，按要求向上级税务机关或者本级党政部门报送分析报告，县（市、区）局自行选择开展，不作具体要求。

2. 税收形势分析。在各层级分别开展，定期向上级税务机关和本级党政部门报送税收形势分析报告，分析当前税收运行状况，预测未来税收走势；同时针对上级税务机关推送的重点分析内容，进行深度的细化分析，制定解决措施，并上报工作情况和效果。

3. 税收风险分析。税收风险分析以省局和市（州）局为主开展，县（市、区）局及稽查部门、大企业管理部门、负责管户的直属机构为风险应对部门。一般由上级向下级推送的风险应对任务，下级按照上级的工作部署，开展区域性、行业性、特定纳税人、特定事项的税收风险分析工作，对重大案件和重点税源企业开展纳税评估、税务审计和税务稽查。

三、税收经济分析的方法流程

（一）选好切入点

一方面，税收经济分析应紧扣各业务部门的职能，从工作实际出发，研究税种管理、税收征管、风险管理、纳税服务的现状及规律，及时发现存在的问题，找出提升工作质效的方法。另一方面，涉及经济分析的部分应紧贴经济发展战略规划的相关内容，以行业分析和区域分析作为税收经济分析的主要切入点，密切关注地方党委政府关心的经济政策热点。

（二）做好数据集成

树立数据集成意识，切实改变以往税收分析数据来源单一的不足，扩展数据来源的范畴，包括纳税申报数据、企业报送的财务数据、内部征管数据、增值税发票数据及外单位共享数据等，实现上述数据的有效集成：一是提高数据采集效率；二是用好数据，针对各类型数据的特点及内在规律形成数据处理、分析、疑点查找的有效方法；三是善于对各类型数据之间的逻辑关系进行分析，从不同类型数据的消长中探究税务工作及经济运行的规律和趋势。

（三）建立分析工具

充分运用税收大数据思维，建设税收分析应用信息平台，提升分析应用的科学化和智能化水平。税收分析应用信息平台以信息化为依托，以分析指标体系为载体，对税收征管、税种管理、纳税服务、出口退（免）税、风险管理等业务线条的数据进行采集加工处理，适应各业务部门日常分析管理工作的数据需求。各成员单位要积极推进平台建设，不断完善分析指标体系，针对平台报表统计口径、数据更新速度、用户需求响应度等方面提出优化建议，不断完善平台功能。

（四）用好分析方法

1. 对比分析法。通过各项税收指标之间、税收与经济指标之间的对比来描述税收经济形势、揭示税收收入及经济运行中存在的问题。税收数据的对比分析包括同一时期的同比分析、反映趋势发展的环比分析、区域之间的横向对比等内容，多样化的对比能够确保分析维度的全面性。

2. 因素分析法。从经济、政策、征管以及特殊因素等方面对税收、税源进行分析。其中，经济因素包括经济规模、产业结构、企业效益以及产品价格等变化情况；政策因素主要是指税收政策、财政政策调整对税收、税源的影响；征管因素主要包括加强税源管理和各税种管理、清理欠税、查补税款等对税收收入的影响；特殊因素主要是一次性、不可比的增收减收因素。

3. 数理统计分析法。运用一元或多元统计分析、时间序列分析等数理统计理论和方法，借助先进统计分析工具，利用历史数据，建立税收分析模型。对税收、经济与相关影响因素的关系进行量化分析。

（五）优化展现方式

为提高报告的可读性，分析报告要求逻辑严谨、条理清晰、分析透彻、简明扼要。一是用数据说话。应综合利用各种数理分析的手段来佐证报告的观点和建议，避免抽象分析。二是多用图表。对于数据较丰富（特别是长期的数据分析）的内容应使用图像表格的展现形式，做到图文并茂，一目了然，少用文字来堆砌数据。三是小标题应突出重点。小标题应做到言简意赅，高度概括文章的亮点、重点。

（六）开展专项研究

结合党中央、国务院及地方政府关注的重大区域经济发展战略、重点行业、重大投资项目建设和招商引资等，开展持续性的研究。重大区域经济发展战略包括"京津冀""长吉图""粤港澳大湾区"等功能区域；重点行业包括汽车、石化、烟草、医药、电力、房地产、金融等传统行业和大数据、高端装备制造、新能源汽车、生物制药、旅游、生产型现代服务等新经济新业态新模式新经济增长点；重大投资项目建设包括年度政府重大投资项目；招商引资包括近年来的地方政府重点招商引资项目。要针对研究重点建立分析指标体系，形成分析模板，通过数据的长期积累来提高分析水平。

四、税收经济分析的指标体系

税收经济分析指标体系是一组相互联系的、用以系统说明税收经济关系、税收运行走势和税收征管工作状态的数据指标的集合。它以税收经济关系为主线，以行业和区域指标为切入点，以税收经济大数据的有效整合为依托，以服务内部征管及经济社会发展为目的。

与经济运行分析、税收形势分析、政策效应分析、税收风险分析等税收经济分析的4个主要类别一一对应，税收经济分析指标体系也由经济运行类指标子体系、税收形势类指标子体系、政策效应类指标子体系及税收风险类指标子体系4大子体系构成，包括4类一级指标、17类二级指标、84项三级指标。根据指标特征及作用，将税收经济分析指标在这4个子体系中进行分类归集，但每类指标数据的应用并不局限于所归集的子体系，而是服务于分析工作需要。

在指标体系之外，单独设置"专题研究项目"，通过4大类型指标的相关性建立研究专题，共包含5个项目。

（一）经济运行类指标

经济运行类指标是指反映宏观经济总体状况、走势及微观经济主体投资、消费、分配、就业、生产率等情况的指标。

经济运行类指标包罗万象，涉及面广，税收经济分析工作是以税收的视角折射经济运行情况，据以研判经济形势。因此，税收经济分析指标体系只从中选择与税收经济分析紧密关联的指标，并将其进一步划分为6类二级指标，包括税收经济关联指标、生产指标、投资指标、消费指标及进出口指标。

1. 税收经济相关指标：反映宏观经济和微观经济实体税收负担、税收发展与经济运行是否相协调的指标，共2项三级指标。

2. 非税经济相关指标：反映宏观经济和微观经济实体非税收入负担、非税收入发展与经济运行是否相协调的指标，共2项三级指标。

3. 生产指标：国内生产总值、主要产品产量、采购经理人指数等反映宏观经济生产环节运行总体状况的指标，共5项三级指标。

4. 投资指标：固定资产投资、存款准备金率、基准利率等反映宏观经济投资环节运行总体状况的指标，共4项三级指标。

5. 消费指标：消费品销售总额、电力消耗、居民消费者价格指数等反映宏观经济消费环节运行总体状况的指标，共4项三级指标。

6. 进出口指标：主要进出口商品名称、货物来源；对外贸易进出口总值、外商投资等反映进出口、对外贸易总体情况的指标，共2项三级指标。

（二）税收形势类指标子体系

税收形势类指标是指反映税收增减变化和预期目标执行情况、体现宏观税收运行规律的指标，是税收经济分析的起点指标和基础指标。根据税收经济分析由面到点、由表及内的分析过程，税收形势类指标进一步划分为4类二级指标，包括税收总量指标、税收结构指标、征管指标及重点税源指标。

1. 税收总量指标：综合反映税收总额及税收计划执行情况的指标。进一步划分为税收总额指标、税收计划执行指标2项三级指标。

2. 税收结构指标：以税种、区域、行业、经济类型等为维度，多角度反映税收经济运行状况的指标。根据分析角度的不同，进一步划分为增值税指标、消费税指标、企业所得税指标、个人所得税指标、契税指标、房产税指标、城镇土地使用税指标、土地增值税指标、城市维护建设税指标、印花税指标、出口退（免）税指标、非居民税收指标、行业税收指标、经济类型税收指标14项三级指标。

3. 征管指标：反映纳税人数量、类型、结构、申报、购票及欠税等情况的纳税人基础管理指标，共2项三级指标。

4. 重点税源指标：以重点税源监控系统相关数据为基础，反映重点税源企业及重点行业相关税收情况，共3项三级指标。

（三）政策效应类指标子体系

政策效应类指标是指反映各税种税收优惠减免及政策性减税措施对社会经济影响状况的指标。根据政策效应分析所需要的数据和相关专项分析，政策效应分析类指标进一步划分为2类二级指标，包括政策执行数据指标和政策效应分析指标。

1. 政策执行数据指标：反映政策执行情况的指标，以数据为主。进一步划分为综合政策指标、货物和劳务税政策指标、企业所得税政策指标、个人所得税政策指标、财产和行为税政策指标、资源和环境保护税政策指标、社会保险费政策指标、非税收入政策指标、国际税收管理政策指标9项三级指标。

2. 政策效应分析指标：反映政策执行效应情况的指标。进一步划分为综合政策指标、货物和劳务税政策指标、企业所得税政策指标、个人所得税政策指标、财产和行为税政策指标、资源和环境税政策指标、社会保险费政策指标、非税收入政策指标、国际税收管理政策指标9项三级指标。

（四）风险管理类指标

税收风险类指标是根据分析定义过的数据项之间的关联关系，通过一定的方式方法进行比较、计算、确定的对纳税人的不遵从风险具有风险控制意义的数据项或者预警指标。风险管理类指标进一步划分为5类二级指标，包括基础事项管理风险指标、行业税收风险指标、宏观税收风险指标、专项税收风险指标以及税（费）种管理风险指标。

第二节　税收计划管理

税收计划是国家税务机关依据国民经济和社会发展计划以及市场经济发展变化情况，按照现行税收制度规定，对一定时期税收收入的测算和规划。税收计划既是全体税务人员在一定时期内组织税收收入的奋斗目标，也是检查和考核税收工作质量的主要依据。

税收计划管理，是税务机关编制与执行税收计划，并运用其对税款的组织入库和税收政策法规的贯彻执行进行指导、组织、监督和协调的活动。它包括对税收计划的调查、编制、分配落实到检查分析考核等一系列活动所进行的综合管理。从管理学角度来看，税收计划管理属于目标管理，是通过制定和执行计划目标来实现管理目的的一种管理方法。税收计划管理是整个税务管理的重要组成部分，在国民经济和社会发展中起着保证国家财政收入以及对经济运行进行宏观调控的重要作用。随着市场经济的发展，税收计划的编制将更多地依赖于准确的税源调查，税收计划的落实和调整依赖于对经济运行情况的了解。在这种情况下，只有加强税收计划管理，才能使我们编制出的税收计划避免出现盲目性，才能使我们编制出的税收计划具有可操作性，从而更好地为税务管理服务，为社会主义市场经济的发展服务。

【思考 9－2】

我国经济体制由计划经济逐步转变为社会主义市场经济，强调税收计划管理还有何现实意义？

一、税收计划编制

编制税收计划是一项比较复杂细致的工作，必须根据计划期内国家税收政策、任务要求，在充分进行经济税源调查、大量搜集资料的基础上，采用科学的计算和预测方法，确定符合实际的计划指标，才能使编制的计划充分发挥指导并推动税收工作的作用。

（一）税收计划编制的原则

1. 从经济到税收的原则。经济决定税收，税收来源于经济。只有经济增长了，税源才会扩大，税收收入才能增加。因此，在制定税收计划时要树立从经济到税收的观点，在总量上取之有度，兼顾需要与可能，把长远利益和现实利益结合起来，不能竭泽而渔。在编制税收计划时，要保证国家财政收入的稳定增长，要使税收计划同国民生产总值和国民收入保持相对稳定的比例关系。同时，还要为调节经济服务，发挥税收调节经济的职能作用。

2. 从实际出发的原则。从实际出发，从我国国情出发，深入实际，认真分析，做好经济税源的调查研究工作，既要充分考虑增产因素、税源潜力以及征管措施的有利影响，也要考虑各种减收因素。要全面细致地分析市场经济的各种因素，对编制计划的各项指数应反复计算、反复分析，实事求是地确定经济指数，使税收计划具有客观性、科学性、预见性，尽可能符合客观实际。

3. 积极可行的原则。税收计划是各级税务机关和广大税务干部一定时期的工作目标，应当是积极的、经过努力能够实现的。如果税收计划指标定得偏低，就会失去计划的积极推动作用，影响国家预算的安排和平衡，不能充分调动税务干部的工作积极性、主动性，容易出现"留后手"、减免税和欠税大量增加的问题；反之，计划指标定得过高，难以完成，会挫伤税务人员的积极性，超过经济税源的承受能力，难免出现"寅吃卯粮"的现象，侵害税基，影响经济发展的后劲。

⚠【探讨】

在实际工作中，有时会出现执法与执行税收计划的冲突，如认真执法就难以完成计划任务，或者完成任务就难以做到严格执法，为什么？

（二）税收计划指标编制的基本方法

1. 年度税收计划指标编制的计算方法。

（1）间接计算法，也称为"基数加系数"方法，是以上期实现的税收收入为基数，参照经济税源调查预测资料和历年收入变化规律，结合计划年度内影响税收变化的主客观因素来计算计划指标的方法。其计算公式为：

$$计划税额 = 基期实际税额 \times (1 + 预计增长率)$$

其中，"预计增长率"是指计划期税额比基期增长的百分比。"预计增长率"可以通过研究一定范围内税收增长与相关的工业总产值、社会商品零售额、财政收入增长之间的比例关系，探索它们之间的变动趋势和规律，来估算推测计划税额。

◈【案例 9 – 1】

某县上期工业总产值增长 10%，税额增长 12%，幅差为 2%。已知本期工业总产值预计增长 12%，那么本期税额推算增长幅度为 14%。如果上期增值税税额为 100 000 000 万元，则：

$$计划税额 = 100\,000\,000 \times (1 + 14\%) = 114\,000\,000（万元）$$

（2）税收负担率法，是通过测算合理的税收负担率，然后与预测的计划期流转额（产值或 GDP）相乘，来估算计划税额。其计算公式为：

$$计划税额 = 计划期预测流转额（产值或 GDP）\times 税收平均负担率$$

其中，税收平均负担率是税额占流转额的比重，可以计算 5 年滚动的平均负担率。

【思考 9 – 3】

编制税收计划的"税收负担率法"与"基数加系数法"有何区别？

2. 季度执行计划的编制。季度执行计划是年度计划的具体安排，是完成年度计划的重要保证。季度计划由市、县税务机关根据年度计划编制下达执行，基层税务机关要按照市、县税务机关年度、季度计划的要求，编制短期收入计划，并进一步分配落实。

（三）税收计划的调整

税收计划经过批准下达执行后，就要认真组织实施，保证完成。如果随意调整变动，就会影响国家预算收支的平衡，破坏计划的严肃性和相对稳定性。因此，计划确定以后，不得任意变更。

当计划执行过程中出现事先难以预计的特殊情况以至需要调整年度税收计划时，基层税务机关应向上级税务机关提出调整意见，说明调整的理由和依据，由上级税务机关根据国家预算调整情况决定是否调整。

出现下列情况之一的可以考虑调整年度计划或者剔除下列因素进行考核：

（1）党和国家重大经济政策、税法及征管措施颁布或改变；（2）遇到严重的自然灾害；（3）行政区划变更。

季度执行计划一般不作调整，在执行中如果遇到上述重大变化，应及时向上级报告，并在税收计划执行检查分析报告中加以说明。

二、税收计划执行情况的检查分析

（一）税收计划执行情况检查分析的作用

税收计划执行检查与分析，是税收计划管理的重要环节。税收计划执行情况检查分析的主要作用表现在：一是有利于及时总结经验，揭露矛盾，挖掘潜力，反馈信息；二是通过发现问题，找出形成差异的主客观原因，就可以检验和评价计划编制过程中经济税源调查、税收预测、计划指标的测算等工作是否科学合理；三是对税源控管的薄弱环节和明显与经济发展不相适应的征管办法加以正确引导和改善，及时纠正执行政策过程中的偏差，这样就可以全面均衡地完成税收计划。

（二）税收计划执行情况检查分析的内容

1. 税收计划指标分解落实情况。
2. 税收计划的完成情况。
3. 各项重大财经政策的出台对税收计划完成的影响。
4. 重点税源变化对税收计划完成情况的影响。
5. 税收征管质量及改革措施对税收计划完成的影响。
6. 税收计划编制和执行中的问题及经验教训。

（三）税收计划执行情况检查分析的方法

1. 定性分析。定性分析也叫非数量分析，是税收计划检查与分析的基本的、常用的方法之一。它是在缺乏完备、准确的调查资料的情况下，由熟悉业务、经验丰富的计划人员及其主管领导，根据以往积累的经验，对计划执行情况进行个别或集体的分析判断。在实际工作中，定性分析通常与定量分析结合在一起运用，相互补充。因为即使在具有完备历史资料的情况下，尽管可以运用定量分析方法，但对于计划期间的各种外部条件变化，如国家税收政策、制度的变化，企业市场环境的改变等，定量分析无法考虑，而定性分析在这方面可以弥补定量分析方法的缺陷，使检查分析的结果符合实际。

2. 定量分析。定量分析是指运用现代数学方法对各种数据资料进行加工整理，以揭示各有关变量之间的规律性联系。定量分析方法主要有比较分析法、百分率分析法、因素分析法、指数分析法、相关分析法、回归分析法、投入产出分析法、经济计量分析法等，这里只介绍两种常用的方法。

（1）百分率分析法。百分率分析法是以一定时期实际完成数与同期计划数相比来计算计划完成程度的一种分析方法。其计算公式为：

$$计划完成程度 = \frac{一定时期实际完成数}{一定时期计划数} \times 100\%$$

百分率分析法既可以用于税收总收入计划完成程度的分析，也可以用于各个税种的计算分析；既可以就全年情况进行分析，也可以分季或分月进行计算分析。

⚠【案例 9 - 2】

某县 2020 年增值税年度计划为 30 000 万元，2020 年 1 ~ 9 月完成计划的 70%，10 ~ 12 月完成了 3 000 万元，计算 2020 年计划完成程度：

$$计划完成程度 = \frac{30\,000 \times 70\% + 3\,000}{30\,000} \times 100\%$$

$$= \frac{21\,000 + 3\,000}{30\,000} \times 100\%$$

$$= 80\%$$

计划完成程度是 80%，计划完成得非常不好。

（2）对比分析法。对比分析法也叫比较分析法，它是将两个或两个以上有关的数字进行对比，以反映其差异的一种分析方法。对比分析法在实际工作中的应用比较广泛。

采用对比分析法时，可以将一定时期税收收入实际完成数与计划数相比较，找出实际与计划的差异，反映计划执行情况，说明计划完成程度；可以与上期比较或与以前各期比较，反映收入增减的趋势。在运用对比分析法时，要考虑指标的可比性，指标的口径、单位、时间不同的不能进行对比分析。

第三节　税收会计管理

税收会计，是一门特种会计，属于预算会计范畴。它是税务机关核算和控制税款申报、征收、解缴、入库、提退等过程及其成果的一种专业会计。它是以货币为计量单位，以合法的凭证为依据，通过设置会计账簿，运用复式记账的原理编制记账凭证，并据以记账、结账和编制会计报表等方法，对税收资金运动过程进行全面、连续、系统的核算和监督的一种专业会计。

一、税收会计核算的基本内容

（一）税收会计的特点

1. 核算目的的特殊性。税收收入的取得，既不需要直接偿还，也不需要向交税者付出任何报酬和费用，税务机关也无权支配和使用税金。因此，税收会计不存在成本和盈亏核算，也不存在余、超核算。税收会计核算的主要目的是反映和监督税收资金的直线运动过程，防止发生税收流失。

2. 总分类科目的制约性与明细分类科目的复杂性。由于税金是国家预算的主要组成部分，税收会计与国家总预算会计在核算口径上应该保持协调一致，所以税收会计在设置和运用会计科目时，要受到国家预算会计的影响和制约。如税收会计中"入库工商税收"等科目就必须与国家总预算会计的"工商税收收入"等科目保持一致。

3. 税收会计凭证的特殊性和传递手续的复杂性。税收会计的某些凭证是一种可以无偿收取货币资金的凭证，税收会计凭证填用后，具有作为纳税人完税证明的特殊性质，与其他专业会计凭证不同。同时，在税款征解入库的过程中，还涉及银行、国库等金融机构，因此，税收会计凭证不但要在税务机关内部传递，还要在外部传递。

4. 会计核算与统计核算的相关性。税收会计核算过程，一方面是税款的征收、解缴的核算及监督过程；另一方面是税额、税源统计资料整理、汇总和积累的过程。税收会计的某些主要原始凭证，既是会计凭证又是税务统计的资料来源。

5. 记账基础的双重性。税收会计将权责发生制和收付实现制合并使用。应征税金、欠缴税金以及征前减免税金按权责发生制处理，其他情况按收付实现制处理。

（二）税收会计凭证

税收会计凭证是记录税收业务发生情况、明确经济责任、具有法律效力并据以登记账簿的书面证明文件。

1. 原始凭证。税收会计原始凭证是记录税收业务发生的最初书面证明，它是进行会计核算的原始资料，是填制记账凭证和登记明细账的依据。各类凭证的具体内容如下：

（1）应征凭证。包括各种纳税申报表、代扣代收税款报告、预缴税款通知单和各种临时征收凭证等。

（2）减免凭证。包括减免税申报表等。

（3）征解凭证。包括各种缴款书存根联与报查联，汇总缴款书收据联与报查联，完税证和罚款收据存根联等。

（4）入库凭证。包括各种缴款书回执联、汇总缴款书回执联、预算收入日报表、更正通知书等。

（5）提退凭证。包括自收小额退款凭证报查联、收入退还书报查联与回执联。

（6）其他凭证。这是指除以上各种凭证外，可以证明税收业务发生或完成的其他各种凭证。主要有纳税保证金收据、发票保证金收据、票款损失报告单、票款损失处理批准文件、核准延期纳税通知书、催缴税款通知书等。

2. 记账凭证。税收会计记账凭证是根据审核无误的原始凭证或原始凭证汇总单加以归类整理编制，确定会计分录作为登记会计总账及其明细账的依据。

（三）税收会计科目

税收会计科目是对税收会计对象的具体内容，按照税收资金运动过程和税务管理的需要，进行科学分类的项目。它是账户的名称，也是设置账簿、组织会计核算的依据。一般分为来源类科目和占用类科目两大类。

根据现行税收制度和税收管理的需要，以及国家预算收入科目和国家金库制度，税收会计科目按核算单位的业务情况综合设置如表 9-1 所示。

表 9-1　　　　　　　　税收会计科目

顺序号	编号	总账科目	明细科目
		来源类科目	
1	101	应征税收	按税种设二级明细、按企业登记注册类型设三级明细
2	109	应征其他收入	按收入种类、企业登记注册类型设
3	121	多缴税金	
4	191	暂收款	按纳税人设置二级明细，按税务代保管资金内容设三级明细
		占用类科目	
5		待征税收	按户、按税种和属性设
6		待征其他收入	按户、按收入种类和属性设
7	211	减免税金	按税种和其他收入种类设、按减免性质设
8	221	上解税收	按税种设
9	229	上解其他收入	按收入种类设
10	231	待解税金	
11	241	在途税金	按税收和其他收入大类设
12	251	入库税收	按预算收入科目有关类、款、项和级次设
13	259	入库其他收入	按收入种类和级次设
14	261	提退税金	按税种和其他收入种类设、按提退性质设
15	279	待处理损失税金	按税种和其他收入种类设
16	281	损失税金核销	按税种和其他收入种类设
17	291	保管款	设银行存款和现金两个明细

会计科目核算内容和使用方法如下。

1. "应征税收""应征其他收入"科目核算纳税人发生纳税义务后税务机关应征的税金。包括：（1）纳税人和扣缴义务人及代征代售单位（人）向税务机关申报、预缴或由税务机关直接核定的应纳税金；（2）按定期定额方式征收的应纳税金；（3）不需缴纳，但须向税务机关申报的已发生的征前减免税金；（4）查补的各种税金、滞纳金和罚款；（5）税务机关征收的临时性零散税金等。当增值税纳税申报进项税额大于销项税额，应征税金为零时，不做账务处理，但以留抵税额抵顶欠税时，应做账务处理。

本类科目"贷方"记实际发生的应征税金数和申报无误缴款有误的应退多缴税金数，"借方"记应退还的多缴税金数和抵减应征税金数。平时余额在"贷方"，表示累计实现的应征税金总量。年终与"上解"类科目，"入库"类科目、"减免税金""提退税金"和"损失税金核销"科目的"借方"余额进行对冲，冲账后的余额与"多缴税金"科目余额之和，表示年终欠缴税金、在途税金、待解税金、待处理损失税金和待清理呆账税金的来源合计数。年终余额应结转下年度继续处理。

2. "多缴税金"科目是"应征"类科目的抵减科目，核算应退还纳税人、扣缴义务人及代征代售单位（人）的多缴税金。包括：（1）纳税人、扣缴义务人及代征代售单位（人）自行申报或申请并经税务机关核定应退的多缴税金；（2）税务机关、审计机关和财政监督机关在税务检查中发现的多缴税金；（3）税务机关在行政复议中确定的多缴税金；（4）法院在审理税务案件中判定的多缴税金。本科目不核算减免退税、出口退税。

本科目"贷方"记多缴税金发生数，"借方"记实际抵缴或退还的多缴税金数。余额在"贷方"，表示未抵缴或未退还的多缴税金数。年终余额应结转下年度继续处理。

3. "暂收款"科目核算按照规定向纳税人收取的预缴纳税保证金、发票保证金、纳税担保金、税收保全款和拍卖变卖款。

本科目"贷方"记实际收到的各类资金金额，"借方"记各类资金的支出或退还金额。余额在"贷方"，表示暂收款未处理数。年终余额应结转下年度继续处理。

4. "待征税收""待征其他收入"科目核算应征而未征的税金。本类科目"借方"记所有应征税金发生数和申报无误缴款有误的应退多缴税金数及呆账税金收回数，"贷方"记实征税款数和征前减免税金数、实际抵缴的多缴税金数和各种抵减待征税金数以及结转到"待处理损失税金"科目的欠税数。余额在"借方"，表示实际欠缴数。年终余额应结转下年度继续处理。

5. "减免税金"科目核算实际发生的减免税金。已批准但未发生的减免税金不核算；出口退税不作为减免税金核算；非生产、经营性单位（个人）的征前免征税金不核算；纳税人解散、破产、撤销，经过法定清算仍未收回而依法注销的欠税和按国家规定经批准依法注销的欠税不在本科目核算。

本科目"借方"记实际发生的各种减免税金数，"贷方"平时无发生额。平时余额在"借方"，表示累计减免税金数。年终按税收和其他收入分类，与相应的"应征"类科目的"贷方"余额结转冲销后无余额。

6. "上解税收""上解其他收入"科目核算纳税人、扣缴义务人、代征代售单位（人）直接缴入和税务机关自行征收后汇总缴入银行的税金。

本科目"借方"记已经缴入银行的税金,"贷方"记接到入库单位提退清单的退库税金数。平时余额在"借方",表示扣除退库数后的累计净上解税金数。年终与相应的"应征"类科目的"贷方"余额进行冲销后无余额。

7. "待解税金"科目核算扣缴义务人、代征代售单位(人)和税务征收人员向会计结报的税款现金或存款。小额退税和损失税款追回及赔偿一律经过本科目进行核算,即小额退税必须由税收会计办理,从库存税款现金中退付;损失税款追回及赔偿也都必须交税收会计,由税收会计汇总缴库。

本科目"借方"记税款现金和存款增加数,"贷方"记减少数。余额在"借方",表示税款现金和存款实有数。年终余额应结转下年度继续处理。

8. "在途税金"科目核算已经缴入银行但尚未到达国库的税金。本科目"借方"记缴入银行的税款数,"贷方"记已到达国库的税款数。平时余额在"借方",表示在途税金实有数,如果出现"贷方"余额,则表示已入库但尚未收到缴款书报查联或上解凭证汇总单和待解凭证汇总单等征解凭证的税款数。年终决算前,在年度清理期内,应将其余额处理完毕,决算一般无余额,如有余额应结转下年度继续处理。

9. "入库税收""入库其他收入"科目核算已入库的税金。本类科目"借方"记已入库的税金数,"贷方"记从国库办理的提退税金数。平时余额在"借方"表示累计入库数。年终与相应的"应征"类科目的"贷方"余额冲销后无余额。

10. "提退税金"科目核算在自收税款中支付的小额退税和通过退库方式提退的各项税金。包括:(1)汇算清缴和申报结算的多缴税款退税(含税收政策调整结算退税);(2)出口退税;(3)因误收、误缴而多缴税款的小额退税和退库退税;(4)减免退税。

本科目"借方"记实际退库和小额退税数,"贷方"记退库减免结转到"减免税金"科目数和多缴税款退税冲转"多缴税金"科目数。平时余额在"借方",表示累计出口退税数和其他退税数。年终按税收和其他收入分类,与相应的"应征"类科目"贷方"余额结转冲销后无余额。

11. "待处理损失税金"科目核算税款征收后,由于各种原因造成损失,需要上报审批等待处理的损失税金。

本科目"借方"记上报审批等待处理的损失税金数,"贷方"记经批准予以核销或追回的损失税金及责任人赔偿的税金数。余额在"借方",表示尚未处理的损失税金数。年终余额应结转下年度继续处理。

12. "损失税金核销"科目核算按规定审批权限报经批准同意核销的损失税金和纳税人发生解散、破产、撤销经法定清算仍未收回而依法注销的欠税及按国家规定经批准依法注销的欠税。

本科目"借方"记损失税金批准核销和欠税依法注销数,"贷方"平时无发生额。平时余额在"借方",表示累计批准税款核销数和依法注销欠税数。年终按税收和其他收入分类,与相应的"应征"类科目"贷方"余额结转冲销后无余额。

13. "保管款"科目核算存放在税务机关或金融单位的纳税保证金、发票保证金、纳税担保金、税收保全款和拍卖变卖款现金及存款。

本科目"借方"记保管款现金和存款增加数，"贷方"记减少数。余额在"借方"，表示保管款现金和存款实有数。年终余额应结转下年度继续处理。

（四）税收会计账簿

会计账簿是以会计凭证为依据，按照会计科目，运用会计账户形式，全面、系统和连续地记录税收资金活动情况的簿籍。它是编制会计报表的主要依据。

税收会计设置以下四种账簿：

1. 总分类账，又称总账，是按总账科目设置，考核税金活动总括情况、平衡账务控制和核对各明细账的簿籍。

2. 明细分类账，又称明细账，是按明细科目设置，具体核算总账科目有关明细项目的簿籍。

3. 日记账，是按照税收业务发生时间的先后顺序逐笔进行登记的簿籍。

4. 辅助账，又称备查账簿，是对在总账、明细账和日记账中未能记载的事项或记载不够详细的税收业务进行补充登记的簿籍。

二、税收会计核算程序

会计核算程序，是指在会计核算中，以账簿体系为核心，以会计科目和记账方法为主线，把会计凭证、会计账簿、会计报表和核算手段有机结合起来的一种工作组织方式。按照登记总分类账的依据不同，税收会计核算程序可分为记账凭证核算程序和科目汇总表核算程序。

（一）记账凭证核算程序

记账凭证核算程序的主要特点是根据记账凭证直接登记总账。其优点是，总账能够比较详细地反映各项税收业务的发生情况，总账账户对应关系比较清晰、明了，便于看账、用账和查账；其缺点是，登记总账的工作量较大。它一般适用于规模较小、税收业务较少的单位。

（二）科目汇总表核算程序

科目汇总表核算程序的主要特点是定期将汇总期内的记账凭证按总账科目的"借方""贷方"分别加以汇总，编制科目汇总表，然后根据科目汇总表登记总账。其优点是，通过科目汇总表登记总账，大大减少了登记总账的工作量，并且可以利用科目汇总表进行试算平衡，便于检查记账凭证填制的正确性；其缺点是，科目汇总表不能直接反映账户的对应关系，不便于用账和查账。这种核算程序适用于税收业务较多的单位。

⚠️【提示】

在实际工作中，究竟采用哪种核算程序，由会计主体单位（如区县税务局和税务所）自行决定。但在一个会计年度内只能采用一种核算程序，不允许两种核算程序交叉使用。

三、税收会计报表

税收会计报表是用特定的表式，以会计账簿资料为主要依据，以货币为计量单位，通过一系列的税收指标，集中反映会计报告期内税收资金运动情况的书面报告。

税收会计报表是反映税金运动情况、为各级领导和有关部门提供信息资料的工具。由于信息使用者对资料的要求不同，因而报表的种类、指标及其组成也有所不同。现行税收会统报表制度规定的税收会计报表共有 12 种，包括税收资金平衡表、应征税金、待征税金、减免税金、提退税金、入库税金明细表等。

第四节 税务统计管理

税务统计，是税务机关根据国家税收政策和税收计划管理要求，按照统一的制度和专门的方法，对税收、税源以及税政等税收情况所进行的统计工作。它是税务机关对税收分配活动所进行的一项专业统计，属于社会经济统计的范畴。

一、税务统计的对象、特点和作用

（一）税务统计的对象

税务统计可以分为税收统计、税源统计和税政统计三部分。

税收统计根据税收收入数字进行分类、汇总和整理，用于反映分税种、分地区、分时期、分预算级次、分经济类型税收解缴入库的情况。

税源统计根据各种税款征收凭证、原始申报记录进行汇总和整理，用于反映各种经济类型的税源发展变化情况。

税政统计根据税务机关内部管理部门的各种历史资料与原始资料进行分类和整理，用于反映税务机构设置、人员编制、干部配备以及税收政策变化等情况。

（二）税务统计的特点

税收是国家参与社会产品分配的一种特殊形式，它与国民经济各部门有着广泛、密切的联系。税务统计以税收及其分配活动现象的数量及数量关系为研究对象，除了具有社会经济统计的数量性、社会性、多样性等一般特征外，还具有广泛性和综合性的特点。

1. 广泛性。税务统计的广泛性是指税务统计广泛地涉及国家经济生活的各个领域。社会经济统计中的其他专业统计一般只涉及本部门或本类经济现象的数量关系的研究，而不涉及其他部门，税务统计则广泛涉及各部门、各行业、各种经济性质、各个领域。

2. 综合性。税务统计的综合性是指税务统计具有综合反映性，能够全面综合地反映国民经济各行各业的发展变化过程及其规律，反映国家财政经济政策及税收政策的实施效果。税务统计这种综合反映性，使得税务统计资料成为国家经济管理部门研究经济问题的重要资料，甚至成为各部门进行经济决策的重要依据。

（三）税务统计的作用

税务统计是税务机关的一项日常管理工作，是科学管理税收工作的重要手段。税务统计的作用可以概括为两个方面。

1. 为税务机关加强内部管理工作提供客观依据。首先，税务统计可以提高税源管理的有效性。税务统计为税源调查和预测提供了有效的方法，使经济税源调查得到的税源结构、分布、增减变化等情况条理化、数量化，形成有应用价值的数据资料，使税源调查工作取得良好效果。其次，税务统计为税收征管工作指明方向。税务统计可以把已经实施的征管工作情况及时反馈给主管领导，便于领导掌握征管的具体情况；通过税务统计资料分析，可以发现和掌握税收征管工作的规律，指导税收征管工作采用新手段、新方法，不断提高征管质量，使征管工作向深度和广度发展。最后，税收统计是考核税收工作的重要依据。税收计划的执行情况以及其他工作的完成情况，都可以通过税收统计分析反映出来，因此，统计资料可以作为税务人员考核的依据。

2. 为国家有关部门进行宏观决策提供参考资料。税务统计具有广泛性和综合性的特点，是税收政策实施效果的综合反映，因此，能有效地为国家制定和修改财政经济政策服务，为税制改革研究服务。例如，通过对各部门、各行业、各经济类型的统计资料的整理、汇总、分析，可以研究各经济部门的发展动向、规律和预测全面的发展趋势，为制定宏观经济政策提供有价值的资料；对经济税源总量及结构的增长变化以及实际税收收入进行统计，可以反映税收参与国民收入分配的结果，从而为制定财税政策、正确处理各种利益分配关系提供参考资料；税务统计还可以反映不同纳税人税收负担的现状及发展趋势，反映社会经济体制改革及宏观经济政策的效果，从而为改革和完善税收制度提供可行的实际资料。

二、税务统计资料分析

（一）税务统计资料的整理

统计资料的整理是指按照一定要求把搜集到的各种统计资料进行科学的分组

归类，使之系统化，成为反映各特定内容的综合性资料的过程。统计资料的整理和加工，是进行统计分析的基础。

整理统计资料、确定分组内容时，要兼顾统计资料的可比性和实用性。如果出现与前期资料分组口径不同，则必须在当期整理的统计资料中逐项加以说明，以免在使用资料时发生差错。

统计资料的分组整理方法主要有：（1）按税种分组。观察各种税收的发展变化情况。（2）按地区分组。观察各地区税收的发展变化情况及各个地区占全国税收的比重情况。（3）按企业类型分组。观察来自不同企业类型的税收比重情况。（4）按时期分组。观察各个不同时期税收的发展变化情况及占全年税收的比重情况。（5）按城乡分组。观察来自城市、县镇、乡村的税收比重及其变化规律。（6）按行业分组。观察来自制造业、批发和零售贸易业、交通运输业及其他国民经济行业的税收变化情况。（7）按重点项目、税目或重点产品分组。观察比重较大的项目、税目和产品的税源、税收收入变化情况及其对该税种的影响程度。

（二）税务统计资料的分析

税务统计分析，是税务机关运用税务统计资料对经济税源、税收、税政情况进行的概括、评价、预测。通过分析，可以发现问题，揭露规律性的东西，肯定成绩，查找原因，指明方向，为各级领导进行决策提供有价值的资料，以便更好地做好税收工作。

税务统计分析的目的是，在详细占有资料的基础上，运用统计方法，对经过统计整理所得到的统计资料进行科学分析和综合研究，以揭露税收现象的本质和规律。

税务统计分析的内容非常广泛，包括对经济税源及税收规模、结构变化趋势、税收与经济的关系变化及税政情况等各方面的分析。具体有税负分析、税源分析、税收弹性分析以及税收关联分析等。

税务统计分析的方法，既侧重于数量分析，也开始重视质量分析。在税务统计分析工作中，广泛应用着各种综合指标分析法。具体包括平均数、相对数、指数、动态数列、相关分析法等，以综合地反映税收现象的规模、水平、比例关系、发展速度等。

三、税务统计报表

税务统计报表是按照统计学的一般原理，采用一定的表格形式，反映税收活动内容的一种专业报表。

（一）税务统计报表的种类

税务统计报表的种类，按照统计范围和内容划分，可以分为税收统计报表、税源统计报表和税政统计报表；按照编制方式划分，可分为原始统计报表（即直接依据原始凭证或统计台账产生的报表）和汇总统计报表（即依据各下属单位报送的统计报表汇总编制的报表）；按照报送的时间划分，可以分为旬报、月报、季报和年报；按照报送方式划分，可以分为纸质报表和电子报表。

（二）税务统计报表的填报依据

1. 各原始统计报表应根据原始凭证或统计台账以及统计汇总单计算填列。税收原始凭证主要有各种纳税申报表、有关企业财务报表、各种税收缴款书、税收完税证以及有关征管资料。

统计台账是基层税务机关根据统计报表的要求设置的，用以记录、整理和汇集统计资料并据以产生统计报表的一种账册。它一般按报表种类设置账页，按报表项目设置栏目，根据统计原始凭证或凭证汇总单按时间顺序和不同栏目分别登记，并按照统一规定的结账期结出各栏目累计数，可直接填列或计算填列原始统计报表。

2. 各汇总统计报表可根据其下属单位编报的同类统计报表的同类项目数据汇总填列。

⚠【提示】

税务统计报表制表后要认真审核，审核的主要方法有：一是目测，检查报表项目是否填列齐全、是否漏项、指标数字有无明显差错；二是政策性审核，重点审核报表中各项数据的政策性以及各税种收入在项目填列、企业类型划分、行业归类等指标上的准确性；三是技术性审核，主要根据报表之间、指标之间的关系进行计算，审核报表之间的数字是否相符、项目散总之间是否衔接；四是逻辑性审核，主要根据报表指标本身的特点及内在规律进行综合审核和推理，审核各数据是否符合正常规律和客观工作实际。

复习思考题

1. 为什么要搞好税收经济分析？
2. 税收经济分析的种类有哪几种？
3. 税收计划执行检查分析的主要内容有哪些？
4. 税收会计有哪些特点？
5. 税务统计报表怎样进行分类？

第十章 税务稽查

税务稽查是税务机关检查和纠正纳税人办税过程中出现的错误，减少税收流失，制裁税收违法行为的重要措施。本章主要介绍税务稽查的概念、意义、权限范围、基本方法，以及税务稽查对象的确定、税务稽查的实施、税务稽查的审理、税务稽查处理决定的执行、税务稽查案卷管理等。

第一节 税务稽查概述

一、税务稽查的概念

税务稽查是税务机关依据国家税收政策、法规和财务会计制度的规定，对纳税人或者扣缴义务人履行纳税义务或扣缴义务的情况进行监督检查的一种管理活动。

税务稽查的内涵可以从以下四个方面来理解：

1. 税务稽查的主体是税务机关。《税收征收管理法》第十四条规定，税务机关是指各级税务局、税务分局、税务所和国务院规定设立的并向社会公告的税务机构。《税收征收管理法实施细则》第九条规定，《税收征收管理法》第十四条所称按照国务院规定设立的并向社会公告的税务机构，是指省级以下税务局的稽查局。

2. 税务稽查的客体是纳税人履行纳税义务的情况和扣缴义务人履行扣缴义务的情况。

3. 税务稽查的依据是税法和财务会计制度。它是税务机关实施检查、审理定性和做出结论的准绳。

4. 税务稽查的目的是保障税收收入，促进依法治税，保证税法的贯彻实施。

⚠【探讨】税务检查与税务稽查的区别和联系

税务检查的主体包括所有的税收业务部门，而税务稽查的主体只限于稽查局，两者之间既有区别又有联系。两者之间的区别有四个方面：一是案件来源不同。税务稽查的案件来源主要有纳税评估部门发现疑点转来的案件、举报案件、上级或其他有关机关移交或转交来的案件。征管部门的案件来源主要有在税收征管的各个环节中对纳税人情况的审查。二是检查的对象、性质、目的不同。稽查的主要对象是偷、逃、抗、骗税案件，是专业性的税务检查，主要目的是查处税收违法案件。征管部门的检查对象主要是在税收征管活动中有特定义务或需要，或者在某一环节出现问题的纳税人、扣缴义务人，即具有调查和审查的性质，目的是为了加强征管，维护正常的征管秩序，及时发现和防止税务违法案件的发生。三是检查的方式、程序和手段不同。税务稽查有严格的稽查程序，坚持严格的专业化分工，各环节相互制约。征管部门的检查，方式灵活多样，程序不一定严格按照选案、检查、审理、执行四个步骤执行，只要是合法、有效的税收执法就可以。四是检查的时间不同。税务稽查往往侧重于检查以前年度的情况，征管部门的检查则侧重于当年的情况。两者之间的联系有三个方面：一是两者是互相补充、互相支持的关系；二是征管部门的检查为税务稽查提供案源；三是稽查部门通过稽查发现的问题，反馈给征管部门，并确定征管部门税务检查重点，以提高征管质量。[①]

二、税务稽查的意义

（一）税务稽查有利于正确贯彻税收法规

在现代社会中，税收是财政收入的主要来源，是国家财政收入的主体。税收任务完成状况如何直接影响国家财政收支的平衡。从税收征管工作实际情况来看，税款流失情况还相当严重。有关国际权威机构曾做过调查，调查结果表明，征管效率比较高的国家，税款流失大约占年税收收入的10%以下；征管效率一般的国家，税款流失占年税收收入的10%～20%；征管效率比较低的国家，税款流失占年税收收入的20%～40%。另据税收专家推测，地下经济的税收绝大部分已流失。税收工作实践证明，税务稽查是防止税款流失的最后一道屏障，也是防止税款流失、将损失降到最低限度的最有效的办法。只有把住这一关，才能保障财政收入。

（二）税务稽查有利于贯彻税收公平原则

公平税负是税收制度建立的重要原则之一。市场经济是竞争的经济。要竞争就必须要有公平竞争的外部环境，而公平税负是公平竞争的重要条件。税收公平，要求税法公平，税收征管公平，也要求纳税人履行纳税义务方面公平。如果一部分纳税人认真遵守税法，及时、足额地缴纳税款，而另一部分纳税人不按税法规定履行纳税义务，偷税、欠税、逃税、骗税，就必然导致纳税人之间的税负不公平，从而不利于纳税人在市场经济条件下开展公平竞争。因此，通过税务稽

---

① 国家税务总局征收管理司编：《新税收征收管理法及其实施细则释义》，中国税务出版社2002年版。

查，对违法者追缴税款、滞纳金，并视其情节轻重给予一定处罚，有利于实现公平税负政策，促进纳税人之间的公平竞争。

（三）税务稽查有利于促进企业改善生产经营管理，提高经济效益

税务稽查是对纳税人、扣缴义务人的纳税情况或扣缴税款情况的事后检查，它涉及纳税人或扣缴义务人生产经营管理的各个方面。凡是企业在履行纳税义务和缴纳税款义务方面存在的问题，都与企业的经营管理、财务管理、会计核算以及贯彻执行规章制度等问题密切相关。通过税务稽查，可以了解情况，揭露矛盾，考察企业的生产经营管理和会计核算水平。对先进的管理方法和核算方法，要帮助总结经验加以推广，对存在的问题和管理中的薄弱环节，要提出改进意见，帮助企业制定措施，建立和健全财务管理制度，督促企业改善经营管理，加强经济核算，提高经济效益。

（四）税务稽查有利于密切征纳关系，提高税收征管水平

纳税人和扣缴义务人在履行纳税义务或扣缴义务的过程中发生的错误，除了纳税人的主观原因外，有些是与税务机关税收征管制度或征管工作中存在的问题相联系的。通过税务稽查，可以发现问题，针对查出的问题进行研究，分析主客观原因，划清征纳双方的责任。属于税务机关责任的，提出改进税收征管工作的建议。税务机关可以进一步完善税收法规和税收征管制度，使税收征管工作科学化、规范化。

（五）税务稽查有利于打击涉税违法行为

通过有效的税务稽查，不仅可以及时发现和处理纳税人违反税收法规的行为，认真落实税收政策，严格执行税收制度，而且可以保护纳税人正当合法的权益。

三、税务稽查的权限范围

《税收征收管理法》第五十四条规定，税务机关的税收检查权限范围主要有以下内容。

（一）检查纳税人的账簿、记账凭证、报表和有关资料，检查扣缴义务人代扣代缴、代收代缴税款的账簿、记账凭证和有关资料

账簿、凭证、报表和有关资料，是记录和反映纳税人、扣缴义务人生产经营情况的凭据，也是税务机关检查纳税人、扣缴义务人履行纳税义务情况的依据之一。无论是纳税人，还是扣缴义务人，其经营活动一般都通过账簿、凭证和报表等有关资料反映出来。通过对账簿、凭证和报表等有关资料的检查，可以了解其业务经营活动是否合法，账务记载是否真实，核算是否正确，费用开支、成本列支是否符合

规定的范围和标准，从而监督纳税人和扣缴义务人认真遵守财务制度，严肃财经纪律。税务机关对账簿、凭证、报表和有关资料进行检查，主要目的是审查纳税人、扣缴义务人的依法纳税情况，并进行处理，从而实行法律监督。

调账检查是税务机关把被查单位的有关账簿、报表、凭证等会计资料和纳税资料调到税务稽查机关或由税务稽查机关指定的场所进行检查的一种形式。《税收征收管理法实施细则》第八十六条规定，经县以上税务局（分局）局长批准，可以将纳税人、扣缴义务人以前会计年度的账簿、记账凭证、报表和其他有关资料调回税务机关检查，但是税务机关必须向纳税人、扣缴义务人开付清单，并在 3 个月内完整退还；有特殊情况的，经设区的市、自治州以上税务局局长批准，税务机关可以将纳税人、扣缴义务人当年的账簿、记账凭证、报表和其他有关资料调回检查，但是税务机关必须在 30 日内退还。采取调账检查，可以避免税务稽查人员和被查单位进行面对面的接触，缓和税务稽查与被检查单位的冲突，减少对被检查单位生产经营活动的影响，也可以防止被检查单位随时随地了解到税务稽查的进度和发现的具体问题而拉关系、说情等干扰。另外，调账检查还有利于税务稽查人员内部交流情况，相互学习检查经验，提高检查效率，保证检查办案的质量。

（二）到纳税人的生产经营场所和货物存放地检查纳税人应纳税的商品、货物或者其他财产，检查扣缴义务人与代扣代缴、代收代缴税款有关的经营情况

对商品、产品的生产经营和货物存放地的检查，是税收检查的一个必要环节。通过实地的检查了解，可以掌握纳税人、扣缴义务人的实际生产经营情况是否与财务处理、记录以及纳税人的申报资料相符，从中掌握规律，发现问题，促进纳税人和扣缴义务人如实申报。

对商品、产品的生产经营和货物存放地的检查是查账检查的延续与补充。场地检查虽然不是直接查账，但通过实地检查，往往可以检查出查账活动中不能发现的线索，扩大查账的效果。对于不设置账簿经营的纳税人，场地检查又是完全独立的一种检查活动，因此，场地检查是税务机关对无照经营和小规模营业人经常进行的一种检查活动。

行使场地检查权时要特别注意场地与住宅合用的问题。尽管税收征管法已授予税务机关对纳税人或扣缴义务人的生产经营场所和货物存放地进行检查的权力，凡是这些地方根据需要都可以检查，但生产经营场所和货物存放地与其生活住宅合用的现象还比较多。如有的个体工商户或私营企业，其生活住宅既是生产经营场所或货物存放地，也是其生活居住的场所，我国宪法规定，公民的住宅不受侵犯，任何机关或者个人未经法律许可，不得随意强行进入或者搜查公民住宅。目前法律只允许司法机关（公安机关和检察机关）经过法律程序批准检查或搜查公民住宅，否则，就是违法的，严重的还要承担刑事责任。我国刑法规定，对非法搜查他人住宅或非法侵入他人住宅的，处 3 年以下有期徒刑或者拘役。所以，对纳税人的生活住宅与其生产经营场所和货物存放地合用的，税务机关不能

直接行使场地检查权。

（三）责成纳税人、扣缴义务人提供与纳税或者代扣代缴、代收代缴税款有关的文件、证明材料和有关资料

纳税人、扣缴义务人提供的与纳税或者代扣代缴、代收代缴税款有关的文件、证明材料和有关资料，是税务机关了解和掌握税收征管情况的直接依据。因此，必须要求提供资料者要遵照及时、准确、全面和合法的原则。通过税务稽查，曾揭露出不少假外资企业、假福利工厂、假校办工厂、假新办企业等，它们冒名顶替，以假乱真，享受着国家与此有关的税收优惠政策，使国家税收大量流失。出现这种情况的一个重要原因就是，纳税人或扣缴义务人向税务机关提供的有关证明和资料有相当部分是虚假的。责成纳税人、扣缴义务人必须提供与纳税、扣缴税款有关的真实文件、证明和资料，就以法律形式赋予了税务机关指定或要求纳税人、扣缴义务人提供与纳税、扣缴税款有关资料的行政执行权力；而纳税人、扣缴义务人则必须向税务机关提供与纳税有关的文件、证明和资料，这是纳税人、扣缴义务人的法定义务。如果纳税人、扣缴义务人不履行该义务，就要承担相应的法律责任，受到法律制裁。当然，税务机关也不能随意行使这项权力，它必须在审核批准纳税人和扣缴义务人的某些申请或对其进行税务稽查等税收征管活动时才能行使。

（四）询问纳税人、扣缴义务人与纳税或者代扣代缴、代收代缴税款有关的问题和情况

税务机关在行使这一权力时，往往是根据查账已经掌握的线索或收集到的检举揭发材料。此时，通过行使询问权，可以多方面验证事实的真伪，掌握大量账外的活动情况，从而能发现和证实问题。税务机关在行使询问权时要做好记录，必要时还要由当事人、证人写出书面材料。同时，询问时要有的放矢，事前要明确所查询的问题。

关于询问权，要注意两点：一是询问与讯问的区别。在法律上这两个术语是不同的。讯问是公安、检察机关在侦查工作中的一种专门方法，通常又称"审讯"，它是指公安、检察机关对被告人的正面审查和提问，目的是要被告人交代罪行或无罪的辩解。询问则不仅仅是公安、检察机关的取证方法，行政机关也可以采用这种方法。司法机关通常通过询问向证人收取证据，了解有关情况。税务机关常常使用这种方法开展检查工作。二是行使询问权的方法。征管法对询问是有严格限制的。税务机关或税务稽查人员只能向纳税人、扣缴义务人询问与纳税或者代扣代缴有关的问题和情况。在其单位或者在其住所进行，但必须出示税务稽查证件。在必要的时候也可以通知纳税人或扣缴义务人到税务机关来接受询问。询问纳税人或扣缴义务人时应告知其应提供真实情况和有意提供假情况的法律责任。税务人员在询问中必须做好笔录，做好的笔录应交由纳税人或扣缴义务人核对，如有记录错误，也可以补充或改正，经核对无误后，应让其签名盖章，

笔录人也应签名盖章。

（五）到车站、码头、机场、邮政企业及其分支机构检查纳税人托运、邮寄应纳税商品、货物或者其他财产的有关单据、凭证和有关资料

交通要道和邮政企业及其分支机构是商品流通与商品交易比较集中的地方，但流动性大，不易监管，因而偷、漏税比较严重。因此，税务机关经常要到这些地方检查，以堵塞税款流失的漏洞。这种检查方法目前是我国税务机关经常采用的税务稽查方法，对于查处各种偷税和漏税行为、强化源泉控管、宣传税收政策、维护经济秩序、促进经济健康发展起着重要作用。

在现代经济活动中，产品的购销渠道和经营方式有了较大变化，一是跨地区的长途购销活动越来越多；二是货物成交地点分散，时间不固定。随着交通和邮电事业的发展，经营者大量地利用邮政部门和车站、码头、机场等交通运输部门邮寄、托运货物进行经营活动。在经营方式上，有的经营者采取产销直接见面的经营方式，直接到产区向生产单位和个人收购应税产品。有的采取由产区向生产单位和个人直接与销地的使用单位和个人消费者见面的方式购销产品等。面对这种复杂、多变的情况，税务机关很难掌握税源。这种在经营方式、经营渠道、环节、时间、地点上的多样性、多变性、分散性和隐蔽性都给税收征管工作造成了困难，如果不对这些经营活动进行必要的检查，就会给偷税者以机会，难以堵塞税收漏洞，使国家税款流失。因此，在车站、码头、机场、邮政企业及其分支机构进行税务稽查，是税务机关控制税源、减少税款流失的一种必要的手段和措施。税务人员到上述场所进行检查时，应事先征得有关站、场、码头、邮政企业等单位的同意，请求其提供邮、运货者的寄运单据进行检查，发现问题的及时通知到货地，税务机关上户核查。对属于应在经营地纳税的，可通知到货地税务机关就地征税。对农民外运外销自产农副产品，没有税务管理证明的，应通知其补办手续或补税。应当注意，税务机关进行上述检查，一是只能就邮政和运输单位提供的货单进行检查和记录，不得开箱、开包检查；二是检查的重点应放在对成批量货物的检查上，对零星的货物一般不予检查。

（六）经县以上税务局（分局）局长批准，凭全国统一格式的检查存款账户许可证明，查询从事生产、经营的纳税人、扣缴义务人在银行或者其他金融机构的存款账户。税务机关在调查税收违法案件时，经设区的市、自治州以上税务局（分局）局长批准，可以查询案件涉嫌人员的储蓄存款。税务机关查询所获得的资料不得用于税收以外的用途

由于银行账户和存款涉及个人的财产与隐私，为了保护纳税人的合法权益，税收征管法对该项检查权作出了明确的规定。

目前，在经济领域中，大多数经营活动的支付与收取是通过银行往来账户实现的，也有相当一部分是现金交易，许多个体工商户、私营企业主将在经营活动中取得的收入以个人储蓄的名义存入银行。允许税务机关到银行检查纳税人的账

户和存款，主要是为了税务机关在查处偷税案件过程中及时了解纳税人、扣缴义务人往来账户的情况，掌握偷税的证据，并防止偷税人将存款转移。

为了保护银行、其他金融机构以及纳税人、扣缴义务人的合法权益，防止出现滥用权力，在赋予税务机关该项权力的同时，在手续上作了严格的规定：（1）检查须经县以上税务局（分局）局长批准；（2）银行依据全国统一格式的检查存款账户许可证明允许查询，该许可证明应由国家税务局制定；（3）税务机关在调查税收违法案件时，经设区的市、自治州以上税务局（分局）局长批准，可以查询案件涉嫌人员的储蓄存款；（4）税务机关查询所获得的资料，不得用于税收以外的用途。税务人员在行使银行账户、存款的检查权时，应当严格遵守上述规定。在具体工作中，税务机关还应当指定专人负责，在检查时应当向银行和有关金融机构提供必要的查询信息，如被查询人的姓名、住址、账号等。税务人员不得带走账户的原始资料并应当遵守银行的各项保密规定。

⚠ 【提示】 税务稽查可以采取税收保全措施或者强制执行措施

《税收征管法》第五十五条规定："税务机关对从事生产、经营的纳税人以前纳税期的纳税情况依法进行税务检查时，发现纳税人有逃避纳税义务行为，并有明显的转移、隐匿其应纳税的商品、货物以及其他财产或者应纳税的收入的迹象的，可以按照本法规定的批准权限采取税收保全措施或者强制执行措施。"[1] 税务机关在对从事生产、经营的纳税人以前年度的纳税情况进行检查时，经常发现纳税人有逃避纳税义务的行为，待税务机关查清后，纳税人已经预先将财产转移、隐匿，使税务机关无法追缴税款。如果不赋予税务机关这项权力，将对税务机关查处税收违法行为、追缴偷漏税款非常不利。

四、税务稽查的基本方法

税务稽查的方法是实现税务稽查目的、完成税务稽查任务的重要手段。在税务稽查中，采用何种方法，应根据检查的目的和要求以及被查单位的生产经营特点、财务管理水平和会计核算水平的具体情况而定。税务稽查的方法很多，在这里仅介绍常用的主要方法。

（一）顺查法

顺查法又称正查法，它是按照会计核算程序依次进行核对的检查方法，通常与详查法一起使用。顺查法又可分为三种情况：一是按财务会计处理程序进行检查，即从检查原始凭证开始，逐个核对记账凭证、明细账、总账，最后审查会计报表；二是按记账时间顺序进行检查，即从月初到月末，从年初到年末，从上一年到下一

---

① 全国人民代表大会常务委员会法制工作委员会经济法室编：《税收征收管理法释解》，中国税务出版社 2001 年版。

年；三是按会计科目的分类顺序和核算顺序进行检查。采用这种检查方法，优点是全面、系统、精确，不至遗漏问题，可以了解企业整个核算过程。缺点是工作量大，往往难以抓住问题的中心，费时费力。这种方法一般适用于那些审查范围小、凭证资料少，尤其是会计核算制度不健全、财务管理混乱、问题较多的纳税单位。

（二）逆查法

逆查法又称倒查法，它是按会计核算的相反顺序进行检查的一种方法，通常与抽查法结合使用。在这种方法下，先审阅会计报表，从中发现问题或线索，然后有针对性地核对审查账簿记录，再有重点、有目的地审查记账凭证和原始凭证，便于抓住重点，目标比较明确，省时省力，检查效果较为显著。缺点是，检查面窄，如果检查人员业务技术和分析判断力差，一些在报表上反映不了、反映不出的问题和违法记录往往检查不出来。因此，这种方法一般适用于会计核算制度和财务管理比较健全的纳税单位。

（三）详查法

详查法又称全查法，是以被查单位检查期内所有会计凭证、账簿、报表等会计资料和纳税资料进行全面、系统、细致的检查的一种检查方法。适用于经济业务比较简单，或会计核算不规范、财务管理混乱，或进行企业重组予以清算的纳税单位。采用这种方法，检查比较彻底，易于从多方面发现问题，检查结果确实可靠。但检查的内容和范围太广泛，工作量大，费时多，在实际工作中较少采用。

（四）抽查法

抽查法又称选查法，是对被查单位的会计凭证和账簿等，有针对性地抽取一部分进行检查的一种方法。适用于会计核算比较规范的纳税单位。抽查法的运用可以根据检查的目的、要求，从账表分析中出现的异常情况、被查项目在检查中的重要性或容易发生问题的可能性，选取某类会计科目、某类凭证或某项专题进行检查；也可以在整个会计延续期间确定某一段时间，对其会计核算和纳税情况进行有目的的重点检查。由于抽查的范围有限，未查部分容易漏掉问题，如果以抽样的结果推断总体的结论，会有一定的风险。因此，抽查效果的好坏，关键在于抽查对象确定的准确程度，这就要求事先有周密的安排，做到以尽可能少的工作量取得尽可能大的效果。

（五）联系查法

联系查法是根据复式记账原理，对会计凭证、账簿和报表有联系的地方相互对照检查的一种方法。它有两种形式：一是根据账内联系检查；二是根据账外联系检查。

根据会计核算原理，企业的表与表、表与账、账与账、账与证、证与证、账与实之间存在一定的逻辑勾稽关系，如果企业财会人员不按记账规则和记账程序记账，或是汇总计算错误，或有意弄虚作假，势必破坏了会计资料之间应有的逻辑关系。因此，这种方法可以用来查证纳税人是否真实地反映了生产经营情况，有无错账、漏账或违反财经纪律行为而造成少缴或不缴税款。

（六）侧面查法

侧面查法是根据平时掌握的侧面资料或根据有关人员反映的情况对企业账簿记录进行审核的一种检查方法。

（七）比较分析法

比较分析法是指适用会计核算中以货币表现的综合指标，按照同口径与本企业的历史资料、计划指标、同类企业或本企业上年同期、上年实际平均、上期相同指标，进行对比分析以捕捉检查线索的一种检查分析方法。采用这种方法，既可以采用绝对数对比，也可以采用某项指标的实绩与计划（或定额）或与同类型企业相同指标进行横向对比；还可以将有关指标如销售、成本、利润之间的相应变动程度进行对比。通过对比，从中发现异常情况，据以查明变动因素。运用对比分析法，要注意指标的可比性、对比口径的一致性，否则，比较的结果不能说明问题；还要注意，对比分析的结果只能是为检查提供线索，并不意味着经济活动的分析可以替代实际检查，更不能以对比分析的结果作为定案的依据。

（八）控制计算法

控制计算法又称逻辑审查法，是根据有关数据之间相互制约的关系，用某一可靠的或科学测定的数据来验证另一核算资料或申报资料是否正确，或以某一经济事项的核算资料来审定另一经济事项的核算资料的一种检查分析方法。在税务稽查工作中经常采用的控制计算法有：材料检查中的定额控耗、产品检查中的以耗控产，销售检查中的以产控销、以支控销，以及计算企业的偿债能力和缴税能力等。

以上介绍的仅是税务稽查的几种基本方法，它们各有所长，各有特点，而且是彼此联系、相互补充的，在实际工作中如何运用，关键在于税务稽查人员如何去审时度势，因时、因地、因事而异，灵活运用，绝不能生搬硬套，影响检查效果。

第二节 税务稽查操作规程

一、税务稽查对象的确定

（一）税务稽查对象确定的方法

1. 采用计算机选案系统进行筛选。

2. 根据纳税评估结果，将存在较严重违反税法行为的纳税人作为稽查对象。

⚠【提示】

纳税评估可以为税务稽查提供案源。纳税评估是税务机关对纳税人纳税申报情况的真实性和准确性进行评定的一项管理措施，属于税源微观分析。纳税评估工作主要由基层税务机关的税源管理部门及其税收管理员负责。在纳税评估过程中，发现纳税人有严重违法行为的，要移交税务稽查部门查处，为税务稽查提供比较准确的案源，可以提高税务稽查的质量和效率。

3. 根据公民举报、有关部门转办、上级交办、情报交换的资料确定。

各级税务机关应当建立税务违法案件举报中心，受理公民举报。举报中心设在所属税务稽查机构。公民举报税务违法案件用书面或口头均可。受理口头举报（含电话举报）应当作笔录或录音，笔录经与举报者核实无误后，由其签名、盖章或者押印，但不愿留名或者不便留名的除外。如举报者不愿公开其情况，应当为其保密，对不属于本机关管辖的问题，应当告知举报者到有权处理的机关或者单位反映，或者将举报材料转有关方面处理。

稽查局应当通过上述多种渠道获取案源信息，建立案源信息档案。案源部门对案源信息采取计算机分析、人工分析、人机结合分析等方法进行筛选，发现有税收违法嫌疑的，应当确定为待查对象。案源部门对案源信息进行识别判断，提出拟处理意见，填写《税务稽查案源审批表》，经稽查局负责人批准后处理。需要立案检查的案源，由案源部门制作《税务稽查立案审批表》，经稽查局负责人批准或者案源管理集体审议会议审议决定立案。

税务稽查对象确定后，均应当分类建立税务稽查实施台账，跟踪考核税务稽查计划执行情况。稽查局应当按照风险管理要求，对案源处理结果进行跟踪反馈和统计分析，实现案源闭环管理。

（二）税务稽查应当立案查处的情形

符合下列情形之一的，确认为需要立案检查的案源。

1. 督办、交办事项明确要求立案检查的案源。

2. 案源部门接收并确认的高风险纳税人风险信息案源，以及按照稽查任务和计划要求安排和自选的案源。

3. 举报受理部门受理的检举内容详细、线索清楚的案源。

4. 协查部门接收的协查案源信息涉及的纳税人状态正常，且存在下列情形之一的案源：委托方已开具《已证实虚开通知单》并提供相关证据的；委托方提供的证据资料能够证明协查对象存在税收违法嫌疑的；协查证实协查对象存在税收违法行为的。

5. 转办案源涉及的纳税人状态正常，且税收违法线索清晰的案源。

6. 经过调查核实（包括协查）发现纳税人存在税收违法行为的案源。

7. 其他经过识别判断后应当立案的案源。

8. 上级稽查局要求立案检查的案源。

（三）税务稽查案源的分配

案源部门对立案的案源应当合理地分配到检查部门，实施检查。

1. 稽查层级与管理对象相匹配。对纳入全国、省级和市级重点稽查对象名录库的案源，按照分级管理的原则，由国家税务总局和省、市税务局稽查局分别组织或者实施检查。

2. 执法主体与案件性质相匹配。按照案源的涉税违法数额大小、情节轻重、案情复杂程度、涉案地区多少、社会影响情况等因素，分别由国家税务总局和省、市、县税务局稽查局组织或者实施检查。

本级稽查局查处确有困难的案源，可以报请上级稽查局督办。上级机关下发的督办案源未经批准，本级稽查局不得转给下级稽查局查处。

3. 稽查力量与检查任务相匹配。案情复杂的案源可以采取"项目式管理、团队化作业"的形式组织检查。

4. 办案能力与案源特点相匹配。根据案源所属行业和税收违法类型等特点，合理搭配检查人员力量或者采取竞标等形式选派检查人员。

二、税务稽查实施

实施税务稽查应当2人以上，并出示税务稽查部门专用税务检查证和税务检查通知书。

（一）下达税务稽查通知

实施稽查前应当向纳税人发出书面稽查通知，告知其稽查时间、准备的资料、情况等，但有下列情况之一的不必事先通知：

1. 公民举报有税收违法行为的。

2. 稽查机关有根据认为纳税人有税收违法行为的。

3. 预先通知有碍稽查的。

（二）查阅相关资料

稽查人员在实施稽查前，应当调阅被检查对象的纳税档案，全面了解被检查对象的生产经营状况、财务会计制度或者财务会计处理办法，熟悉相关的税收政策，确定相应的稽查方法。

（三）稽查人员回避

稽查人员与被检查对象有下列关系之一的，应当自行回避，被检查对象也有权要求其回避：

1. 稽查人员与被检查当事人有近亲属关系的。

2. 稽查人员与被检查对象有利害关系的。

3. 稽查人员与被检查对象有其他关系可能影响公正执法的。

4. 对被检查对象认为应当回避的，稽查人员是否回避，由本级税务机关的局长审定。

（四）稽查取证

稽查取证过程应当注意以下 10 个方面问题。

1. 实施税务稽查时，可以根据需要和法定程序，采取询问、调取账簿资料和实地稽查等手段进行。询问当事人应当有专人记录，并告知当事人如果不能如实提供情况应当承担的法律责任。询问笔录应当交当事人核对，当事人没有阅读能力的，应当向当事人宣读，核对无误后，由当事人签章或者押印；当事人拒绝的，应当注明；修改过的笔录，应当由当事人在改动处签章或者押印。调取账簿及有关资料应当填写《调取账簿资料通知书》《调取账簿资料清单》，并在 3 个月内完整退还。需要跨管辖区域稽查的，可以采取函查和异地调查两种方式进行。采取函查的，应当于批准实施稽查后发出信函，请求对方税务机关调查。无论是函查还是异地调查，对方税务机关均应予以协助。

2. 税务稽查中需要证人作证的，应当事先了解证人和当事人之间的利害关系及对案情的明了程度，并告知不能如实提供情况应当承担的法律责任。证人的证言材料应当由证人用钢笔或毛笔书写，并有本人的签章或者押印；证人没有书写能力请人代写的，由代写人向本人宣读并由本人及代写人共同签章或者押印；更改证言的，应当注明更改原因，但不退还原件。收集证言时，可以笔录、录音、录像。

3. 调查取证时，需要索取与案件有关的资料原件的，可以用统一的换票证换取发票原件或用收据提取有关资料；不能取得原件的，可以照相、影印和复制，但必须注明原件的保存单位（个人）和出处，由原件保存单位和个人签注"与原件核对无误"字样，并由其签章或者押印。

4. 取证过程中，不得对当事人和证人引供、诱供和逼供，要认真鉴别证据，防止伪证和假证，必要时对关键证据可进行专门技术鉴定。任何人不得涂改或者毁弃证明原件、询问笔录以及其他证据。

5. 案件调查中发现诬告、打击报复，作伪证、假证以及干扰、阻挠调查的，应当建议有关部门依法查处。

6. 查核从事生产经营的纳税人、扣缴义务人在银行或者其他金融机构的存款账户和储蓄存款，应当按照规定填写《税务机关检查纳税人、扣缴义务人存款账户许可证明》，经县以上（含县，以下同）税务局（分局）局长批准方可进行，并为储户保密。稽查金融、军工、部队、尖端科学保密单位和跨管辖行政区域纳税人时，应当填写《税务稽查专用证明》，与税务稽查证件配套使用。其中，稽查跨管辖行政区域纳税人时，应当使用被检查对象所在地主管税务机关《税务稽查专用证明》。

7. 稽查中依法需暂停支付被检查对象存款的，应当填写《暂停支付存款通知书》，通知银行或者其他金融机构暂停支付纳税人的金额相当于应纳税款的存款；依法需查封被检查对象商品、货物或者其他财产的，验明权属后应当填写《查封（扣押）证》，并附《查封商品、货物、财产清单》，查封时，应当粘贴统一的封志，注明公历年、月、日，加盖公章；依法需扣押的，应当填写《查封（扣押）证》，并开具《扣押商品、货物、财产专用收据》。

8. 税务机关对应当解除查封、扣押措施的，要填写《解除查封（扣押）通知书》，通知纳税人持《查封商品、货物、财产清单》或者《扣押商品、货物、财产专用收据》，前来办理解除查封（扣押）手续；需解除暂停支付的，应当填写《解除暂停支付存款通知书》，通知银行或者其他办事机构解除暂停支付措施。

9. 税务稽查中发现未领取营业执照从事工程承包或者提供劳务的单位和个人，税务机关可以令其提交纳税保证金。收取纳税保证金应当开具《纳税保证金专用收据》，并专户储存。有关单位和个人在规定的期限内到税务机关结清税款的，退还其保证金；逾期未结清税款的，以其保证金抵缴税款。其保证金大于其应缴未缴税款的，应当退还其多余的保证金；不足抵缴其应缴税款的，税务机关应当追缴其应缴未缴的税款。

10. 对未经立案实施稽查的，如果稽查过程中发现已达到立案标准，应当补充立案。

（五）填写《税务稽查工作底稿》

税务稽查人员在税务稽查中应当认真填写《税务稽查工作底稿》（见表 10 - 1 和表 10 - 2）；责成纳税人、扣缴义务人提供的有关文件、证明材料和资料应当注明出处；稽查结束时，应当将稽查的结果和主要问题向被检查对象说明，核对事实，听取意见。

表 10 - 1　　　　　　　　　　　税务稽查工作底稿（一）

账簿名称	凭证序号	记账时间	对应科目	问题摘要	金额		备注
					借方	贷方	

表 10 - 2　　　　　　　　　　税务稽查工作底稿（二）

被查对象名称：　　　　　　　　　　　　　　　　　　　　共　页第　页

内容摘录：		
被查对象 （当事人） 陈述意见	（签章）	年　月　日

检查人员（签名）：　　　　　　　　　　　　　　　　　　　年　月　日

对经立案查处的案件，税务稽查完毕，稽查人员应制作《税务稽查报告》（见表 10 - 3）。

表 10 - 3　　　　　　　　　　税务稽查报告

案件编号		纳税人识别号		
纳税人		经济类型	法定代表人	
检查期间		检查人		
检查类型		检查实施时间		

（六）编制《税务稽查报告》

《税务稽查报告》的主要内容应当包括：（1）案件的来源；（2）被查对象的基本情况；（3）稽查时间和稽查所属期间；（4）主要违法事实及其手段；（5）稽查过程中采取的措施；（6）违法性质；（7）被查对象的态度；（8）处理意见和依据；（9）其他需要说明的事项；（10）稽查人员的签字和报告时间。

税务稽查人员应当将《税务稽查报告》连同《税务稽查工作底稿》及其他证据提交审理部门审理。

检查应当自实施检查之日起 60 日内完成；确需延长检查时间的，应当经稽查局长批准。凡按照规定不需立案查处的一般税收违法案件，稽查完毕后，可按照简易程序，由稽查人员直接制作《税务处理决定书》，按照规定报经批准后执行。

对经稽查未发现问题的，按照以下程序执行：

1. 未经立案查处的，稽查人员制作《税务稽查结论》，说明未发现问题的事实和结论意见，一式两份，报经批准后，一份存档，一份交被查对象。

2. 经立案查处的，稽查人员应当制作《税务稽查报告》，说明未发现问题的事实和结论意见，连同有关稽查资料，提交审理部门审理。

三、税务稽查案件的审理

税务稽查审理工作应当由专门人员负责。必要时可组织有关税务人员会审。

审理人员应当认真审阅稽查人员提供的《税务稽查报告》及所有与案件有关的其他资料，并对如下内容进行确认：（1）违法事实是否清楚、证据是否确凿、数据是否准确、资料是否齐全；（2）适用税收法律、法规、规章是否得当；（3）是否符合法定程序；（4）拟订的处理意见是否得当。

审理中发现事实不清、证据不足或者手续不全等情况，应当通知稽查人员予以增补。

对于大案、要案或者疑难税务案件定案有困难的，应当报经上级税务机关审理后定案。

审理结束时，审理人员应当提出综合性审理意见，制作《审理报告》（见表 10-4）和《税务处理决定书》，履行报批手续后，交由有关人员执行。对构成犯罪应当移送司法机关的，制作《税务违法案件移交书》，经局长批准后移送司法机关处理。

表 10-4　　　　　　　　　　审理报告

案件编号		纳税人编号	
纳税人		案件名称	
审理部门		审理起止日期	
审理结论			
局长批示			

《税务处理决定书》应当包括如下内容：（1）被处理对象名称；（2）查结的违法事实及违法所属期间；（3）处理依据；（4）处理决定；（5）告知申请复议权或者诉讼权；（6）作出处理决定的税务机关名称及数量。

《税务处理决定书》所援引的处理依据必须是税收法律、法规或者规章，并应当注明文件名称、文号和有关条款。

对稽查人员提交的未发现问题的《税务稽查报告》，审理人员审理后确认，制作《税务稽查结论》，一式两份，报批准后，一份存档，一份交被检查对象；有疑问的，退稽查人员补充稽查，或者报告主管领导另行安排稽查。

审理人员接到稽查人员提交的《税务稽查报告》及有关资料后，应当在 10 日内审理完毕。但下列时间不计算在内：（1）稽查人员增补证据等资料的时间；

（2）就有关政策问题书面请示上级的时间；（3）重大案件报经上级税务机关审理定案的时间。

审理人员应当严格按照稽查报告制度，对不同案件及时分析，逐级上报。

四、税务处理决定的执行

税务执行人员接到批准的《税务处理决定书》后，填制《税务文书送达回证》，按照关于文书送达的规定，将《税务处理决定书》送达被检查对象，并监督执行。

被检查对象未按照《税务处理决定书》的规定执行的，税务执行人员应当按照法定的程序对其应当补缴的税款及其滞纳金采取强制执行措施，填制《查封（扣押）证》《拍卖商品、货物、财产决定书》或者《扣缴税款通知书》，经县以上税务局（分局）局长批准后执行。被检查对象对税务机关做出的处罚决定或者强制执行措施决定，在规定的时限内，既不执行也不申请复议或者起诉的，应当由县以上税务机关填制《税务处罚强制执行申请书》，连同有关材料一并移送人民法院，申请人民法院协助强制执行。

对已作行政处理决定移送司法机关查处的税务案件，税务机关应当在移送前将其应缴未缴的税款、滞纳金追缴入库；对未作行政处理决定直接由司法机关查处的税务案件，税款的追缴依照《最高人民检察院、最高人民法院、国家税务局关于印发〈关于办理偷税、抗税案件追缴税款统一由税务机关缴库的规定〉的通知》的规定执行，定为撤案、免诉和免予刑事处罚的，税务机关还应当视其违法情节，依法进行行政处罚或者加收滞纳金。

对经税务稽查应当退还纳税人多缴的税款，税务机关应当按照有关规定及时退还。

税务执行人员对于税务处理决定的执行情况应当制作《执行报告》（见表10-5），及时向有关部门和领导反馈。

表 10 - 5　　　　　　　　**执行报告**

案件编号		纳税人识别号			
纳税人		案件名称			
执行人		执行时间		执行方式	
税务处理 决定内容					
执行情况					

对举报税务违法行为的有功人员，税务机关应当根据举报人员贡献大小，按照规定给予奖励。奖金来源和提留标准，按照细则和《财政部 国家税务总局检举纳税人税收违法行为奖励暂行办法》的规定执行。有关举报奖励事项，由税务稽查机构负责办理。

五、税务稽查案卷管理

税务稽查案件终结后，在稽查各环节形成的各种资料应当统一送交审理部门，经审理部门整理于结案后的 60 日内立卷归档。

税务稽查案卷应当包括工作报告、来往文书和有关证据等三类资料。税务稽查中的工作报告包括税务稽查报告、税务稽查审理报告、税务处理决定执行报告等。税务稽查中的来往文书主要包括税务稽查通知书、询问通知书、调取账簿通知书及清单，纳税担保书及担保财产清单，查封（扣押）证及清单或者专用收据，解除查封（扣押）通知书，暂停支付存款通知书及解除通知书，税务处理决定书，税务案件移送书，拍卖商品、货物、财产决定书，扣缴税款通知书，税务处罚强制执行申请书，协查函及协查回函，税务文书送达回证等。税务稽查中的有关证据资料包括：税务稽查底稿、询问笔录，以及调查中取得的书证、物证、视听资料、证人证言、鉴定结论、勘验和现场笔录等。

税务稽查案卷应当按照稽查对象分别装订立卷，一案一卷，统一编号，做到资料齐全、顺序规范、目录清晰、装订整齐牢固。

税务稽查案卷按下列期限保管：（1）凡定性为偷税、逃避追缴欠税、骗取出口退税、抗税，伪造、倒卖、虚开、非法开发票，私自制作、伪造发票监制章和发票防伪专用品等，并进行了行政处罚的案件，其案卷保管为永久。（2）一般税务行政处罚案件，其案卷保管期限为 30 年。（3）只补税而未进行税务行政处罚的案件，或者经查实给予退税的案件，其案卷保管期限为 10 年。（4）对超过上述第（2）、第（3）两项案卷保管期限的，按国家档案管理的有关规定销毁。

本机关工作人员查阅税务稽查档案应当征得档案管理部门负责人同意；本机关以外的单位和个人查阅税务稽查档案，应当经本级税务机关局长批准。查阅税务稽查档案应当在档案室进行，需要抄录、复制或者借阅的，应当按照档案管理规定办理手续。查阅人要为纳税人及其他当事人和税务机关保密。

⚠【提示】

选案、检查、审理、执行是税务稽查工作程序方面的要求，以形成相互监督、相互制约的税务稽查机制。但在有些地方，各环节之间协调不够，职责划分不清，严重地影响了税务稽查的质量和效率。因此，税务稽查部门应当遵循国家税务总局税务稽查工作规程的要求，结合本地税务稽查工作实际情况，进一步明确各环节的职责，形成职责明确又相互积极配合的稽查机制。必要时，可以实行轮岗制度，提高每个稽查人员对税务稽查工作的全面认识和理解。

◇【案例】程序不合法， 税务局输了官司

某县税务局于 2020 年 7 月 18 日向辖区内一建筑公司下达了《限期缴纳税款通知书》，责令该公司于 2020 年 7 月 19 日前缴清所欠税款和滞纳金共计 16.2 万元，遭到建筑公司的拒绝。2020 年 7 月 20 日，税务局下达《税务处罚事项告知书》，告知拟处以其未缴税款 1 倍的罚款及其应享有的权利。2020 年 7 月 22 日，税务局按上述处理意见作出了《税务处理决定书》和《税务行政处罚决定书》，限该建筑公司于 2020 年 7 月 23 日前缴纳税款、滞纳金和罚款共计 31.2 万元，并于当天将两份文书送达建筑公司。

建筑公司由于资金紧张，请求税务局核减税款、滞纳金和罚款，被税务局拒绝。2020 年 7 月 23 日，建筑公司缴纳了部分税款。2020 年 7 月 24 日，税务局又下达了《限期缴纳税款通知书》，限该建筑公司于 2020 年 7 月 25 日前缴余下的税款、滞纳金和罚款。在三次催缴无效的情况下，经税务局局长会议研究决定，对建筑公司采取强制执行措施。2020 年 7 月 29 日，税务局扣押了建筑公司 260 吨钢材，以变卖收入抵缴未缴税款、滞纳金和罚款。建筑公司找到税务局，认为对其未缴的罚款采取强制执行措施不合法，要求退还。在多次交涉没有结果的情况下，2020 年 8 月 15 日，建筑公司向县人民法院提起行政诉讼，县人民法院经审理于 2020 年 11 月 3 日一审判决县税务局败诉。

本案中，导致税务局败诉的主要原因是执法程序不合法。

首先，税务局作出《税务行政处罚决定书》的时间不符合法律规定。国家税务总局《税务行政处罚听证程序实施办法》第四条规定，要求听证的当事人，应当在《税务行政处罚事项告知书》送达后 3 日内向税务机关书面提出听证；逾期不提出的，视为放弃听证权利。税务局 7 月 20 日送达《税务行政处罚事项告知书》，而 7 月 22 日就作出了《税务处理决定书》和《税务行政处罚决定书》，听证告知的时间只有 2 天，不符合法定程序。

其次，税务局对罚款采取强制执行措施不合法。《税收征管法实施细则》第六十五条规定："对价值超过应纳税额且不可分割的商品、货物或者其他财产，税务机关在纳税人、扣缴义务人或者纳税担保人无其他可供强制执行的财产的情况下，可以整体扣押、查封、拍卖，以拍卖所得抵缴税款、滞纳金、罚款以及扣押、查封、保管、拍卖等费用。"本案中，税务局对罚款采取强制执行措施显然不符合本条的规定，钢材不属于"价值超过应纳税额且不可分割的商品、货物或者其他财产"。因此，税务机关必须按照《税收征管法》第八十八条第三款的规定执行，即："当事人对税务机关的处罚决定逾期不申请行政复议也不向人民法院起诉又不履行的，作出处罚决定的税务机关可以采取本法第四十条规定的强制执行措施。"而该建筑公司在法定的期限内申请了行政诉讼，税务局就不能对罚款采取强制执行措施。

最后，税务局在作出税收具体行政行为时，不够严肃和不近情理。要求纳税人履行相应纳税义务时，除了考虑"合法"，还应给纳税人一个可能履行的时间，使其作出的具体行政行为便于施行。本案中税务局三次下达催缴文书向纳税人催

缴税款、滞纳金和罚款，金额高达 30 余万元的款项而每次限期缴纳的期限都是 1 天。这虽未违反法律的有关规定，但却使纳税人不可能实际履行或难以做到，是不适当的具体行政行为。①

复习思考题

1. 加强税务稽查有何意义？
2. 《税收征管法》规定的税务稽查权限有哪些？
3. 税务稽查可以采取哪些方法？
4. 如何确定税务稽查的对象？
5. 实施税务稽查有哪些步骤？
6. 税务稽查审理的内容有哪些？

---

① 根据中华学习网资料整理。

第十一章 税务违法行为及其法律责任

税务违法行为是指税收征纳双方在税务管理过程中违反国家税收法律的行为。税务违法行为主体包括征税人（税务机关及其税务人员）和纳税人（包括扣缴义务人、纳税担保人、税务代理人等），违法行为的状态包括违法的作为和违法的不作为。

法律责任是违法主体因其违法行为所应承担的否定性法律后果。税收法律责任是指税收征纳主体违反税法的行为所引起的否定性法律后果。税收法律责任包括民事法律责任、行政法律责任和刑事法律责任三种形式。税收法律责任的确认必须依照税法规定，追究税收法律责任以税收违法行为的存在为基本前提，必须按照法定的程序进行。明确税收法律责任有利于规范征纳行为，维护正常的税收秩序，更好地实现税务管理的职能。本章主要介绍纳税人的行政法律责任，包括欠税、偷税、抗税、骗税以及其他违反税务管理制度行为的行政法律责任。

第一节 纳税人的税务违法行为及其法律责任

一、欠税及其法律责任

（一）欠税的成因及特征

欠税是指纳税人、扣缴义务人等纳税主体在法定的纳税期限内由于主客观原因而未缴或者少缴应纳或应解缴税款的行为。欠税根据成因不同可以分为一般欠税和逃避追缴欠税两种。

1. 欠税的成因。

（1）一般欠税的成因。一般欠税是指纳税人、扣缴义务人等纳税主体在法定的纳税期限内由于客观原因而未缴或者少缴应纳或应解缴税款的行为。所谓客观原因，是指外在的因素而非主观原因，如经营环境恶化、管理不善、社会负担过重等导致利润下降，无力缴税。客观原因形成的一般欠税，无论数额多么巨大都不会构成犯罪。

（2）逃避追缴欠税的成因。逃避追缴欠税，是指纳税人欠缴应纳税款，采取转移或者隐匿财产的手段，妨碍税务机关追缴所欠税款的行为。这种欠税是由纳税人的主观原因造成的，纳税人有能力缴纳税款而故意不缴纳。

2. 欠税的主要特征。

（1）一般欠税的特征。第一，欠税的实质是纳税主体在一定时期内占用国家税款；第二，欠税者主观上不存在直接故意，形成欠税往往有一定的客观原因；第三，欠税者没有采用涂改账簿等非法手段；第四，欠税的社会危害性只与欠缴税款数量大小直接有关。

（2）逃避追缴欠税的特征。逃避追缴欠税除了具备一般欠税的特征之外，其最明显的一个特征是，纳税人采取转移或者隐匿财产、收入的手段，致使税务机关不能正常依法追缴其欠缴的税款。一般欠税无论数额多大都不会构成刑事犯罪，而逃避追缴欠税达到一定数额以后就构成逃避追缴欠税罪。

（二）欠税的法律责任

纳税人欠缴应纳税款，或者采取转移、隐匿财产的手段，妨碍税务机关追缴欠缴的税款的，由税务机关追缴欠缴的税款、滞纳金，并处欠缴税款50%以上5倍以下的罚款；逃避追缴欠税数额达到1万元以上的便构成犯罪，应移交司法机关依法追究其刑事责任。

⚠【提示】

纳税人采取转移或者隐匿财产、收入的手段，致使税务机关不能正常依法追缴其欠缴的税款，数额达到1万元以上的，就构成"逃避追缴欠税罪"，而不是"欠税罪"。

（三）追缴欠税的手段

税务机关应该加强对税款缴纳情况的监控，当发现纳税人发生欠税以后，首先，要发出限期缴纳税款通知书，责令限期缴纳欠缴的税款；其次，要根据欠税的金额和期限课征滞纳金；再次，欠税的自然人纳税人或者法人纳税人的法定代表拟出境的，必须缴纳税款或者提供纳税担保，否则，通知出入境管理机关阻止其出境；最后，对于责令限期届满仍不缴纳税款的，采取强制执行措施强制征收税款入库。

二、偷税①及其法律责任

（一）偷税的行为特征

偷税是指纳税人伪造、变造、隐匿、擅自销毁账簿和记账凭证，或者在账簿

---

① 偷税是与税收征管法对应的概念。在刑法中与之对应的行为称为逃税，即"逃避纳税义务"违法犯罪行为。"偷"的一般含义是"私下将他人之物窃为己有"。偷税与此含义不符，定性为逃避纳税义务更合理。

上多列支出或者不列、少列收入，或者经税务机关通知申报而拒不申报或进行虚假的纳税申报，不缴或少缴应纳税款的行为。偷税是税务管理工作中遇到最多的、危害最大的税收违法行为，其危害性不仅表现在给国家税收收入造成的直接损失上，而且表现在恶劣的违法犯罪示范效应和对税法权威性、公平性的不利影响上。

⚠【提示】

税法中对偷税违法行为概念的界定，采取了"列举法"，即一项一项地列出违法的手段，这样便于基层税务机关在执法过程中对于频繁出现的偷税行为进行准确的把握，提高执法的规范性。对于欠税、抗税及骗税等违法行为，则采取了"概括法"，使法条更加精练。

【思考 11 -1】

偷税、逃税、漏税与避税的区别有哪些？

偷税的行为特征：第一，偷税的违法或犯罪主体是纳税人或扣缴义务人。第二，采用了《税收征管法》第六十三条列举的手段之一。在税务管理实践中，根据相关法律规定，纳税人骗回已缴的税款、虚列进项税额也属于偷税的手段。第三，违法或犯罪主体存在主观故意，偷税是一种有预谋的违法行为。第四，达到了不缴或少缴税款的目的。

纳税人采取了与偷税类似或者相同的手段，但未导致不缴或少缴税款的结果的，就不是偷税，不能按偷税进行处理，如〖案例 11 -1〗。

⚠【案例 11 -1】

某市开发区税务局于 2020 年 4 月对某旅行社 2019 年度纳税情况依法实施了税务检查。经查，该旅行社 2019 年通过采取收入不入账、伪造记账凭证等方式少缴企业所得税等共计 61 500 元，占其全年应纳税额的 15%。

试回答：该旅行社的行为属何种违法行为？对此种行为税务机关应如何处理？

【思考 11 -2】

对于纳税人偷税数额达到刑事处罚标准的，应否先行罚款然后再移送司法机关处理，这是一个极具争议的问题。对此你有何见解？

（二）偷税的法律责任

对纳税人偷税的，由税务机关追缴其不缴或者少缴的税款、滞纳金，并处不缴或者少缴的税款 50% 以上 5 倍以下的罚款；构成犯罪的，依法移送司法机关追究其刑事责任。

三、抗税及其法律责任

(一) 抗税的行为特征

抗税是指纳税人以暴力、威胁手段拒不缴纳税款的行为。抗税者为自然人时有单个纳税人的抗税,也有多个纳税人的集体抗税。抗税的纳税人以个体和私营企业居多。抗税就其给国家税收造成的直接经济损失而言,远不及偷税的危害大;但是,就其违法犯罪的示范效应及对税法权威性公然挑战来看,抗税的危害性大大甚于偷税。

抗税的主要特征:第一,违法者存在主观上的直接故意,表现出情绪化和非理智。第二,违法者采取公开对抗的手段,即以暴力、威胁的手段拒不缴纳税款。暴力、威胁的手段包括冲击、打砸税务机关;破坏有关征税设施;殴打、污辱、威胁税务人员等。

【思考 11 - 3】

"集体抗税"负面影响很大,怎样避免集体抗税事件的发生?

(二) 抗税的法律责任

抗税情节轻微,未构成犯罪的,由税务机关追缴其拒缴的税款、滞纳金,并处拒缴税款 1 倍以上 5 倍以下的罚款。抗税情节严重,构成抗税罪的,由司法机关追究其刑事责任。

⚠【提示】

对于纳税人抗税造成税务人员重伤或者死亡的,由于抗税罪刑罚相对较轻,因而不足以严惩。根据过罚相当原则,将转换罪名,按照伤害罪或者杀人罪进行量刑处罚。

⚠【案例 11 - 2】

李某系某市郊区个体运输户,2020 年 1~5 月,李某在未办理工商营业执照、税务登记的情况下,擅自进行非法经营。2020 年 3 月,该郊区税务分局发现后,先后三次派税务人员向其宣传税法、告知其应办理税务登记,并要求其补税,李某均不在意,并以没钱为由拒绝纳税。此后,税务分局又于 4 月 30 日、5 月 14 日分别给李某下达限期缴税通知书,李某不仅拒绝在限期缴税通知书上签字,而且对税务人员进行人身攻击,并扬言:"如果再来找麻烦,可别怪我不客气,缺胳膊少腿可别说我未事先通知你们。"

试回答:李某的行为是否违法?如果违法,其性质是什么?应当怎样处理?

四、骗取出口退税及其法律责任

（一）骗取出口退税的行为特征

骗取出口退税（简称为骗税）是指纳税人以假报出口或者其他欺骗手段骗取国家出口退税款的行为。

骗取出口退税是根据出口退税工作中违法行为对国家税收收入侵蚀严重的实际情况，在《税收征管法》颁布后认定的一种税收违法行为。

骗取出口退税与偷税有某些相近之处：两者都存在违法行为人主观上的直接故意，都以欺骗作为主要手段。但是两者的区别也是明显的：第一，骗取出口退税的对象特指国家税收政策允许的出口退税。第二，偷税是纳税人不缴或少缴应纳税款，其行为结果是没有履行纳税义务；而骗取出口退税却是实际并没有纳税或少量纳税的行为人，却要骗取或更多地骗取已入国库的税款。但是，对于纳税人缴纳税款后，采取假报出口或者其他欺骗手段骗取所缴纳税款的，属于偷税；骗取税款超过所缴纳的税款部分属于骗取出口退税。就具体案例来看，骗税的数额往往巨大，性质也更为恶劣。

【思考 11-4】

怎样区别骗税行为和诈骗行为？

（二）骗取出口退税的法律责任

由税务机关追缴其骗取的退税款，并处骗取税款 1 倍以上 5 倍以下的罚款；构成犯罪的，依法追究刑事责任。

对骗取国家出口退税款的，税务机关可以在规定期间内停止为其办理出口退税。

五、纳税人其他税务违法行为及其法律责任

其他税务违法行为是指除偷、欠、抗、骗税违法行为之外的其他违反税法的行为，即纳税人、扣缴义务人以及纳税担保人等纳税主体违反税收法律、法规、规章确认的税务管理制度的行为。具体包括：违反税务登记制度、违反账簿凭证管理制度、违反纳税申报制度以及违反发票管理制度的行为。

其他违反税法行为（发票违法行为除外）的主要特征有：第一，税收违法行为主体的违法行为一般不存在直接故意，违法行为大多是过失性的，情节较轻微，造成的损害也较小，不构成犯罪；第二，一般不直接影响到税款的缴纳。

（一）违反税务登记制度

1. 违反税务登记制度的表现形式。

（1）未按规定期限申报办理税务登记、变更或者注销税务登记的行为；

（2）未按规定将其全部银行账号向税务机关报告的行为；

（3）未按照规定办理税务登记证件验证或者换证手续的行为；

（4）未按规定使用税务登记证件的，或者转借、涂改、损毁、买卖、伪造税务登记证件的行为；

（5）不办理税务登记的行为。

2. 违反税务登记制度的法律责任。

（1）纳税人未按规定期限申报办理税务登记、变更或者注销税务登记的，未按规定将其全部银行账号向税务机关报告的，未按照规定办理税务登记证件验证或者换证手续的行为，由税务机关责令限期改正，可以处 2 000 元以下的罚款；情节严重的，处 2 000 元以上 1 万元以下的罚款。

（2）纳税人未按规定使用税务登记证件的，或者转借、涂改、损毁、买卖、伪造税务登记证件的，处 2 000 元以上 1 万元以下的罚款；情节严重的，处 1 万元以上 5 万元以下的罚款。

（3）纳税人不办理税务登记的，由税务机关责令限期改正；逾期不改正的，经税务机关提请，由工商行政管理机关吊销其营业执照。

（二）违反账簿、凭证管理制度

1. 违反账簿、凭证制度的表现形式。

（1）未按规定设置、保管账簿、记账凭证和有关资料的行为；

（2）未按规定将财务、会计制度或者财务会计处理办法和会计核算软件报送税务机关备查的行为；

（3）未按规定安装、使用税控装置，损毁或者擅自改动税控装置的行为。

2. 违反账簿、凭证制度的法律责任。纳税人发生违反账簿、凭证制度的行为，由税务机关责令限期改正，可以处 2 000 元以下的罚款；情节严重的，处 2 000 元以上 1 万元以下的罚款。

（三）违反纳税申报制度

1. 违反纳税申报制度的表现形式。

（1）纳税人未按照规定的期限办理纳税申报和报送纳税资料的；

（2）纳税人编造虚假计税依据的行为；

（3）纳税人不进行纳税申报，不缴或者少缴应纳税款的行为。

2. 违反纳税申报制度的法律责任。

（1）纳税人未按照规定的期限办理纳税申报和报送纳税资料的，由税务机关责令限期改正，可以处 2 000 元以下的罚款；情节严重的，可以处 2 000 元以上

1万元以下的罚款。

（2）纳税人编造虚假计税依据的，由税务机关责令限期改正，并处5万元以下的罚款。

（3）纳税人不进行纳税申报，不缴或者少缴应纳税款的，由税务机关追缴其不缴或者少缴的税款、滞纳金，并处不缴或者少缴的税款50%以上5倍以下的罚款。

（四）违反发票管理制度

1. 发票一般违法行为。发票一般违法行为是指违反发票管理规定，但尚未影响税款缴纳，未构成犯罪的行为。违反发票管理法规的行为包括：

（1）未按照规定印制发票或者生产、销售发票防伪专用品的；

（2）未按照规定领购发票的；

（3）未按照规定开具发票的；

（4）未按照规定取得发票的；

（5）未按照规定保管发票的；

（6）未按照规定缴销发票的；

（7）未按照规定使用开票程序的；

（8）非法印制具有发票主要内容的收付款凭证的；

（9）未按照规定接受税务机关检查的。

对上述所列行为之一的单位和个人，由税务机关责令限期改正，没收非法所得，可以并处1万元以下的罚款，暂停供应发票。有前款所列两种或者两种以上行为的，可以分别处罚。虚开的发票不得作为报销、记账、抵扣税款、免抵退税的凭据。

2. 增值税专用发票违法行为。

（1）虚开增值税专用发票。虚开增值税专用发票是为他人虚开、为自己虚开、让他人为自己虚开、介绍他人虚开增值税专用发票行为之一的。

虚开税款数额1万元以上的或者虚开增值税专用发票致使国家税款被骗取5 000元以上的，应当依法定罪处罚。

（2）伪造（或出售伪造的）增值税专用发票。伪造或者出售伪造的增值税专用发票的，处3年以下有期徒刑或者拘役，并处2万元以上10万元以下的罚款；数量较大或者有其他严重情节的，处3年以上10年以下有期徒刑，并处5万元以上50万元以下的罚款；数量巨大或者有其他特别严重情节的，处10年以上有期徒刑或者无期徒刑，并处没收财产。

（3）非法出售增值税专用发票。非法出售增值税专用发票的，处3年以下有期徒刑或者拘役，并处2万元以上20万元以下的罚款；数量较大的，处3年以上10年以下有期徒刑，并处5万元以上50万元以下的罚款；数量巨大的，处10年以上有期徒刑或者无期徒刑，并处没收财产。

（4）非法购买（或购买伪造的）增值税专用发票。非法购买增值税专用发票或者伪造的增值税专用发票的，处5年以下有期徒刑或者拘役，并处或者单处2万元以上20万元以下的罚款。

第二节 其他主体的税务违法行为及其法律责任

一、征税人的税务违法行为及其法律责任

（一）税务人员滥用职权

1. 税务机关或税务人员查封、扣押纳税人个人及其所扶养家属维持生活必需的住房和用品的，责令退还，依法给予行政处分；构成犯罪的，依法追究刑事责任。

2. 税务人员利用职务上的便利，收受或者索取纳税人、扣缴义务人财物或者谋取其他不正当利益，构成犯罪的，依法追究刑事责任；尚不构成犯罪的，依法给予行政处分。

3. 税务人员滥用职权，故意刁难纳税人、扣缴义务人的，调离税收工作岗位，并依法给予行政处分。

（二）税务人员违法行政

1. 违反法律、行政法规的规定提前征收、延缓征收或者摊派税款的，由其上级机关或者行政监察机关责令改正，对直接负责的主管人员和其他直接责任人员依法给予行政处分。

2. 违反法律、行政法规的规定，擅自做出税收的开征、停征或者减税、免税、退税、补税以及其他同税收法律、行政法规相抵触的决定的，除依照《税收征管法》的规定撤销其擅自做出的决定外，补征应征未征税款，退还不应征收而征收的税款，并由上级机关追究直接负责的主管人员和其他直接责任人员的行政责任；构成犯罪的，依法追究刑事责任。

（三）税务人员失职

1. 税务人员徇私舞弊或者玩忽职守，对依法应当移交司法机关追究刑事责任的不移交，情节严重的，以及不征或者少征应征税款，致使国家税收遭受重大损失，构成犯罪的，依法追究刑事责任；尚不构成犯罪的，依法给予行政处分。

2. 税务人员未按照《税收征管法》的规定为纳税人、扣缴义务人、检举人保密的，以及在征收税款或者查处税收违法案件时未按照规定进行回避的，对直接负责的主管人员和其他直接责任人员依法给予行政处分。

（四）税务人员违法作为

1. 税务人员对控告、检举税收违法违纪行为的纳税人、扣缴义务人以及其他

检举人进行打击报复的，依法给予行政处分；构成犯罪的，依法追究刑事责任。

2. 税务人员与纳税人、扣缴义务人勾结，唆使或者协助纳税人、扣缴义务人偷税、逃避追缴欠税、骗税，构成犯罪的，依法追究刑事责任；尚不构成犯罪的，依法给予行政处分。

3. 税务人员私分扣押、查封的商品、货物或者其他财产，情节严重，构成犯罪的，依法追究刑事责任；尚不构成犯罪的，依法给予行政处分。

二、扣缴义务人的税务违法行为及其法律责任

扣缴义务人应扣未扣、应收而不收税款的，由税务机关向纳税人追缴税款，对扣缴义务人处应扣未扣、应收未收税款50%以上3倍以下的罚款。

⚠【案例11-3】

2020年4月，某市税务局在对该市某出版社进行例行检查时发现该出版社在3月份支付某作家稿费5 000元，未代扣代缴个人所得税。该市税务局遂依照法定程序作出税务处理决定，由出版社补缴未代扣代缴的个人所得税，并处1 000元罚款。

试回答：该市税务局的决定是否正确，为什么？

三、开户银行的税务违法行为及其法律责任

1. 纳税人、扣缴义务人的开户银行或者其他金融机构拒绝接受税务机关依法检查纳税人、扣缴义务人存款账户，或者拒绝执行税务机关做出的冻结存款或者扣缴税款的决定，或者在接到税务机关的书面通知后帮助纳税人、扣缴义务人转移存款，造成税款流失的，由税务机关处10万元以上50万元以下的罚款，对直接负责的主管人员和其他直接责任人员处1 000元以上1万元以下的罚款。

2. 银行和其他金融机构未依照《税收征管法》的规定在从事生产、经营的纳税人的账户中登录税务登记证件号码，或者未按规定在税务登记证件中登录从事生产、经营的纳税人的账户账号的，由税务机关责令其限期改正，处2 000元以上2万元以下的罚款；情节严重的，处2万元以上5万元以下的罚款。

四、疑似代征人的税务违法行为及其法律责任

未经税务机关依法委托征收税款的，责令退还收取的财物，依法给予行政处分或者行政处罚；致使他人合法权益受到损失的，依法承担赔偿责任；构成犯罪的，依法追究刑事责任。

五、税务代理人的税务违法行为及其法律责任

税务代理人违反税收法律、行政法规，造成纳税人未缴或者少缴税款的，由纳税人补缴应纳税款、滞纳金，酌情对纳税人处未缴或者少缴税款 50% 以上 5 倍以下的罚款。纳税人的损失由其自行向税务代理人追偿，即向代理人追究民事责任。

【思考 11－5】

《中华人民共和国税收征收管理法实施细则》第九十八条关于税务代理人的法律责任规定，有无不合理之处？

复习思考题

1. 欠税的成因及主要特征有哪些？
2. 追缴欠税的手段有哪些？
3. 偷税有哪些特征？
4. 什么是抗税，抗税有什么特征？
5. 骗税与偷税有何异同点？
6. 税务人员的违法行为有哪些？

第十二章　税务行政处罚

税务行政处罚是税务机关对违反税收法律、法规、规章的纳税人等作出的具有制裁性的不利的具体行政行为。与行政程序重视事前规划不同，税务行政处罚注重事后的惩罚，从而形成应有的威慑力和约束力。税务行政处罚也是纳税人等承担税收法律责任的主要内容之一。

第一节　税务行政处罚概述

税务行政处罚是指依法享有行政处罚权的税务机关对违反税收法律、法规尚不构成犯罪的税务行政管理相对人（即纳税人、扣缴义务人和其他税务当事人）给予行政制裁的具体税务行政行为。它是税务机关加强税务行政执法的重要措施。

一、税务行政处罚的特征

税务行政处罚是一种特殊的具体行政行为，是行政处罚的组成部分之一。与行政处罚的其他部分相比，税务行政处罚具有以下特征。

（一）税务行政处罚由特定的行政主体——税务机关作出

行政处罚不是行政相对人的行为，而是行政主体作出的一种行为。税务行政处罚则是税务机关作出的一种行为。众所周知，国家对社会实施行政管理涉及各个行业，某一行业违法行为只能由特定的行政处罚主体管辖，而其他行政主体没有处罚权。例如，对违反税务管理应予罚款处理的处罚只能由税务部门实施，吊销企业营业执照只能由工商行政管理部门实施，两者不能互换。这就是处罚主体的特定性。税务行政处罚的主体是具有法定处罚权的税务行政机关，即税务行政处罚只能由税务机关作出，而不能由其他行政机关作出。

（二）税务行政处罚的对象具有确定性

行政处罚不是针对其他行政主体的一种处罚，而是针对违反行政管理秩序的行政相对人作出的处罚。具体地说，税务行政处罚所适用的对象是有违反税收法律规范行为的纳税人和其他税务当事人，或者称税务行政管理相对人。其他行相对人则不是税务行政处罚的对象。同时，纳税人或其他税务当事人因违反税收法律、法规而受到处罚的行为，必须是客观存在的、确定的，即以事实为依据并有证据证明，才能实施税务行政处罚；否则，不应受到处罚。

⚠【案例 12 – 1】

某县交通局一直受某县税务局的委托，征收本县范围内个体运输户的税收。该局张某具体负责协助征收该税。由于张某工作不认真、业务不熟练等原因，造成了税款流失。在调查核实后，县税务局对张某处以行政罚款。

试回答：县税务局的做法是否存在错误？

（三）税务行政处罚是对违反行政管理秩序但尚未构成犯罪行为的制裁

税务行政处罚是对违反行政管理秩序而不是其他法律秩序的制裁，其范围、种类、形式和内容都必须是行政法律、法规或规章明确规定的，无明文规定的不罚。其一，对有违反税收法律、法规行为尚不构成犯罪的要予以税务行政处罚，没有违反税收法律、法规行为的不能实施处罚；其二，对有违反税收法律、法规行为且构成犯罪的，应移交司法机关，予以刑事制裁，税务机关不再予以税务行政处罚。

（四）税务行政处罚的实施具有惩戒性

税务行政处罚是一种行政制裁。实施税务行政处罚的目的在于纠正税务违法行为、维护税收秩序，惩治那些故意违反税法的偷、逃、骗、抗税者，达到避免或制止违反税收法律、法规行为的再次发生，以创造良好的纳税环境。

二、税务行政处罚的原则

税务行政处罚原则，是指对税务行政处罚的规定和实施应遵循的具有普遍规律性、指导性的准则。概括起来有以下五个方面。

（一）处罚法定原则

处罚法定原则是指具有行政处罚权的税务机关在法定权限内依据法定程序对违反税务管理秩序应当给予行政处罚的行为实施税务行政处罚。处罚法定原则是行政处罚的基本原则之一，也是税务行政处罚的最重要的原则。该原则不仅适用于处罚的实施阶段，也适用于行政处罚权的设定阶段。

处罚法定原则是税务行政处罚运行机制得以实现的根本保障，也是税务机关依法行政的基本要求。税务行政处罚的法定原则包括：

1. 税务行政处罚设定权是法定的。税务行政处罚只能由有权设定行政处罚的国家机关在《行政处罚法》规定的权限范围内设定。有权设定的不得越权设定，无权设定的不得设定，违法设定的无效。

2. 实施税务行政处罚的主体及职权是法定的。税务行政处罚由有行使税务行政处罚权的税务机关在职权范围内实施，无税务行政处罚权的行政机关不得实施税务行政处罚。根据现行税收法律规定，税务行政处罚由县以上税务局（分局）决定，即县以上税务局（分局）都具有税务行政处罚主体资格。按《行政处罚法》的要求，各级税务机关的内设机构、直属机构不得以自己的名义实施税务行政处罚。税务所作为县级税务机关的派出机构，依法具有有限的处罚权，即对个体工商户及未取得营业执照从事经营的单位和个人处 2 000 元以下的罚款。

3. 税务行政处罚的依据是法定的。税务机关对纳税人和其他税务当事人实施税务行政处罚，必须是税收法律、法规或规章制度有明确规定的处罚，没有法定的处罚依据不能处罚。

4. 税务行政处罚的程序是法定的。税务机关实施税务行政处罚必须严格遵守法定处罚程序，违反法定程序作出的税务行政处罚决定无效。《行政处罚法》对哪些处罚适用简易程序，哪些处罚适用一般程序及听证程序，以及收缴罚款文书使用等，都进行了规定，这些都是税务部门必须严格遵守的，否则就是违法。长期以来，由于种种原因，税务部门在执法过程中"重实体，轻程序"的现象普遍存在。从以往发生的税务行政诉讼案件来看，税务机关败诉案件多是因为程序不合法造成的。

（二）过罚相当原则

过罚相当原则是指税务行政处罚作为国家的一种行政制裁手段，应当与违反行政法义务、破坏税务管理秩序的程度、再犯的可能性以及处罚所要达到的目的之间相平衡和一致。

过罚相当原则主要适用于税务行政处罚的实施方面，因为我国法律规定税务行政处罚程度时，存在只规定幅度范围而不进行详细具体规定的情形，税务机关实施税务行政处罚时有一定的自由裁量权。显然行使自由裁量权必须遵循过罚相当原则，坚决抵制"依人设罚，依人施罚，认人不认罚"的非法做法。

在实施税务行政处罚过程中，必须以事实为依据，综合考虑违法行为的事实、性质、情节以及社会危害程度。对税务行政违法行为情节严重、社会危害性较大、不重罚不足以制止违法行为、不重罚不足以教育违法行为人的，要给予较重的处罚；对税务行政违法行为情节轻微、主动承认错误、及时改正、社会危害性较小或尚未对社会造成危害的，给予的处罚应较轻；对具有法律、法规和规章规定的减轻、从轻、免除或加重处罚情节的，应当依法减轻、从轻、免除或加重处罚。

（三）公正、公开原则

公正，是指公平正直，没有偏私。具体体现在：税务行政处罚必须以事实为依据，做到过罚相当，在法律面前人人平等，一视同仁。公开，是指不加隐蔽，即处罚的依据及处罚中的有关内容必须公开。主要体现在：实施税务行政处罚的依据必须是公开的，不能依据内部文件；处罚的过程必须公开，必要时启动听证程序；税务行政处罚决定要公开。坚持公正、公开原则，可以促进税务机关依法行政，保护行政相对人的合法权益。

（四）处罚与教育相结合原则

在处罚税务违法行为过程中，教育与处罚是相辅相成、缺一不可的。处罚是为了达到教育纳税人遵纪守法、自觉地履行纳税义务的目的。如果单纯地依靠处罚而不注重教育，就不能从思想上解决问题，不能从根本上杜绝税务违法行为。因此，在实际工作中，纳税人的违法行为情节轻微的，税务机关通常先进行教育，责令限期改正，给予改正的机会。对限期仍不改正或者严重的违法行为才进行处罚。

（五）无救济即无处罚原则

无救济即无处罚，是指税务机关对违法的税务行政相对人进行处罚，当事人必须有救济的途径，否则，就不应对其予以处罚。被处罚人的救济途径表现为行使以下权利：知情权，陈述权和申辩权，申请税务行政复议权，提起税务行政诉讼权，请求税务行政赔偿权，申诉和检举权，等等。

【思考 12 –1】

"依人施罚、认人不认罚"的做法是错误的。那么，它直接违反了税务行政处罚的哪个原则呢？

第二节　税务行政处罚的设定与实施

一、税务行政处罚的设定

（一）税务行政处罚的种类

税务行政处罚根据税务违法行为性质及相应处罚标准进行分类，主要有罚款、没收违法所得和停止出口退税权。

1. 罚款。罚款是税务机关强制违反税收法律、法规规定行为的纳税人和其他税务当事人承担货币给付义务，在一定期限内缴纳一定数额款项的一种经济上的处罚。也是税务行政处罚中最常见、运用最多的一种形式。由于罚款是税务机关使用十分普遍的一种处罚形式，因此，要求税务执法人员要正确运用自由裁量权，依法行使罚款权。具体把握三点：一是罚款不能超过规定倍数；二是按照实际危害程度确定罚款，要过罚相当；三是严格依照法定程序进行。

2. 没收违法所得。没收违法所得是对行政管理相对一方当事人的财产权予以剥夺的处罚。具体有两种情况：（1）没收相对人非法所得的财物。就性质而言，这些财物并非相对人所有，而是被其非法占有。（2）财物虽系相对人所有，但因其用于非法活动而被没收。

3. 停止出口退税权。停止出口退税权，是指税务机关对有骗税或者其他税务违法行为的出口企业停止其一定时间的出口退税权利的行政处罚形式。停止出口退税权属于行政处罚中的行为罚。

✦【探讨】

收缴或者停止发售发票属于税务行政处罚吗？

《税收征管法》第七十二条规定："从事生产、经营的纳税人、扣缴义务人有本法规定的税收违法行为，拒不接受税务机关处理的，税务机关可以收缴其发票或者停止向其发售发票。"如果收缴或者停止发售发票是最终行政行为，即不再供应发票，则具有行政处罚性质；但这种行为如果是临时性的，则属于行政强制措施。

【思考12-2】

《税收征管法》第七十八条规定："未经税务机关依法委托征收税款的，责令退还收取的财物，依法给予行政处分或者行政处罚……"该规定的含义是什么？行政处分与行政处罚的主要区别是什么？

✦【提示】

行政处罚从理论上分类，一般包括：（1）申戒罚或精神罚；（2）人身罚或自由罚；（3）财产罚；（4）行为罚。

《行政处罚法》第八条具体列举了以下形式的行政处罚，即：（1）警告；（2）罚款；（3）没收违法所得、没收非法财物；（4）责令停产停业；（5）暂扣或者吊销许可证、暂扣或者吊销执照；（6）行政拘留；（7）法律、行政法规规定的其他行政处罚。

（二）税务行政处罚的设定

税务行政处罚的设定，是指哪一级国家机关可以创设税务行政处罚的种类和形式，对纳税人及其他税务当事人进行制裁。

税务行政处罚的设定，取决于行政处罚的设定权。行政处罚的设定权是由我国立法体系所决定、由特定的法律所规定并为特定的国家立法机关或国家行政机关所享有，它可以通过一定级别的规范性文件对给予行政处罚的行为、种类和幅度进行规定。该设定权是国家的一项重要的立法决定权和行政管理权。

1. 一般行政处罚的设定。行政处罚的种类、形式、幅度及范围都应由国家有权机关，主要指权力机关、行政机关，各依法定职权，以相应的规范形式予以设定，不得随意、无权而私自设定。

（1）法律可以设定各种行政处罚，限制人身自由的行政处罚只能由法律设定。

（2）行政法规可以设定除限制人身自由以外的行政处罚。法律对违法行为已经作出行政处罚规定，行政法规需要作出具体规定的，也必须在法律规定的给予行政处罚的行为、种类、幅度的范围内规定，不得超越法律所规定的范围而作出具体规定。

（3）地方性法规可以设定除限制人身自由、吊销企业营业执照以外的行政处罚。吊销企业营业执照的行政处罚没有设定权，只能在法律、行政法规对违法行为已经作出的行政处罚规定的范围内做出具体规定。

（4）部门规章可以在法律、行政法规规定的给予行政处罚的行为、种类和幅度范围内做出具体规定。国务院各部、委对违反行政管理秩序的行为，法律、行政法规没有设定行政处罚的，可以设定警告或者一定数量罚款的行政处罚，但罚款的限额必须由国务院规定。国务院直属机构也可依国务院的授权在法律、行政法规设定的行政处罚种类、幅度范围内作出具体规定，也可对违反行政管理秩序的行为，在法律、行政法规没有设定行政处罚的，设定警告或一定数量罚款的行政处罚，但罚款额也必须提请国务院予以规定。

（5）地方规章可以在法律、法规规定的给予行政处罚的行为、种类和幅度的范围内作出具体规定。省、自治区、直辖市人民政府和省、自治区人民政府所在地的市人民政府以及经国务院批准的较大的市人民政府可以规章形式，对违反行政管理秩序的行为，法律、法规没有设定行政处罚的，设定警告或一定数量罚款的行政处罚，但罚款数额由省、自治区、直辖市人民代表大会常务委员会规定。

2. 税务行政处罚的一般设定。现行税务行政处罚，除由法律、行政法规设定的外，其他的主要由财政部和国家税务总局依照法律、行政法规规定或者经国务院批准、授权进行规定。这与我国现行税收管理体制是相适应的。

（1）全国人民代表大会及其常务委员会可以通过法律的形式设定各种税务行政处罚。

（2）国务院可以通过行政法规的形式设定除限制人身自由以外的税务行政处罚。

（3）国家税务总局可以通过规章的形式设定警告和罚款。税务行政规章对非经营活动中的违法行为设定的罚款不得超过1 000元。对经营活动中的违法行为，有违法所得的，设定的罚款不得超过违法所得的3倍，且最高不得超过3万元；没有违法所得的，设定的罚款不得超过1万元；超过限额的，应当报国务院批准。

（4）地方性法规和规章均不得设定税务行政处罚权。

二、税务行政处罚的实施

（一）税务行政处罚的实施机关

税务行政处罚的实施机关，是指有权实施税务行政处罚的主体。我国实施税务行政处罚的主体共有两类：一是拥有行政处罚权的税务机关；二是法律、法规所授权的组织。

拥有行政处罚权的税务机关，必须满足以下三个条件才能成为税务行政处罚主体：（1）必须是行政机关；（2）必须是拥有行政处罚权的行政机关；（3）必须在法定职权范围内实施行政处罚。

从我国税务管理实践来看，税务行政处罚的实施机关是县及县以上税务机关。具体包括：国家税务总局，省（自治区、直辖市）级税务局，地（市、州、盟）级税务局，县（区、旗）级税务局。

⚠【提示】

各级税务局的内设机构、派出机构不具有独立的行政主体资格，因而原则上没有行政处罚权，不是税务行政处罚的实施机关。税务所可以处2 000元以下的罚款，属于法律的特别授权。

（二）税务行政处罚的管辖

税务行政处罚管辖，是指行使税务行政处罚权的税务机关调查、处罚税务行政违法行为时所作的分工或权限划分。明确税务行政处罚的管辖权，有利于防止处罚主体越权处罚或重复处罚，同时也可以对那些有管辖权但不认真履行职责的处罚主体进行约束。税务行政处罚管辖的划分一般包括地域管辖、级别管辖、职能管辖。

1. 地域管辖。税务行政处罚的地域管辖，是指税务机关之间在实施税务行政处罚方面的地域分工。它解决由哪一地税务机关管辖的问题。地域管辖是税务行政处罚的一般管辖，即违反税法行为由其发生地税务机关管辖。实行地域管辖便于具有处罚主体资格的税务机关调查取证、查明违法事实和处罚执行，有利于提高行政效率，降低税收成本。由于我国县以上税务机构基本上是按行政区划设置的，所以，按照地域管辖原则对本辖区内发生的税务违法活动进行管辖，是各级税务机关应有的职责。

2. 级别管辖。税务行政处罚的级别管辖，是指税务机关上下级之间在实施行政处罚方面的分工。它解决由哪一级税务机关管辖的问题。税务行政处罚的级别管辖通常以下列标准来确定：

（1）以税务行政法律责任的轻重为标准来确定级别管辖。我国《税收征管法》规定，行政处罚由县以上税务局（分局）决定；罚款额在2 000元以下的，可以由税务所决定。这一规定有利于解决上下级税务机关之间的合理分工及效率问题。

（2）以违法行为人的级别确定级别管辖。违法的纳税人是中央直属企业或地方所属企业，对其违法行为将由不同级别的主管税务机关进行处罚。但随着征管改革的深入，企业的隶属关系将淡化，因此，以此划分管辖级别的方式也将改变。

（3）以税务行政违法行为的性质确定级别管辖。税务行政处罚往往与查处税务违法案件结合在一起。根据违法情节和金额的不同，税务违法案件归属于不同级别的税务机关管辖。相应地，税务违法行为应受行政处罚的，当然要由管辖该案件的税务机关进行处罚。

3. 职能管辖。职能管辖，也叫职权管辖。税务行政处罚的职能管辖是指不同的税务机关依据各自不同的职权对实施违反税法行为进行行政处罚的分工，也就是税务机关根据其管理职能确定对违反税法案件的管辖权，它是解决由哪一个税务机关管辖的问题。

税务稽查局的主要职能就是查处税收违法案件，是最常见的税务行政处罚主体。而税务局的发票管理部门、税源管理部门、税务所等，也有一定的行政处罚权，也可以成为税务行政处罚的主体。这些处罚主体通常要按照职能分工来决定管辖范围，权限通常是明确的。纳税人在使用发票上存在违法行为，通常由发票管理部门进行处理和处罚。而发票违法行为比较严重，导致偷税或骗取出口退税的，则由稽查局进行处理和处罚。

此外，在实施税务行政处罚的过程中，往往会遇到一些特殊的情形，需要特殊处理。

当已受理税务违法行为的税务机关发现该行为不属于自己管辖或已构成犯罪时，应当移送有管辖权的机关管辖。可区分两种情况：

（1）税务机关在办理案件过程中，如有证据认定行为人的行为不仅仅是违法行为，而且已经构成了犯罪，必须将案件移送给有管辖权的司法机关，依法追究行为人的刑事责任，这是"刑事优先原则"在行政处罚法中的具体运用，也体现了我国一贯主张的不得以行政处罚代替刑罚的政策。

（2）税务机关在受理税务违法案件后，发现该案件不属于自己管辖，应当将案件材料移送有管辖权的税务机关，受移送的税务机关应接受。

当两个或两个以上税务机关之间因处罚管辖权问题发生争议无法协商一致，或由于特殊情况无法行使管辖权时，就要由上级税务行政机关指定管辖。如因征管范围划分、纳税人隶属关系、纳税人经营行为发生地与核算地等问题造成两个税务机关之间发生税务行政处罚上的争议，就要由上级机关指定管辖。

（三）税务行政处罚的实施规则

对违法行为实施行政处罚，是一个对违法行为予以认定、评价和适用法律的复杂过程，既涉及行为人的主客观因素和从重、从轻以及免责事由，也涉及违法行为本身的复杂与多变，涉及实施处罚的机关之间的分工与协作。因此，税务行政处罚的适用，就是税务机关针对纳税人及其他税务当事人违法行为的事实和情节，用税收法律、法规加以衡量，确定如何处罚的工作过程。税务行政处罚的适用包括以下内容。

1. 一事不再罚。"一事不再罚"是税务行政处罚适用的一项重要规则，具体是指对纳税人及其他税务当事人的同一违法行为不给予两次以上罚款的行政处罚。确立这一规则，目的在于防止重复罚款和多头罚款。

对违法当事人的同一个违法行为不得给予两次以上罚款处罚，主要适用三种情况：一是同一个违法行为违反了一个法律规范，由一个行政机关实施处罚的，行政机关不得以其他理由给予当事人两次以上处罚；二是同一个违法行为违反了一个法律规范，由两个以上行政机关实施处罚的，应由其中一个机关给予处罚，另一个机关不得以同一事实和理由再予以处罚；三是一个违法行为违反了两个以上法律规范，依法分别由两个以上行政机关给予罚款处罚的，为了保护当事人的利益，根据有利于弱者的原则，一个行政机关已经给予了一次罚款，其他行政机关就不要再给予罚款的行政处罚，但依法可以给予其他种类的处罚。

◬【案例 12 - 2】

2020 年 3 月，某市税务局稽查分局在日常检查中发现远征运输公司采取设两套账的方法隐瞒营业收入，偷税 34 500 元。经调查核实，稽查分局对远征运输公司作出处理决定：

（1）根据《税收征管法》第六十条的规定，罚款 1 000 元；

（2）根据《税收征管法》第六十三条的规定，远征运输公司构成偷税，责成其补税，并处所偷税款 1 倍的罚款。

运输公司以稽查分局做出的处罚决定违反了《行政处罚法》第二十四条"对当事人的同一违法行为不得给予两次以上罚款的行政处罚"的规定及未告知为由，向该市税务局就税务行政处罚行为提起复议。

试回答：稽查分局的处罚行为是否违反了"一事不再罚"原则？

2. 自由裁量规则。自由裁量规则是指税务机关根据税务违法行为的情节和危害程度，在税收法律、法规规定的处罚种类和幅度范围内，实施税务行政处罚的规范性准则。

（1）从重税务行政处罚。从重处罚是指在法定行政处罚范围内对行为人适用较重的处罚种类或者较大的罚款。它表明应受处罚行为的基本构成不足以容纳违法行为的严重性，只有通过加重行为人的责任，才能保持行政处罚与违法行为的性质和情节相互适应。

（2）从轻或减轻税务行政处罚。从轻处罚是指在法定处罚范围内对行为人适用较轻的处罚种类或者较少的罚款。减轻处罚是指在法定处罚种类中对行为人适用减轻一格的处罚。从轻或者减轻处罚体现了行为违法的等级性，是对行为的社会危害程度的反映。因此，它们的适用问题实际上涉及过罚相当的原则，是该原则在决定处罚中的具体落实。从轻或减轻税务行政处罚适用于以下情况：一是行为人主动消除或者减轻违法行为危害后果的；二是受他人胁迫有违法行为的；三是配合税务机关查处违法行为有立功表现的。

（3）免予税务行政处罚。免予税务行政处罚是指税务机关依照法律、法规的规定，考虑到存在法定的特殊情况，对本应给予处罚的违法行为人免除对其适用税务行政处罚。免予处罚的行为人的行为是违法行为，但存在两个法定的特殊情况：一是违法行为轻微并及时纠正；二是没有造成危害后果。因此，不予处罚。

第三节　税务行政处罚的程序

一、简易程序

简易程序，也称当场处罚程序，是指税务机关对于违法事实清楚、有法定依据、情节简单、后果轻微的税务违法行为当场作出处罚决定所应遵循的简单方式和步骤。

（一）简易程序的特点

1. 在发现违法行为后当即给予行政处罚。适用一般程序的行政处罚，是在得到案件线索后，经过调查、取证、审理、决定、报批等很多步骤，才能作出处罚。采用简易程序则是从发现违法行为到作出处罚决定，始终在被处罚人在场的情况下，在很短的时间内进行完毕。

2. 适用于违法事实清楚、情节简单的税务行政违法行为。对于事实不清、案情比较复杂，需要调查取证的，则不能采用简易程序，当场进行处罚。

3. 行政效率高。简易程序具有简洁明了、迅速及时、灵活简便的优点，因而能够及时地制止各种税务违法行为，快速处理各种应急案件，加强行政机关之间的配合，大大提高税务行政执法的效率。这也是设定简易程序的目的所在。但是，需要注意的是，不能为了效率而牺牲公平。

（二）适用简易程序的条件

适用简易程序时，作出税务行政处罚决定的过程比较简短，程序不够严谨，容易出现失误，从而侵犯行政相对人的合法权益。因此，简易程序的范围必须加以限制。适用简易程序必须符合以下条件，而且缺一不可：

1. 违法事实清楚，情节简单，后果轻微。

2. 有法定的处罚依据。

3. 处罚决定一般仅限于数额较小的罚款。所谓数额较小的罚款，是指对公民处以 50 元以下、法人或其他组织处以 1 000 元以下的罚款。

（三）简易程序的具体步骤

简易程序不是没有程序，税务机关采用简易程序实施行政处罚，必须遵循以下工作步骤。

1. 表明身份。税务行政执法人员应当向纳税人和其他税务当事人出示有效合法的执法身份证件，如《税务检查证》，表明税务机关给予税务行政处罚的主体资格。这是税务行政处罚遵循公开原则的具体体现。

2. 指出违法事实，说明处罚理由和依据。税务人员当场发现的税务违法行为，要向违反税法行为人指出其行为违反了税收法律、法规及其规章的哪些条款，并注意当场搜集一些证据。然后说明处罚的理由和依据。

3. 解答被处罚人的口头申辩。在税务执法人员将违法事实与处罚依据告知纳税人和其他税务当事人后，纳税人和其他税务当事人仍不理解而提出申辩与疑问时，税务执法人员应允许其申辩，并耐心解答其提出的与税务行政处罚有关的问题。

4. 制作《税务行政处罚决定书（简易）》。税务执法人员应当按照规定填写上级税务机关统一印制的有预定格式、顺序号码的《税务行政处罚决定书（简易）》。《税务行政处罚决定书（简易）》应当载明当事人的税务违法行为、行政处罚依据和罚款数额、时间、地点以及税务机关名称，并由税务执法人员签名、盖章。

5. 交付《税务行政处罚决定书（简易）》。税务执法人员将填写完毕的《税务行政处罚决定书（简易）》当场交付被处罚人，并告知被处罚人，对当场作出的税务行政处罚决定不服，有权依法申请税务行政复议或者提起行政诉讼。

6. 备案。税务执法人员当场作出的税务行政处罚决定，必须在 2 日内报所属税务机关备案并填写《当场处罚登记表》。

二、一般程序

一般程序，亦称普通程序，是与简易程序相对应的一个程序，即除了适用简易程序的行政处罚之外，都适用一般程序。

一般程序适用以下三类案件：（1）处罚较重的案件；（2）情节复杂的案件；（3）当事人对于执法人员给予当场处罚的事实认定有分歧而无法作出税务行政处罚决定的案件。

税务行政处罚一般程序包括立案、调查取证、审查、决定和执行等几个主要步骤。

（一）立案

立案是税务机关认为纳税人及其他税务当事人发生税务违法行为应给予行政处罚的一项初步决定。立案的渠道主要有以下五个。

1. 税务机关工作人员在具体征收管理、纳税评估或税务稽查工作中，发现纳税人及其他税务当事人有税务违法嫌疑的，进行立案处理。

2. 税务人员进行当场处罚因事实不清、无法作出处罚决定的，要立案处理。

3. 其他税务机关或其他行政机关移送、转办的以及上级交办的案件，本税务机关重新履行立案手续。

4. 根据公民举报的线索进行立案。

5. 人民法院退回的不予追究刑事责任的税务违法案件。

（二）调查取证

税务违法案件立案以后，必须全面、客观、公正地调查和收集有关证据。既要收集对当事人不利的证据，也要收集对当事人有利的证据。

1. 调查取证的内容。调查取证的内容是指调查取证所要取得的证据。证据具体包括：书证、物证、视听资料、证人证言、当事人的陈述、鉴定结论、勘验笔录、现场笔录。

2. 调查取证的步骤。

（1）出示证件，表明身份。

（2）实施复印、复制等调查取证的具体操作。

（3）税务机关的调查机构应当充分听取当事人的陈述、申辩意见，并对陈述、申辩情况进行记录或制作《陈述申辩笔录》。

（4）调查终结，调查机构应当制作调查报告，并及时将调查报告连同所有案卷材料移交审查机构。移交的调查报告主要包括下列内容：当事人的基本情况；当事人的违法事实及证据；告知情况；当事人的陈述申辩情况；处罚建议；其他事项。

（三）案件审查

案件审查是由税务机关的专门机构对调查取证的结果进行详细审查。审查机构收到调查机构移交的案卷后，要做以下工作。

1. 对案卷材料进行登记，填写《税务案件审查登记簿》。案卷登记的主要内容包括：调查案件来源的资料；事实证据材料；告知材料；陈述、申辩意见记录或《陈述申辩笔录》；《调查报告》等。

2. 审查机构对案件下列事项进行审查：

（1）调查机构认定的事实、证据和处罚建议适用的处罚种类、依据是否正确；

（2）调查取证是否符合法定程序；

（3）当事人陈述和申辩的事实、证据是否成立。

3. 制作《审查报告》。审查机构要在自收到调查机构移交案卷之日起 10 日内审查终结，制作《审查报告》，并连同案卷材料报送本级税务机关负责人审批。

4. 制作、下达《税务行政处罚事项告知书》。初步提出处罚建议，制作《税务行政处罚事项告知书》并送达当事人，告知当事人作出处罚建议的事实、理由和依据，以及当事人依法享有要求听证的权利和提出听证申请的期限。如果被处罚人要求听证，则进入听证程序。听证程序不是税务行政处罚一般程序中的必须程序，只有处罚金额较大时才经过这一程序。

（四）作出处罚决定

审查机构应结合听证结论，根据不同情况分别制作以下处理决定书，报送本级税务机关负责人签发：

1. 有应受行政处罚的违法行为的，根据情节轻重及具体情况予以处罚，制作《税务行政处罚决定书》。

2. 违法行为轻微，依法可以不予行政处罚的，不予行政处罚，制作《不予行政处罚决定书》。

3. 违法事实不能成立的，不得予以行政处罚，制作《税务处理决定书》。

4. 违法行为已构成犯罪的，移送司法机关，制作《税务处理决定书》。

✦【案例 12－3】

露达装饰装潢公司主要业务是承揽装修工程，同时销售装饰材料。经理王某多次指使财务人员采取销售不入账的手段偷逃税款。2020 年 2 月 5 日，经群众举报，市税务局稽查局对该公司 2019 年纳税情况进行纳税检查，发现了隐瞒收入、偷逃税款的事实，偷逃企业所得税 17 674.65 元，占同期应纳税额的 12.15%。随后根据调查结果作出如下处罚决定：对露达公司处以所偷税额 1 倍的罚款，限其在 5 日内缴清税款和罚款，告知纳税人复议和诉讼的权利及期限。由于偷税数额较大，稽查局立案以后移送司法机关处理。

试回答：稽查局的处理和处罚决定是否存在问题？

三、听证程序

税务行政处罚的听证程序，也叫半开庭程序，是指税务机关在作出严厉的税务行政处罚决定之前，由税务机关指派专人主持听取案件调查人员和当事人就案件事实及其证据进行陈述、质证和辩论的法定程序。

听证程序不是与简易程序、一般程序相并列的第三种程序，而是一般程序中的一个中间环节。但由于简易程序中没有听证程序，一般程序中又不是都必经听证环节，所以把听证作为一种特别程序对待。

⚠ 【提示】

实行听证制度，有利于合法、公开、公正和高效率地处理行政事务，对保障国家、公民、法人或者其他组织的合法权益，完善社会主义市场经济体制所要求的法制体系，加快社会主义民主与法制建设的进程，有重要的现实意义。近年来，越来越多的公共部门在处理涉及民生的事务时，如火车票拟提价，都举行听证会，这是可喜的变化。

（一）听证的适用条件

在税务行政处罚程序中设置听证程序，有利于更充分地听取当事人的意见，维护被处罚人的合法权益。但该程序的设置也加大了税务管理的成本。为了协调这一矛盾，现行制度规定了两个限制条件。同时满足这两个条件的，才能适用听证程序。

1. 实体条件：处较大数额的罚款。较大数额的罚款，即税务机关拟对公民作出 2 000 元（含本数）以上罚款、对法人或者其他组织作出 10 000 元（含本数）以上罚款的行政处罚。

2. 程序条件：当事人有听证要求。当事人与税务机关不仅对税务违法事实的认定有分歧，而且还要有当事人口头或者书面提出听证要求。对于当事人没有提出举行听证要求的，可以不组织听证，但税务机关认为举行听证有利于查清事实、准确定性的，征得当事人的同意，也可以组织听证。

（二）听证参与人

听证参与人是指参与听证活动的组织者、税务调查人员、当事人、第三人及其他听证参加人。

1. 听证组织机关。听证组织机关是指对税务行政处罚等具体行政行为作出裁决的法定税务机关。通常是指拟作出行政处罚的那个税务机关，由该税务机关内部相对独立的专门机构来担任组织工作。听证组织机关自始至终参与听证的组织管理工作，在听证程序的实施中发挥着主导性作用。其具体工作包括以下四个方面：（1）指定听证主持人；（2）提供听证场所和必要的物质条件；（3）监督案件调查人员做好听证准备；（4）建立听证程序的一整套内部操作规范。

听证组织机关不得向听证申请人收取任何费用。

2. 听证主持人。听证主持人是指直接主持听证会的人。他由税务机关在机关内部工作人员中指定产生，一般是税务机关内部从事法制工作的人员。案件调查人员不准担任听证主持人，与本案有利害关系的人员也要回避。

遵循简便效率原则，听证主持人通常是 1 人，并另指定 1 名记录员。对于重大疑难案件，可以由 2~3 人共同主持，其中 1 人为首席主持人。

3. 案件调查人员。案件调查人员要参加听证，向听证主持人提出当事人违法的事实、证据和税务行政处罚建议。在进入听证程序之前，调查人员承担调查职能，而在听证程序当中则承担控诉职能。

4. 当事人。当事人可以亲自参加听证，也可以委托他人（1～2 人）代理。当事人委托代理人时，当事人有申请听证的权利，也有放弃质证和申辩的权利。对无正当理由不按税务机关通知参加听证的，则视为放弃听证的权利。在听证中，当事人有申请回避权、委托代理权、质证权、申辩权、最后陈述权。同时，当事人应承担按时参加听证、如实回答听证主持人的询问、遵守听证秩序等义务。

5. 第三人。第三人是指与案件有利害关系的人。第三人也有权要求参加听证，在听证中享有与当事人相同的权利和义务。

6. 其他听证参与人。其他听证参与人是指除听证主持人、本案调查人员、当事人及第三人之外的参与听证程序、享有一定权利并承担一定义务的人。包括证人、鉴定人和翻译人员。

（三）听证的具体实施步骤

1. 提出听证申请。当事人对于税务机关作出的罚款处罚要求听证的，应当自收到《税务行政处罚事项告知书》之日起 3 日内向税务机关书面或口头提出。逾期不提出的，视为放弃听证权利。

2. 受理听证申请。税务机关应当在收到当事人听证申请后 15 日内举行听证，并应在举行听证的 7 日前将《税务行政处罚听证通知书》送达当事人，通知当事人举行听证的时间、地点、听证主持人的姓名及有关事项。

当事人由于不可抗力或者其他特殊情况而耽误提出听证期限的，在障碍消除后 5 日内，可以申请延长期限。如其理由正当，税务机关应当准许。

3. 确定听证举行方式。一般情况下，税务行政处罚听证应当公开进行，允许公众旁听，但涉及国家秘密、商业秘密或者个人隐私的，听证不公开进行。不公开听证的，应当在举行听证时当场宣布理由。所谓国家秘密，是指国家事务的重大决策、国防建设和武装力量活动、外交和外事活动、国民经济和社会发展、科学技术、维护国家安全活动和追查刑事犯罪中的秘密事项，以及国家保密工作部门确定的其他应当保守的国家秘密事项。

4. 举行听证。举行听证一般按照以下顺序进行：（1）主持人应当首先声明并出示税务机关负责人授权主持听证的决定，即授权书，证明其主持人身份的有效性，然后查明听证参加人员是否全部到场，符合规定的，宣布听证会开始和听证会场纪律，告知当事人有关权利和义务等事项；（2）由调查取证或者税务检查人员提出当事人违反税法的事实、证据和处罚的建议；（3）主持人询问当事人、证人及其他有关人员，并出示证据材料；（4）当事人就指控的事实及相关问题进行申辩和质证，没有质证的证据不得作为税务行政处罚的法律依据；（5）调查取证人员与当事人相互辩论；（6）主持人宣布辩论和质证结束时，当事人作最后陈述；（7）主持人宣布听证会结束。

5. 制作听证笔录。在听证时制作听证笔录，交当事人或者其代理人、本案调查人员、证人及其他有关人员阅读或者向他们宣读。笔录有误的，可以补充或者改正；无误的由上述人员在笔录上签名盖章。听证结束后，听证主持人提出处理建议，连同相关资料一起送审查部门。

第四节　税务行政处罚的执行

税务行政处罚文书的送达与执行，是税务行政处罚程序的重要组成部分和最后环节，是税务行政处罚决定得以实施的重要保证。

一、税务行政处罚决定的送达

税务行政处罚文书的送达，是指税务机关按照法定程序和方式将税务行政处罚决定书送交给当事人的行为。

税务机关制作的税务行政处罚决定书，无论是采用简易程序，还是通过一般程序，当事人在当场的，应当当场宣告，并当场交付当事人。当事人不在当场的，有两种处理办法：一是通知当事人到税务机关，听取税务机关宣告行政处罚决定；二是税务机关派人到当事人的所在场所或通过其他方式，在 7 日内将税务行政处罚决定书送达当事人。具体可以采用直接送达、留置送达、委托送达、邮寄送达、公告送达等方式。

二、税务行政处罚决定的执行

税务行政处罚的执行，是指税务机关依法保证税务行政处罚决定为相对人所确定的义务得以履行的程序。实施税务行政处罚是税务机关的一种具体行政行为，是代表国家进行税务管理活动，是一种国家意志的体现。而国家意志是具有强制性的，因而使税务行政处罚具有权威性和有效性，行政处罚决定依法作出后，被处罚人就应当在行政处罚决定的期限内予以履行。不能自觉履行的，有关机关可以强制其履行。

税务行政处罚的执行必须遵循以下要求。

（一）处罚决定的自觉履行

当事人在收到税务机关送达的税务行政处罚决定书后，应当在税务行政处罚决定的期限内予以履行。任何单位和个人都必须依法按照税务行政处罚决定书上载明的期限和内容履行。

（二）罚收分离制度

作出罚款决定与收缴罚款相分离，即由不同的行政主体来实施，有利于减少"滥罚款"现象，制约截留、挪用、私分罚款收入等违反财经纪律的行为，有效地实施罚款制度。

【思考 12-3】

为什么要实行罚收分离的制度？

具体做法是：作出罚款决定的税务机关与收缴罚款的机构分离，即税务机关不能自罚自收，要由当事人自收到税务行政处罚决定书之日起 15 日内到指定的银行缴纳罚款。银行应当收受罚款，并及时划缴国库，不得以任何理由返还给任何机关或个人。

罚收分离也是一种原则规定，在下列情况下税务执法人员在作出税务行政处罚决定后，可以当场收缴罚款：

1. 对当场作出税务罚款决定的，有依法给予罚款额在 20 元以下的罚款和不当场收缴事后难以执行两种情况之一者，税务执法人员可当场收缴罚款。

2. 对于边远、水上、交通不便地区，税务机关及其执法人员依法作出罚款决定后，当事人向指定的银行缴纳罚款有困难，并经当事人提出，税务机关及其执法人员也可以当场收缴罚款。

税务机关执法人员实施税务行政处罚，当场收缴罚款，必须给被处罚人出具法定的统一罚款票据。所收缴的罚款，应当自收缴罚款之日起 2 日内交至所属税务机关；在水上当场收缴的罚款，应当自抵岸之日起 2 日内将罚款缴付指定的银行，由银行划入国库。

（三）处罚的强制执行

税务行政处罚的强制执行，是指当事人逾期不履行税务行政处罚决定，有关执行机关依法采取强制措施，迫使其履行税务行政处罚决定的活动。

税务行政处罚决定作出后，当事人应当自觉履行，这是执行的前提和基础，强制执行则是约束和保障。如果当事人及时、全面地履行处罚决定，该处罚即告结束；如果当事人在法定期限内拒不履行税务行政处罚决定，该处罚即进入强制执行阶段。具体可以采取以下强制执行措施：

1. 到期不缴纳罚款的，每日按罚款数额的 3% 加处罚款。

2. 对作出本税务行政处罚决定之前存在的、超过标的（如税款）价值所扣押、查封的商品、货物或者其他财产，税务机关可以将其拍卖，以拍卖所得抵缴标的价值额的同时，抵缴罚款。

3. 申请人民法院强制执行。

【思考12－4】

强制执行的第一项措施中，出现了三个"罚款"，它们有什么不同？

当事人确有经济困难，需要延期或者分期缴纳罚款的，经当事人申请和税务机关批准，可以暂缓或者分期缴纳。在暂缓、分期缴纳的期限内，不加收罚款。这样规定是考虑到当事人因不可抗力如遭受水灾、火灾等灾害造成财产损失，确无经济能力缴纳罚款的情况。

复习思考题

1. 税务行政处罚有哪些特征？
2. 税务行政处罚应遵循哪些原则？
3. 税务行政处罚的种类包括哪几种？
4. 税务行政处罚的简易程序包括哪些步骤？
5. 税务行政处罚的一般程序包括哪些步骤？

第十三章 税务行政救济

在税务机关行使职权给税务行政管理相对人（包括纳税人、扣缴义务人、纳税担保人及其他当事人等，下同）造成侵害的情况下，依据受侵害对象的请求，有权机关应当采取措施防止和排除其侵害。由于行政相对人在行政争议中往往处于受害者的弱势地位，对行政侵权又普遍采取事后补救的做法，所以通常称为税务行政救济。

对税务行政侵权引起的权利救济手段，广义地说，有民事的、刑事的、行政的和其他的若干种。其中，行政法律救济渠道主要有：（1）税务行政复议；（2）税务行政诉讼；（3）税务行政赔偿。

第一节 税务行政复议

税务行政复议，是纳税人或其他税务当事人认为税务机关的具体行政行为侵害了自己的合法权益，向做出具体行政行为的税务机关的上一级税务机关提出申诉，上一级税务机关依照国家税务行政复议法规裁决税务争议的活动。

【思考 13 - 1】
有人说，税务行政复议是一种"准司法行为"；也有人说，税务行政复议是行政机关内部的层级监督活动。你怎样看？

一、税务行政复议的特点

（一）以征纳双方的税务争议为调整对象

税务争议是税务机关与税务行政管理相对人在税务行政执法上发生的分歧。税务争议的存在包括两个方面：一是税务机关做出了具体行政行为；二是税务行政相对人认为该具体行政行为侵害了自己的合法权益，因而对具体行政行为不服。由于税务行政相对人的特殊地位，发生争议以后不能自己改变税务机关的决定，即无法实施自力救济，只能请求上级税务机关处理。因此，税务行政复议是解决税务争议的重要途径，税务争议是税务行政复议存在的前提。以税收征纳双方的税务争议为调整对象，是税务行政复议区别于一般行政复议以及税务行政仲裁、税务行政诉讼的重要特征。

（二）以行政相对人履行税务行政决定为必要条件

发生税务争议的原因之一是相对人认为税务机关的具体行政行为侵害了自己的合法权益，这是相对人的一种主观判断。税务机关的具体行政行为是否确实侵害了相对人的合法权益，要经过一定的程序加以确认，这在客观上需要一段时间。而税务机关的具体行政行为实质上是一种行政执法行为，由税法的强制性和严肃性决定，相对人必须首先执行税务机关的具体行政行为，不允许拖延，以维护国家的权益。相对人只有履行税务行政决定，才有提请税务行政复议的权利，而复议机关才能对下级税务机关的具体行政行为进行审理，正确的予以维持，错误的予以撤销，从而解决税务争议，维护相对人的合法权益。这种条件约定，既有利于税务机关依法行政，也有利于税务争议按程序有条不紊地解决。

（三）实行一级复议制

税务行政复议实行一级复议制原则。所谓"一级复议制"，是指行政复议案件经过一个行政复议机关审理，行政复议程序即告终结，不再向更上一级税务机关提出复议申请。不论税收管理体制如何划分，税收管理权如何交叉，税务行政复议案件只能由一个税务机关受理，进行一次审理复议。如果申请人对税务行政复议决定不服，可以向人民法院提起行政诉讼。这样做的目的是提高行政效率。

（四）不适用调解的原则

税务机关做出具体行政行为，是严格贯彻执行税法的行为。这种行为的作出有着固定的、规范的标准，具有法律刚性，不是任意的行为。税务行政复议机关在审理后，只能就具体行政行为是否合法、是否得当作出判决，而不能以中间人身份从中进行调解。

（五）主要以书面的形式进行审理

税务行政复议机关受理复议申请之后，将复议申请书副本转给被申请人，由其提交答复书。复议机关一般只就复议申请书、答复书以及其他调查资料进行审理，审理中可以要求某一方就某一问题进行书面答疑，只在案情特别复杂的情况下才要求当面答疑。一般情况下，争议双方及复议人员不当面辩论、询问，只是个别典型案例为了扩大影响、强化教育作用，才采用开庭审理的形式。

二、税务行政复议的受案范围

税务行政复议受理案件的范围，即税务行政复议的范围，是指法律、法规规定的税务行政复议机关应当受理的税务行政复议案件的范围。具体包括以下方面。

1. 税务机关作出的征税行为，包括确认纳税主体、征税对象、征税范围、减税、免税及退税、适用税率、计税依据、纳税环节、纳税期限、纳税地点以及税款征收方式等具体行政行为和征收税款、加收滞纳金及扣缴义务人、受税务机关委托征收的单位作出的代扣代缴、代收代缴行为。

2. 税务机关作出的税收保全措施：（1）书面通知银行或者其他金融机构冻结存款；（2）扣押、查封商品、货物或者其他财产。

3. 税务机关未及时解除保全措施，使纳税人及其他当事人合法权益遭受损失的行为。

4. 税务机关作出的强制执行措施：（1）书面通知银行或者其他金融机构从其存款中扣缴税款；（2）变卖、拍卖扣押、查封的商品、货物或者其他财产。

5. 税务机关作出的行政处罚行为：（1）罚款；（2）没收财物和违法所得；（3）停止出口退税权。

6. 税务机关不予依法办理或者答复的行为：（1）不予审批减免税或者出口退税；（2）不予抵扣税款；（3）不予退还税款；（4）不予颁发税务登记证、发售发票；（5）不予开具完税凭证和出具票据；（6）不予认定为增值税一般纳税人；（7）不予核准延期申报、批准延期缴纳税款。

7. 税务机关作出的取消增值税一般纳税人资格的行为。

8. 收缴发票、停止发售发票。

9. 税务机关责令纳税人提供纳税担保或者不依法确认纳税担保有效的行为。

10. 税务机关不依法给予举报奖励的行为。

11. 税务机关作出的通知出境管理机关阻止出境行为。

12. 税务机关作出的其他具体行政行为。

【提示】

必经复议和选择复议。对税务行政复议范围中的第一项行为不服的，应当先向复议机关申请行政复议，对行政复议决定不服的，可以再向人民法院提起行政诉讼；否则，直接向人民法院起诉的，人民法院不予受理，此为必经复议。对第一项以外的其他具体行政行为不服的，可以申请行政复议，也可以直接向人民法院提起行政诉讼，此为选择复议。

三、税务行政复议的参加人

税务行政复议的参加人是指依法参加税务行政复议活动的单位和个人，具体包括申请人、被申请人、第三人、税务代理人及税务行政复议机构。其中，申请人和被申请人统称为复议当事人，是税务行政复议的主体。

（一）税务行政复议的申请人

税务行政复议的申请人，是指认为税务机关的具体行政行为侵犯其合法权益、依法向税务行政复议机关提出复议申请的公民、法人或其他组织以及外国人、无国籍人、外商投资企业、外国企业及其他外国组织。包括纳税义务人、扣缴义务人、纳税担保人或其他税务争议当事人。

（二）税务行政复议的被申请人

税务行政复议的被申请人，是指做出具体税务行政行为，被税务行政管理相对人认为侵犯自己的合法权益并依法提出复议申请，而由税务行政复议机关通知参加复议的税务机关。

⚠【提示】

税务行政复议被申请人是税务机关，而不是具体的某个自然人，不是税务局长，也不是代表税务机关作出有争议的具体行政行为的税务人员。

被申请人包括：（1）作出具体行政行为的税务机关；（2）以自己的名义做出具体行政行为的税务机关派出机构；（3）对扣缴义务人代扣、代收税款行为不服的，主管该扣缴义务人的税务机关是被申请人；（4）作出具体行政行为的税务机关被撤销、合并的，继续行使其职权的税务机关是被申请人；（5）两个或者两个以上税务机关以共同名义作出具体行政行为的，它们是共同被申请人。

（三）税务行政复议的第三人

税务行政复议的第三人，是指与申请复议的具体行政行为有利害关系，为了维护自身的合法权益而经税务行政复议机关批准参加税务行政复议的其他公民、法人或其他组织。其特征是：（1）与发生争议的具体税务行政行为有利害关系；（2）是为维护自身合法权益而参加；（3）第三人只能在复议期间参加；（4）须经申请审批。

（四）税务行政复议的代理人

税务行政复议的代理人是指接受当事人委托，以被代理人的名义，在法律规定或者当事人授予的权限范围内，为保护被代理人的利益，代理实行复议行为而参加复议的人。税务行政复议的代理人可分为法定代理人、指定代理人和委托代理人。

（五）税务行政复议机构

税务行政复议机构是税务行政复议机关内部设立的专门机构。它负责受理复议申请，组织召开税务行政复议委员会会议，对复议案件进行调查、审理，并依法作出维持、补正、撤销等决定。税务行政复议机关就是税务机关，税务行政复议机构是税务机关内部职能部门。

县及县以上税务机关都要设立税务行政复议机构。税务行政复议机构包括常设的"税务行政复议办公室"和非常设的"税务行政复议委员会"两部分。税务行政复议办公室配备专职的行政复议工作人员，从事日常的管理工作；税务行政复议委员会由主任委员、副主任委员以及若干委员共 5 人以上组成。主任委员、副主任委员由复议机关领导担任，委员由各业务部门负责人或业务骨干担任。

四、税务行政复议的程序

税务行政复议的程序，是指税务行政复议机构针对税务争议双方提供的事实，依照税收法律、法规的规定，进行审查、处理的过程。

（一）税务行政复议的申请与受理

税务行政复议的申请与受理，是复议审理的前提，它是确定税务争议是否被提请复议以及能否成为符合法律、法规规定的审理对象的过程。

1. 税务行政复议的申请，是申请人就税务争议依法请求上一级税务机关审查具体行政行为并作出决定的活动。

申请人可以采用书面形式或口头形式提出申请。但必须具备以下条件：（1）申请人是认为具体行政行为直接侵犯其合法权益的公民、法人和其他组织以及外国人、无国籍人、外商投资企业、外国企业和其他外国组织。（2）有明确的被申请人。（3）有具体的复议请求和事实依据。（4）属于税务行政复议的受案范围。（5）属于规定的复议机关管辖。（6）在提出复议申请前，已经依照税务机关根据法律、行政法规确定的税额缴纳或者解缴了税款及滞纳金。（7）复议申请必须在法定的期限内提出，逾期将成为无效申请，一是申请人对税务机关的征税行为申请复议，要在缴清税款、滞纳金并收到税务机关填发的缴款凭证之日起 60 日内提出；二是申请人对税务机关的行政处罚行为、阻止出境行为、不作为行为、纳税担保、税收保全措施、强制执行措施不服的申请，要在接到处罚通知之日起或税务机关采取上述行为之日起 15 日内提出复议申请，申请人因不可抗力或者其他特殊情况，耽误法定申请期限的，在障碍消除后的 10 日内，可以申请延长期限，是否准许，由复议机关决定。（8）法律、法规规定的其他条件。

⚠【案例 13 - 1】

某镇办工业企业财务管理混乱，主管税务机关决定对其采取核定征收的方法，核定 2010 年 6 月份应缴纳的增值税为 2 600 元，该企业认为税额偏高，到 7 月 11 日仍未缴纳税款。7 月 13 日主管税务机关发出限期缴纳税款通知书，该企业于 7 月 25 日缴纳了税款，并被加收滞纳金，税务机关填开了缴款凭证。

试回答：如果该企业申请税务行政复议，其法定的最后期限是哪一天？

2. 税务行政复议的受理，是指复议机关对复议申请人的复议申请进行审查，对符合条件的复议申请予以接受、决定立案复议的行为。受理是复议工作的开始，税务复议机关应自收到复议申请之日起5日内，对复议申请作出审查，并决定受理、不予受理或责令申请人限期补正。

（二）税务行政复议的审理与决定

税务行政复议的审理与决定，是复议程序的核心环节，通过审理与决定得出解决税务争议的结论。

1. 税务行政复议的审理，是指税务行政复议机关对复议案件进行实质性审查，是审定和确认被申请人的具体行政行为是否正确、合法的活动。

（1）审理的内容。税务行政复议机关应对申请人申请复议的具体行政行为进行全面审查，审查的具体内容包括：争议的事实；执法依据；具体行政行为的合法性与合理性；执法权限；执法程序。

（2）审理的程序。第一，通知被申请人准备《答复书》。复议机关应在受理申请之日起7日内将复议申请书副本发送给被申请人。被申请人应当在收到复议申请书副本之日起10日内，向复议机关提交作出具体行政行为的有关资料或证据，并提出《答复书》。逾期不答复的，不影响复议。第二，审查复议参加人，审查税务具体行政行为的执行情况，确定审理方式。第三，审查材料，调查取证。第四，召开复议委员会会议，集体讨论，提出处理意见并表决通过。第五，制作《复议决定书》，报请税务行政复议机关法定代表人签署。

2. 税务行政复议决定，是指税务行政复议机关在查明案件事实的基础上，依据法律、法规、规章以及其他规范性文件，就有争议的具体行政行为作出的具有法律效力的裁决。税务行政复议机关应当自受理申请之日起60日内，按照下列规定作出复议决定：

（1）具体行政行为认定事实清楚，证据确凿，适用依据正确，程序合法，内容适当的，决定维持。

（2）被申请人不履行法定职责的，决定其在一定期限内履行。

（3）具体行政行为有下列情形之一的，决定撤销、变更或者确认该具体行政行为违法，决定撤销或者确认该具体行政行为违法的，可以责令被申请人在一定期限内重新做出具体行政行为：一是主要事实不清、证据不足的；二是适用依据错误的；三是违反法定程序的；四是超越或者滥用职权的；五是具体行政行为明显不当的。

（4）被申请人不按照规定提出书面答复，不提交当初作出具体行政行为的证据、依据和其他有关材料的，视为该具体行政行为没有证据、依据，决定撤销该具体行政行为。

此外，税务行政复议申请人在申请行政复议时，可以一并提出行政赔偿请求，税务行政复议机关对符合国家赔偿法的有关规定应当给予赔偿的，在决定撤销、变更具体行政行为或者确认具体行政行为违法时，应当同时决定被申请人依法给予赔偿。

◇【案例13-2】

2020年6月20日，某县税务局查实某建筑企业5月份采取虚假的纳税申报偷税20万元，依法定程序分别下达了税务处理决定书和税务行政处罚决定书，决定补缴税款20万元，按规定加收滞纳金，并处所偷税款1倍的罚款。该企业不服，在缴纳税款后于6月25日向市税务局申请行政复议，市税务局于收到复议申请书后的第8天，以"未缴纳罚款为由"决定不予受理。

试回答：市税务局在复议工作中存在哪些问题？

（三）税务行政复议的送达与执行

送达与执行属于税务行政复议的收尾阶段，是保证税务行政复议决定和裁定最终落实的重要工作。

1. 送达。送达是指税务行政复议机关依法定方式把复议文书交给复议参加人的一种法律行为。税务行政复议文书一经送达，由受送达人在送达回证上签名或盖章，即发生法律效力，受送达人即根据复议决定的事项，行使自己的权利，履行自己的义务。税务行政复议文书送达的方式有直接送达、委托送达、邮寄送达、留置送达、公告送达等。

2. 执行。执行是指复议参加人为实施税务行政复议机关对税务争议作出的复议决定或裁定而进行的活动。复议决定书一经送达即发生法律效力，对申请人、被申请人、第三人、复议机关都具有约束力和确定力。如果申请人逾期既不起诉又不履行复议决定，税务机关则可以依法强制执行，或者申请人民法院强制执行；如果被申请人不履行或者无正当理由拖延履行税务行政复议决定的，税务行政复议机关或者有关上级行政机关应当责令其限期履行。

第二节　税务行政诉讼

税务行政诉讼是指纳税人和其他税务当事人认为税务机关及其工作人员的具体行政行为侵犯其合法权益，依法向人民法院提起诉讼，由人民法院进行审理并作出裁决的活动。它是我国行政诉讼制度的重要组成部分，是依靠行政司法手段解决税务争议的最后一个环节。作为税务行政复议的必要补充，税务行政诉讼在解决税务争议方面发挥着重要的作用。

一、税务行政诉讼的原则

税务行政诉讼的原则，是指税务行政诉讼活动所遵循的基本准则，它可以正确指导税务行政诉讼法律关系，指导审判程序与诉讼程序的协调配合，便于税务争议的解决。在税务行政诉讼活动中，除了坚持"以事实为依据、以法律为准绳""当事人法律地位平等""人民法院独立行使审判权"等基本原则以外，还应遵循以下原则。

（一）复议前置原则

复议前置原则是指在税务争议（尤其是因税务机关征税行为引发的税务争议）发生之后，都应尽可能先通过复议程序加以解决，对复议决定不服再提起诉讼。将征税行为列入必经复议范围，主要是考虑到税收的专业性、技术性强等特点，由税务机关先行复议，一是可以解决一些专业性比较强的税务争议；二是有利于税务争议及时地按程序加以解决；三是有利于减轻人民法院的负担；四是争议双方矛盾冲突不太严重，存在通过复议解决的必要性和可能性。

（二）司法变更权有限原则

人民法院对诉讼案件进行判决时，更多的情况是判决维持或撤销，很少判决变更。在税务行政诉讼中，只有税务机关作出的行政处罚显失公正时，人民法院才直接作出改变税务机关具体行政行为的判决。

【思考 13 - 2】

为什么限制人民法院的司法变更权限呢？

（三）被告负举证责任原则

举证责任是指当事人就其诉讼请求向人民法院提供证据的责任。在税务行政诉讼中，将举证责任全部归于税务机关，是因为税务争议的焦点——具体行政行为是由税务机关作出的，因此，由税务机关提供做出具体行政行为的法律依据、事实等证据，是理所当然的。同时，税务机关作为国家行政管理机关，在取证的权力、技术手段、保存证据的制度和专业人员上都有保障。被告负举证责任，并不排除行政相对人作为原告有提供证据的义务，即原告可以据实提供反证。

（四）起诉不停止执行原则

起诉不停止执行是指行政相对人就税务机关作出的某项具体行政行为引起的争议向人民法院起诉（包括申请税务行政复议）以后，在诉讼期间，该具体行政行为并不中断执行。坚持这一原则，有利于保障和维护税务机关的行政执法权威，也可以防止行政相对人利用诉讼逃避纳税义务或推诿应承担的法律责任。这一原则也适用于税务行政复议。

二、税务行政诉讼的程序

税务行政诉讼的程序，是指人民法院解决税务争议案件的基本工作步骤。税务行政诉讼是一项比较复杂的活动，它涉及的环节很多，又有多个诉讼主体参与，有了明确的工作程序才能保证诉讼活动规范有序地进行。根据两审终审原则，税务行政诉讼程序主要包括第一审程序和第二审程序。

⚠【提示】

人民法院审理案件，实行两审终审制度。即对一审法院的判决不服，还可以向上一级法院起诉，上级法院进行第二次审理并作出判决，该判决为终审判决，一般不可以再上诉。实行两审终审制，虽然耗费了较长的时间，但体现了法律工作更注重公平；相对应的税务行政复议实行"一级复议制"，则反映了行政工作更注重效率。

（一）税务行政诉讼的第一审程序

第一审程序是指对某一行政案件第一次审理时人民法院适用的程序，主要包括起诉与受理、审理、判决、执行等环节。

1. 起诉与受理。

起诉是指纳税人及其他行政相对人不服税务机关作出的行政处理决定，依法向人民法院提出诉讼请求，以寻求司法保护的一种行为。行政相对人不服复议决定的，可以在收到复议决定书之日起 15 日内向人民法院起诉；对税务机关作出的其他行政行为不服而向人民法院起诉的，可以从收到有关决定或者知道具体行政行为之日起 6 个月内提交起诉状。行政相对人作为原告，向人民法院递交书面起诉状，意味着税务行政诉讼活动的开始。

受理是指人民法院接受原告的起诉状并进行审查，从而决定受理立案成为税务行政诉讼案件的过程。受理的基础性工作是对起诉状的审查，它是以起诉状为中心进行的。人民法院接到起诉状，经审查，应当在 7 日内立案或者作出裁定不予受理。不予受理的，要告之原告不予受理的理由、上诉权利与期限。

2. 审理与判决。

审理是指人民法院对受理立案的税务行政诉讼案件进行实质性审查，为一审判决奠定基础。除涉及国家机密及个人隐私等情形外，人民法院公开审查行政案件，通常由 3 人以上的单数审判员组成合议庭，或者由审判员、陪审员组成合议庭，开庭审理案件。其具体程序包括：（1）开庭审理前的准备；（2）宣布开庭审理；（3）法庭调查；（4）法庭辩论；（5）合议庭评议。

判决是人民法院解决当事人之间税务争议的处理结论。人民法院在受理税务行政诉讼案件后，就要进行审理，并要从立案之日起 3 个月内作出判决。无论是否公开审理案件，判决一律公开宣告。公开审理的案件，可以当庭宣判，判决书于宣判后 10 日内发送当事人。宣布判决后，必须告知当事人上诉权利、上诉期限和上诉的法院。

人民法院经过审理，根据不同情况，分别作出以下判决。（1）具体行政行为证据确凿，适用法律、法规正确，符合法定程序的，判决维持。（2）具体行政行为有下列情形之一的，判决撤销或者部分撤销，并可以判决被告重新作出具体行政行为：主要证据不足的；适用法律、法规错误的；违反法定程序的；超越职权的；滥用职权的。（3）被告不履行或者拖延履行法定职责的，判决其在一定期限内履行。（4）行政处罚显失公正的，可以判决变更。

⚠【案例 13 - 3】

2020 年 5 月 8 日，接群众举报某宾馆采取发票开大头小尾方式进行偷税。该县税务局遂立案检查，5 月 9 日县税务局派人对宾馆依法实施了检查，查实其偷税 4 500 元的事实。该县税务局遂于 5 月 15 日依法作出补缴税款、加收滞纳金及处以所偷税款 2 倍罚款的决定。宾馆不服，于 5 月 20 日缴纳税款后依法向市税务局申请行政复议。6 月 10 日，复议机关经审理后，作出维持原具体行政行为的复议决定。（本案例不考虑发票违法行为的处理）

试回答：如果宾馆对市税务局的复议决定不服，应以谁为被告提起行政诉讼？

（二）税务行政诉讼的第二审程序

当税务行政诉讼当事人对第一审法院的判决不服，在上诉期限内依法提起上诉，上一级人民法院依法进行审理和判决的过程，为第二审程序，也叫上诉程序，是一审程序的继续，审理上诉案件的上级人民法院为二审法院。第二审程序的主要作用在于加强对下级人民法院审判工作的检查和监督，纠正第一审裁判中的错误，保护当事人的合法权益，提高审判的公正性。

1. 上诉案件的提起与受理。

上诉是指税务行政诉讼当事人不服人民法院作出的一审判决或裁定，在其发生法律效力以前，向上级人民法院提出诉讼请求的活动。上诉是第二审程序的开始，也是当事人依法享有的权利。当事人不服人民法院第一审判决的，有权在判决书送达之日起 15 日内向上一级人民法院提起上诉。当事（上诉）人提起上诉，要提交上诉状。上诉状既表明与对方当事人存在争议，也表明对一审判决有异议。

原审人民法院或二审法院收到上诉状后，都交原审人民法院审查，作出限期补正、裁定驳回上诉或受理的决定，并于 5 日内将上诉状副本送达对方当事人，然后将案卷材料报送二审法院。

2. 上诉案件的审理与裁判。

上诉案件的审理，与一审程序基本相同，仍以开庭审理为主要形式。在个别情况下，二审法院认为事实清楚的上诉案件，可以采用书面审理形式。

二审法院审理上诉案件，应当在收到上诉状之日起 2 个月内作出判决，二审法院作出的二审判决或裁定，是终审判决或裁定，当事人不得再提起上诉。

人民法院审理上诉案件，按照下列情形，分别判决：（1）原判决认定事实清楚，适用法律、法规正确的，判决驳回上诉，维持原判；（2）原判决认定事实清楚，但适用法律、法规错误的，依法改判；（3）原判决认定事实不清，证据不足，或者由于违反法定程序可能影响案件正确判决的，裁定撤销原判，发回原审人民法院重审，也可以查清事实后改判。

⚠【提示】

审判监督程序是人民法院对已经发生法律效力的判决、裁定，认为确有错误而决定再次进行审理的程序。第二审人民法院作出的判决、裁定是终审的判决和裁定，已具有确定力，当事人不得再行上诉。但人民法院经当事人的申诉、法院的自我工作检查以及人民检察院的抗诉等发现原审在认定事实和适用法律等方面确有错误的，有权提审或者指令下级人民法院再审。审判监督程序本身并不是一个审级，不是行政诉讼案件的必经程序，它是一种特殊的诉讼程序，是为纠正违反法律法规规定的判决、裁定而设置的程序。

三、税务机关在行政诉讼中的任务

税务机关是税务行政诉讼的当事人，通常以被告的身份参加诉讼活动。税务机关在税务行政诉讼中的任务，就是通过行使应诉、上诉以及申诉权利，证明自己作出具体行政行为或税务行政复议行为的合法性，维护自己依法行政的权威。

（一）应诉准备

应诉是税务机关作为被告对原告起诉的一种响应，即税务机关针对原告的起诉出庭进行答辩的诉讼活动。应诉是税务机关以法律手段维护自己主张的重要工作，包括一审应诉和二审应诉两种情形，其内容和程序基本相同。

人民法院对决定受理的诉讼案件，会在立案之日起 5 日内将起诉状副本发送被告税务机关；被告税务机关在收到起诉状副本之日起 10 日内向人民法院提交作出具体行政行为的有关材料，并提交答辩状。为此，税务机关应做好以下四个方面的准备工作。

1. 审查起诉（上诉）状。税务机关收到原告起诉（上诉）状副本和人民法院应诉通知书以后，要对起诉（上诉）状进行审查，审查的主要内容有：原告是否具备主体资格；起诉（上诉）的期限、程序是否符合法律规定；受理案件的法院有无管辖权等。对不符合起诉（上诉）条件的，应及时向人民法院提出。

2. 收集与整理证据。税务机关应围绕自己作出的、被起诉（上诉）的原具体行政行为收集、整理证据，包括作出原具体行政行为或税务行政复议行为的证据、程序、有关凭证、证明以及卷宗档案等，形成规范有序的证据资料。

3. 撰写答辩状。答辩状是税务机关以书面形式对原告起诉状（或上诉状）提出的起诉（或上诉）理由和事实进行反驳或辩解的一种司法文书。分为一审答辩状和上诉答辩状两种，两者只在案由和格式上稍有不同。答辩状的内容分为首部、正文、结尾和附项四个部分。答辩状应尽可能做到结构完整、层次清晰、逻辑严谨、针对性强、观点明确、论证充分、用词准确、简明通畅。

4. 选定诉讼代理人。税务机关应由其法定代表人或者由法定代表人委托的1~2名诉讼代理人出庭应诉。诉讼代理人可以从本机关的业务骨干中挑选，也可以委托税务师或律师。诉讼代理人的水平如何，对诉讼的成败起着关键性作用，因此，必须慎重选择。诉讼代理人确定以后，要向人民法院提交授权委托书，明确诉讼代理事项及权限。诉讼代理人应积极开展调查研究，全面深入地了解案情，拟写代理词和辩论提纲，为参加庭审作好充分准备。

（二）参加庭审

参加庭审是税务机关按照人民法院指定的日期出庭、接受法庭调查、提供证据、参加法庭辩论等各项活动的全过程，是应诉的实质性阶段。税务机关应正确行使自己的权利，履行自己的义务。

（三）执行或上诉

税务机关对人民法院的一审或二审判决没有异议的，就要认真执行人民法院的判决或裁定，包括赔偿对方当事人损失的判决。税务行政相对人不履行人民法院已经发生法律效力的判决或裁定，税务机关可以向人民法院申请强制执行。

税务机关对人民法院尚未发生法律效力的一审判决不服，可以在判决书送达之日起15日内向上一级人民法院提起上诉。税务机关提起上诉，要提交上诉状。

税务机关认为已经发生法律效力的判决、裁定确有错误，可以向人民法院、人民检察院提出申诉，请求人民法院再审。

第三节　税务行政赔偿

税务行政赔偿是指税务机关及其工作人员在执行公务、行使税收征管职权过程中，因其违法的具体行政行为侵犯了公民、法人或者其他组织的合法权益并造成损害，行政管理相对人依法请求税务机关承担赔偿义务，由税务机关进行国家赔偿的一项法律制度。

税务行政赔偿本质上属于国家赔偿，是国家赔偿的特定范畴之一，受国家赔偿法约束。健全和完善税务行政赔偿制度，有利于维护行政相对人的合法权益，促进税务机关依法行政。

一、税务行政赔偿的特征和原则

（一）税务行政赔偿的特征

1. 税务行政赔偿责任产生于税务机关及其工作人员执行职务的过程之中。具体来说，税务行政赔偿责任的产生取决于两个关键条件：一是税务机关及其工作人员的职务行为；二是该职务行为是违法的。税务机关及其工作人员执行职务的行为属于税务行政行为，因该行为给纳税人和其他税务当事人的合法权益造成损害的，应由税务机关予以赔偿。如果是税务人员非职务行为造成的损害，则不属于税务行政赔偿的范围。

2. 税务行政赔偿活动起因于受侵害主体的依法请求。按照不告不理的原则，受侵害人不提出申请的，税务机关通常不会自动进行赔偿。受侵害人请求赔偿的，复议机关可以责令被申请人按照有关法律法规的规定赔偿，或者人民法院判决税务机关进行赔偿。

3. 税务行政赔偿是国家赔偿。税务行政职能属于国家行政职能，税务机关及其工作人员所实施的职务活动是代表国家进行的，从根本上说是一种国家行政管理活动。因此，承担赔偿责任的主体是国家，税务行政赔偿依据的主要法律是《中华人民共和国国家赔偿法》。

4. 税务机关是税务行政赔偿的义务机关。虽然承担赔偿责任的主体是国家，但国家是个抽象的政治实体，只能由其所设置的政府机关代表其行使职权。基于此，就要由税务机关代表国家来直接地、具体地承担赔偿义务。同时，不论引起赔偿的侵犯行为是税务机关直接作出的，还是由税务机关工作人员或受委托组织代表税务机关执行职务中作出的，均不能改变税务机关的赔偿义务机关的地位。

【思考 13 – 3】
试举例说明，在什么情况下需要由税务人员个人承担赔偿责任。

（二）税务行政赔偿的原则

1. 归责原则。归责原则是指国家承担税务行政赔偿责任的依据和标准。也就是说，某种损害发生以后，在什么背景和条件下，赔偿责任要归于国家。是以行为人的过错为依据，还是以已发生的损害结果为依据，抑或是以行为的违法为依据？根据《国家赔偿法》的有关规定，国家赔偿责任的归责原则应当是无过错责任原则，即只要执行职务行为违法并造成损害事实，而不管行为人是否存在主观故意，国家都要承担赔偿责任。

2. 调解原则。税务行政赔偿案件与其他税务行政争议案件的一个显著区别就是，税务行政赔偿案件可以适用调解原则。人民法院可以在税务行政赔偿原告与被告之间进行调解，以达成一致目标。

3. 赔偿直接损失原则。赔偿直接损失原则是指税务机关只对因违法具体税务行政行为造成纳税人或其他税务当事人财产的直接损失给予赔偿。财产的直接损失是指受害人财产利益直接减少；间接损失是指受害人可能得到的财产利益受到损失。由于直接损失计算比较容易，间接损失较难估价，所以税务机关对纳税人或其他税务当事人财产造成损害的，按照直接损失给予赔偿。

4. 先赔偿后追偿的原则。先赔偿后追偿是指先由税务机关对受害人进行赔偿然后再对违法税务工作人员追偿的原则。这一原则主要体现对税务行政管理相对人合法权益的保障。如果由于税务机关及其工作人员的具体税务行政行为违法损害了税务行政管理相对人的利益，不管违法行为的责任如何确定，首先要对受害人的损失进行赔偿。税务机关赔偿损失后，再区分责任，责令有故意或者重大过失的工作人员承担部分或者全部赔偿费用。

二、税务行政赔偿的当事人

税务行政赔偿的当事人包括赔偿请求人和赔偿义务机关双方。在法定的范围内，哪些受损害的行政相对人在什么条件下可以成为税务行政赔偿请求人，哪些税务机关能够成为税务行政赔偿义务机关，是必须明确的问题。

明确税务行政赔偿请求人，目的是使受到税务机关及其工作人员违法职务行为侵害的税务行政相对人的合法权益能得到及时有效的赔偿，同时也是为了使赔偿处理组织能及时查明提出税务行政赔偿的请求人是否具备提出赔偿请求的资格，从而及时处理赔偿纠纷。

（一）税务行政赔偿请求人

税务行政赔偿请求人是指被税务机关及其工作人员违法行使职权侵犯了合法权益造成损害，依法向侵权的税务机关提出赔偿请求的纳税人和其他税务行政相对人。具体包括：

1. 受损害的纳税人和其他税务行政相对人，包括公民、法人及其他组织。

2. 受损害公民的权利承受人。受损害的公民死亡的，其继承人和其他有扶养关系的亲属可以成为赔偿请求人；受损害的公民无行为能力或限制行为能力，其监护人或法定代理人可以提出赔偿请求。

3. 受损害法人或者其他组织的权利承受者。如果受损害的法人或者其他组织发生合并、分立或终止，承受其权利的法人或者其他组织可以成为赔偿请求人。

（二）税务行政赔偿义务机关

税务行政赔偿义务机关，是指违法行使行政职权损害纳税人和其他税务当事人的合法权益，依照法律，代表国家履行赔偿义务的税务机关。

具体税务行政赔偿义务机关有以下六种：

1. 实施行政侵权行为的税务机关。税务机关及其工作人员行使职权侵犯纳税人和其他税务当事人的合法权益造成损害，该税务机关为赔偿义务机关。

2. 法律、法规授予行政权的组织。法律、法规规定负有代扣代缴、代收代缴税款义务的组织侵犯纳税人和其他税务当事人合法权益造成损害的，该组织为赔偿义务机关。

3. 委托的税务机关。受税务机关委托的单位或个人行使受委托的税收征收管理职权，侵犯纳税人和其他税务当事人合法权益造成损害的，委托的税务机关为赔偿义务机关。

4. 共同赔偿义务机关。税务机关与其他行政机关共同行使职权时，侵犯纳税人和其他税务当事人的合法权益造成的损害，共同行使职权的行政机关为共同赔偿义务机关。

5. 税务行政复议机关。如果被复议的具体税务行政行为存在行政违法赔偿问题，税务行政复议机关维持原具体税务行政行为时，由最初造成侵权行为的税务机关为赔偿义务机关；但税务行政复议机关复议决定加重损害的，税务行政复议机关对加重的部分履行赔偿义务。

6. 原赔偿义务机关被撤销后的赔偿义务机关。当违法行使行政职权造成纳税人和其他税务当事人损害的赔偿义务机关在履行赔偿义务之前被撤销时，继续行使其职权的税务机关为赔偿义务机关。如果没有继续行使其职权的税务机关，则由撤销赔偿义务机关的行政机关为赔偿义务机关。

三、税务行政赔偿的范围

税务行政赔偿的范围是指国家对哪些税务行为造成的损害予以赔偿，对哪些损害不予赔偿，即国家承担赔偿责任的范围。

（一）税务机关应承担行政赔偿责任的范围

根据《国家赔偿法》《税收征收管理法》等有关规定，税务机关及其工作人员的具体行政行为有下列情形之一，并对纳税人或税务行政相对人造成损害的，纳税人和其他税务行政相对人有申请并取得税务行政赔偿的权利。

1. 违法行使行政职权侵犯公民人身权。

⚠【提示】

人身权是指与公民人身紧密联系而没有财产内容的民事权利。人身权是国家宪法和法律赋予公民的最基本的权利之一。人身权主要包括公民人身自由权、公民的生命健康权、姓名权、名誉权、荣誉权等。

2. 违法征收税款行为。

3. 违法实施税务行政处罚行为。

4. 违法实施税收保全措施和强制执行措施。

此外，税务机关和税务机关工作人员违法实施下列职权，给行政相对人造成经济损失的，也要进行赔偿：不予办理《发票领购簿》或发售发票，取消或不予认定增值税一般纳税人资格，违法没收财物，撤销纳税人出口退税权等。但赔偿通常仅限于直接损失，因此，对上述行为的损害结果必须准确界定。

（二）税务机关不承担行政赔偿义务的范围

税务机关不承担行政赔偿义务的范围，即赔偿免责的范围。如有下列情形之一导致损害发生的，税务机关不承担赔偿义务：

1. 因税务机关工作人员与行使职权无关的行为导致的损害。

2. 因行政相对人自己的行为导致的损害。

3. 因行政相对人的贻误或放任导致的损害。

四、税务行政赔偿的方式

税务行政赔偿方式，是指税务机关承担赔偿义务的各种形式。根据损害的不同性质和程度，赔偿的方式也有不同。税务行政赔偿的方式主要有三种：支付赔偿金、返还财产、恢复原状。其中，支付赔偿金是最主要的赔偿方式。

（一）支付赔偿金

支付赔偿金，亦称金钱赔偿，是指将受害人的各项损失折抵成金钱，以货币的形式支付赔偿金额的一种赔偿方式。

支付赔偿金方式的适用范围主要是：（1）侵犯公民人身自由权、生命健康权的。（2）税务机关违法采取查封、扣押、没收财产等税收保全措施和税收强制措施，造成受害人的合法财产损坏或者灭失，已不可能恢复原状的。（3）受害人合法财产已被税务机关拍卖的。（4）对受害人合法财产造成其他损害的。

（二）返还财产

返还财产是指税务机关及其工作人员违法行使职权占有纳税人和其他税务当事人的财产，在能够返还财产的情况下，将财产返还给所有者的一种赔偿方式。这种方式简便易行，而且可以减少受害人的损失。

返还财产在下列情形下适用：一是处罚款、追缴没收财产或者违反国家规定征收财物、摊派费用的；二是查封扣押财产的。

（三）恢复原状

恢复原状是指税务机关及其工作人员违法行使职权侵害纳税人和其他当事人

的合法权益而有复原可能时，将受害人的合法权益恢复到权利被侵害前原有状态的一种赔偿方式。

恢复原状是介于返还财产与支付赔偿金之间的赔偿方式。对于财产完好无损的，应当返还财产；财产虽然有损坏但经修复以后能够恢复原状的，予以恢复原状；不能恢复原状的，则采取支付赔偿金的形式予以赔偿。恢复原状在下列情形下适用：一是应当返还的财产遭损坏，能够恢复原状的，应当恢复原状；二是解除查封扣押物品、通知银行冻结存款等税收保全措施后，能够恢复原状的，予以恢复原状；三是其他有可能恢复原状并不违反国家法律规定的。

五、税务行政赔偿的程序

税务行政赔偿程序，是指当税务机关及其工作人员违法行使职权造成他人损害而产生赔偿义务时，赔偿请求人、赔偿义务机关以及有关裁决机关必须共同遵循的工作步骤。

受害人请求税务行政赔偿的救济程序主要有两个：一是行政程序；二是诉讼程序。根据"行政先行处理原则"，税务行政赔偿请求人要求赔偿应当先向赔偿义务机关提出，由该税务行政赔偿义务机关依法进行处理，或者经双方当事人进行自愿协商，来解决税务行政赔偿争议。双方不能达成协商一致的，赔偿请求人可提起诉讼，通过司法程序解决。

（一）行政程序

行政程序是指税务机关依据行政法规的规定，按照行政程序解决与赔偿请求人之间侵权损害争议的工作过程。

1. 提出赔偿要求。税务行政赔偿请求人要求赔偿应当提交申请书，也可以口头提出申请，由赔偿义务机关制作笔录。受害人提出税务行政赔偿时，通常有两种情形：一是单独提出赔偿请求；二是合并提出赔偿请求。

（1）单独提出赔偿请求。当受害人对税务机关行使职权的具体行政行为合法性无争议，而只对自己遭受的经济损失提出赔偿请求时，即属单独税务行政赔偿请求。单独提出赔偿请求，可以就一项损害提出赔偿请求，也可以根据不同损害提出多项赔偿请求。单独提出税务行政赔偿请求，应该自税务机关及其工作人员行使职务的行为被依法确认为违法之日起2年内直接向赔偿义务机关提出，超过2年其赔偿请求权即自动失效。

（2）合并提出赔偿请求。合并提出赔偿请求也称"一并"提出赔偿请求，是指受害人对税务机关的具体行政行为不服，向上级税务机关提出复议请求或向人民法院提出诉讼请求的同时，对自己受到的侵害一并提出赔偿请求。受害人合并提出赔偿请求的，遵循税务行政复议或税务行政诉讼的程序。

2. 税务行政赔偿义务机关的受理与处理。税务行政赔偿义务机关受理赔偿申请后，应当对申请内容进行严格审核，并应当自收到赔偿申请之日起2个月内分别作出以下处理：对符合规定的，受理并作出赔偿决定；对不符合规定的，决定不予受理；自己不是法定赔偿义务机关的，告知受害人。

3. 税务行政赔偿的处理决定。赔偿义务机关审理终结后，决定应予以赔偿的，应制作赔偿决定书。赔偿决定书应当载明：赔偿请求人的基本情况；申请赔偿的请求和理由；赔偿义务机关认定的事实及法律依据；赔偿决定；不服行政赔偿决定的诉权；赔偿义务机关盖章；作出决定的日期。

（二）诉讼程序

诉讼程序是指税务行政赔偿请求人向人民法院提起诉讼，由人民法院依司法程序裁定税务机关履行赔偿义务的工作步骤。

1. 税务行政赔偿诉讼的概念。税务行政赔偿诉讼，是指人民法院在诉讼参与人的参加下，按照法定程序，解决税务行政赔偿争议的活动。它具有以下特点：第一，税务行政赔偿诉讼的目的是解决税务行政争议；第二，税务行政赔偿诉讼的裁决者是人民法院；第三，人民法院解决税务行政赔偿争议必须依照法律特别规定的程序进行。

2. 提起税务行政赔偿诉讼的主要情形。

（1）受害人与赔偿义务机关未能达成一致的赔偿意见；

（2）受害人不服复议机关关于税务行政赔偿的复议决定；

（3）与不服税务机关具体行政行为一并提出税务行政赔偿诉讼请求。

3. 税务行政赔偿诉讼案件的审理。税务行政赔偿诉讼案件的审理原则上适用税务行政诉讼程序，但也有以下例外：

（1）税务行政赔偿诉讼可以调解。《行政诉讼法》第六十七条规定，赔偿诉讼可以适用调解。这里的调解是指，在人民法院审判人员的主持下，当事人双方就税务行政赔偿争议进行协商，达成赔偿协议。调解达成协议的，应当制作调解书。调解书送达双方当事人，即具有法律效力。

（2）举证责任应合理分配。税务行政赔偿诉讼案件的举证要求与其他诉讼案件不同，其他行政诉讼案件中的举证责任完全归于被告行政机关，而赔偿诉讼案件的举证责任不完全归于被告，作为原告的税务行政赔偿请求人也应根据案件审理的要求进行举证。

（3）裁判不受行政处理的限制。税务机关先行处理只具有调解或协商性质，人民法院不将税务机关的赔偿处理作为审理客体，而是将税务行政赔偿争议本身作为审理客体。因此，人民法院的裁判不受行政处理的限制。

⚠【案例 13-4】

2020 年 3 月，某县税务局在对站前某饭店进行执法检查时，取走了该饭店的部分凭证账册、发票登记簿等资料及该饭店的营业执照正副本和卫生经营许可证，双方经清点造册后，税务机关出具了收据。事后，该饭店多次要求税务机关返还取走的营业执照、卫生经营许可证及相关资料，以便于饭店经营，但税务机关均以种种借口推托，未予返还。2020 年 7 月，该市工商管理机关对全市企业进行营业执照年检，该饭店因没有执照参加年检，其营业执照被作吊销处理。2020 年 9 月，该饭店向人民法院提起诉讼，要求法院判令该县税务局立即归还非法扣押的营业执照、卫生许可证及凭证、账册等经营资料，赔偿因税务机关非法扣押账册等侵权行为造成的损失数万元。

试回答：税务局应否就此给予赔偿呢？

复习思考题

1. 税务行政复议有哪些特点？
2. 税务行政复议程序包括哪些步骤？
3. 税务行政诉讼应遵循哪些原则？
4. 税务行政诉讼程序包括哪些步骤？
5. 税务行政赔偿的特征及原则是什么？

第十四章　涉税服务管理

涉税服务是相关主体为纳税人及公众（即潜在的纳税人）了解税法、涉税事项、办理税收业务的需要而提供的各种服务。涉税服务的主体、方式及技术手段，都存在着多元化的趋势。本章主要介绍税务机关专业的、无偿的纳税服务和税收宣传，以及中介机构专业、有偿的服务，使学生了解掌握涉税服务的现状、主要内容以及发展趋势。

第一节　税务机关纳税服务

纳税服务的概念最早产生于 20 世纪 50 年代的美国。随后各发达国家相继建立了专门的服务机构，采取多种途径和方式，为纳税人开展纳税咨询、提供税收法规信息和帮助纳税人依法纳税等服务。到 20 世纪 90 年代，我国也开始推广纳税服务工作。

一、纳税服务概述

（一）纳税服务的发展演变

1. 萌芽阶段。20 世纪 90 年代，在国务院及国家税务总局的有关文件中陆续出现纳税服务的提法，并成为 30 字新税收征管模式的重要组成部分。早期的观点是将纳税服务界定于热情的服务态度、优美的办税环境以及端茶倒水、站相迎、起相送等，大体可称为"微笑服务"或"精神文明型服务"。

2. 法制化阶段。21 世纪初，随着税收征管法的修订，纳税服务首次成为法条内容，使税务机关为纳税人提供了文明、便捷、高效、经济的各项服务措施，增加了维护执法规范性、促进公平公正的内容，相对于"微笑服务"有了大幅度的深化和扩展，大大丰富了纳税服务的内涵和外延。

3. 深化拓展阶段。2008 年 8 月，国家税务总局将 2002 年在征收管理司内成立的纳税服务处独立出来，升格设立纳税服务司。先进的服务理念、健全的机构体系、完善的法律体系、互联网 + AI 技术体系的全面融合，使纳税服务又上了一个新台阶，纳税服务理论和实践日益丰富和完善。

（二）纳税服务兴起的背景

1. 社会背景。政府治理理论经过公共行政、公共管理，正在向公共服务过渡，公共服务理论受到世界各国的普遍重视，建设服务型政府成为一致的目标。税务机关作为行政机关，是政府的组成部分，建设服务型税务机关便是服从大局之选。

2. 法律背景。宪法赋予公民知情权和参与管理公共事务的权利，税务机关开展纳税服务，是满足公民宪法权利的需要。

3. 经济背景。公共需要说（包括交换说）从经济角度阐明纳税与公共产品、公共服务的交换关系，纳税服务作为公共服务是纳税人纳税的对价（或称回报），是税务机关的经济义务。

4. 征管背景。信息不对称是制约税收征管效率效能的最大障碍，而通过纳税服务可以直接或间接地获取更多的相关信息，促进纳税遵从，减少信息不对称的危害。

5. 工作背景。纳税服务使纳税人知法、懂法，是严格执法的基础和前提，其重要性日益提升。而且从大型企业来看，强硬的稽查执法方式难以奏效，遵从管理、风险管理等服务性执法更易于被接受，要求管理工作必须向服务转型。

（三）纳税服务的概念范畴

关于纳税服务的概念，理论界和实际工作中争论较多，其观点主要有广义和狭义两种。广义的纳税服务，从服务内容上看，是指提供保护纳税人权益的一切机制和措施，它涵盖了优化税制、完善税政、健全征管、提供服务、降低纳税成本、提高税收行政效率乃至整个政府效率等方面的内容。从服务主体上看，包括税务机关提供的服务，也包括其他政府机关、社会中介机构、其他组织提供的服务，乃至纳税人的自我服务。狭义的纳税服务是指税务机关为纳税人提供的服务。

2005 年，国家税务总局颁发的《纳税服务工作规范（试行）》指出，纳税服务是指税务机关依据税收法律、行政法规的规定，在税收征收、管理、检查和实施税收法律救济过程中，向纳税人提供的服务事项和措施。这是狭义的纳税服务。纳税服务是税务机关行政行为的组成部分，是促进纳税人依法诚信纳税和税务机关依法诚信征税的基础性工作。具体应该从以下三个方面理解。

1. 纳税服务的主体。纳税服务的主体，即纳税服务的供应者。狭义的纳税服务主体指税务机关和税务人员，广义的还应包括政府综合部门、相关部门、司法机关、社会中介服务机构和其他社会组织乃至纳税人自己。

2. 纳税服务的客体。纳税服务的客体，又称纳税服务的对象、纳税服务的接受者。纳税服务的客体是纳税人。

【思考 14 – 1】

将纳税服务对象限定为纳税人是否符合实际？

⚠️**【提示】**

支撑和指导纳税服务的理论很多，现代社会学、现代经济学、现代管理学中新公共服务理论、新制度经济学理论、战略管理理论、顾客理论、流程再造理论、绩效管理理论、信息不对称理论等，应该是我们开展纳税服务工作、提升纳税服务质量和效率必须着重研究的科学理论。

其中，顾客理论也称客户理论，是顾客行为研究、顾客心理研究、顾客价值研究以及企业与顾客关系管理研究等密切相关的理论的集合。

有人认为，顾客理论也是纳税服务的科学理论，它对于做好纳税服务工作具有同样重要的指导意义。这是因为，税务机关属于公共服务业范畴，用传统的"纳税人"的称谓并不能涵盖税务机关所有的服务对象，并且公共行政改革倡导的服务理念是以顾客为导向，所以把纳税服务的对象界定为"顾客"是比较适合的。(1) 把纳税人视为顾客；(2) 以顾客需求为导向；(3) 以顾客满意度为主要评价标准。

3. 纳税服务的性质。纳税服务是税务机关的行政行为，因而也可以理解为：纳税服务是一种行政执法行为。

二、纳税服务的分类

1. 按纳税服务的内涵属性划分，有制度服务和行为服务。所谓制度服务，就是国家在制定税收法律、法规和政策的时候，从法律制度上为纳税人提供良好的生存和发展环境。所谓行为服务，就是税务机关或社会中介组织等在纳税人履行纳税义务的过程中为其提供的具体的直接的服务。

2. 按纳税服务的表现形式划分，有显性服务和隐性服务。所谓显性服务，是指那些可以用感官察觉到的和构成基本或本质特性的服务，如税务人员的微笑服务。所谓隐性服务，是指那些外在服务形式并不明显，而是将服务融入管理工作之中，潜移默化地产生影响的非本质特性的服务，如简化纳税程序或手续而给纳税人带来的便利。

3. 按纳税服务的空间范围划分，有前台服务和后台服务。所谓前台服务，是指税务人员在纳税服务大厅对纳税人展开的直接的、面对面的服务，如咨询服务、税款征收、发票发售、接受举报和申诉等。所谓后台服务，是指税务人员通过服务传递系统在税务办公室、税收内部机关对纳税人进行的间接服务，如纳税事项的审批、税收法规政策的制定等。

4. 按纳税服务层次划分，有社会纳税服务、税务机关整体的纳税服务以及各级纳税服务中心和税务机关各个直属机构、内设机构的纳税服务。其中，纳税服务中心的纳税服务是纳税服务系统的核心和关键部分。

5. 按纳税服务的时间顺序划分，有税前服务、税中服务和税后服务。所谓税前服务，主要是指通过多种方式和多种途径或者直接向纳税人所进行的税收宣传、税法公告、纳税辅导等活动，是纳税服务的重点和基础。所谓税中服务，主要是指税务机关或税务代理人通过简化办税程序、改革办税方式、改进办税手段、改善办税环境、规范征纳行为等措施将优质的服务贯穿于纳税人履行纳税义务全过程的各种活动。所谓税后服务，主要是指税务机关对纳税人采取奖惩性、认可性、救济性的寓服务于管理、寓服务于执法的特殊服务，比如实行纳税信誉等级制度、评选模范纳税户、受理税务行政复议等。

6. 按纳税服务的内容划分，有税收信息服务、办税服务和维权服务。税收信息服务包括提供税收法律、税收决策、税收业务和税务行政等信息服务；办税服务是指税务机关及其相关人员在税收管理流程的各个环节利用现代信息技术和金融支付结算工具为纳税人提供多种多样的申报、缴款方式服务；维权服务是指税务机关为保护纳税人权益提供的服务。

7. 按纳税服务的媒介划分，有税务人员办税过程中的面对面服务、申报服务大厅的专门服务、12366 电话服务和税务网站服务。

8. 按纳税服务的行为方式划分，有宣传服务、咨询服务、辅导服务、全程服务、限时服务、"一站式"服务、"一窗式"服务、弹性服务（延长服务时间）、预约服务、提示服务、个性化服务、法律救济服务、志愿者服务等。

三、纳税服务的内容

1. 税收宣传。加强税收宣传教育是落实依法治国方略的具体举措，也是整顿和规范税收秩序的治本措施之一。只有不断加强税收宣传教育，做好普及税法工作，在全社会进行诚信教育和职业道德教育，树立税收法制观念和诚信纳税观念，提高公民的税法遵从度，才能有效防止涉税案件的发生。

（1）各级税务机关围绕每年的税收宣传月活动主题，积极开展税法进企业、进社区、进乡村、进学校等活动，采取行之有效、群众喜闻乐见的形式，集中进行税法宣传普及，使广大群众受到形象生动、潜移默化的税收法制教育。

（2）各级税务机关充分利用电视、广播、报纸、杂志、网络等社会媒体，普及税收知识，帮助纳税人及时了解税收政策法规，提高税收政策和税收管理的透明度。

2. 税务事项公告。税务机关按照规定及时对设立登记、纳税申报、涉税审批等事项进行提示，对逾期税务登记责令限期改正、申报纳税催报催缴等事项进行通知，对欠税公告、个体工商户核定税额等事项进行发布。税务公告制度，是推进依法治税的重要内容，是构建现代税收征管新格局的基础环节，是增加税务管理工作的透明度、消除纳税人的隔阂感、树立良好的税务形象、密切征纳关系的重要措施。

3. 办税辅导。办税辅导是税务机关针对不同纳税人的情况，通过召开税收政策发布会、免费发放税收资料、12366 纳税服务免费咨询电话、新法规专题讲座等方式，为纳税人提供便捷的法律咨询与办税服务，使纳税人会计算应纳税额，能够正确处理减免优惠、出口退税、抵免扣除等实体税法方面的问题，也能够正确处理办税程序、办税手续、表格填写传递及其他办税事项，进一步提高纳税人申报纳税的水平和能力。

4. 税务机关应当根据纳税人的纳税信用等级，在税务登记、发票管理、纳税申报、税款征收、税务检查、涉税审批等方面，有针对性地提供服务，促进税收信用体系建设。税务人员应当通过开展纳税信用等级评定管理工作，结合纳税评估，帮助纳税人加强财务核算，促进依法诚信纳税。

5. 税收援助。税务机关应当在明确征纳双方法律责任和义务的前提下，对需要纳税服务援助的老年人员、残疾人员、下岗人员以及遭受重大自然灾害的纳税人等社会弱势群体提供税收援助，到纳税人生产、经营场所进行办税辅导或为其办理有关涉税事项。有条件的税务机关应当组织开展纳税服务志愿者活动，帮助社会弱势群体纳税人解决办税困难。

6. 税务咨询。税务机关、税务人员在接受纳税咨询时，应当准确、及时答复。对于能够即时准确解答的问题，给予当场答复；对于不能即时准确解答的问题，限时答复，并告知纳税人答复时限。

7. 审批效率。税务机关要依法设置和规范涉税审批制度，合理精简审批程序和手续，简化纳税人报送的涉税资料，加强涉税审批的事后检查和监督。

8. 日常检查服务。税务机关要实行检查告知制、限时检查制、调账检查审批制、检查建议制、检查回访制等，对查出来的问题应进行辅导，对纳税人不理解或不明白之处，耐心讲解，确保政策宣传到位，从源头上减少违法行为。

9. 税收法律救济服务。税务人员应当根据管户责任和管事要求，加强与所负责纳税人的联系和沟通。告知纳税人联系方式、岗位职责、服务事项和监督方法；向纳税人提供提醒告知、宣传咨询、援助服务、预约服务等服务方式；了解纳税人财务管理、会计核算和生产经营情况；征询和反映纳税人的意见、建议；帮助纳税人解决纳税困难。

四、纳税服务的要求

1. 树立正确的纳税服务观念。新征管法的主要精神是，充分保护纳税人的权利和规范税务机关的征税行为，要求税务机关和人员要增强纳税服务观念，并在管理理念上发生变化。要正确处理好管理与服务、执法与服务的关系。管理与服务、执法与服务是辩证统一的，从严管理、依法治税并不等于不要服务，要寓服务于管理之中、执法之中。

2. 建立健全规范的纳税服务体系。纳税服务体系是服务的法律地位、服务的内容、服务的方式、服务的程序等一系列活动的总称。首先，要制定纳税服务的行政法规，从法律上规范纳税服务行为；其次，要明确纳税服务项目，准确规定纳税服务的内容和服务方式，避免"耕了别人的地，荒了自己的田"；最后，要规范纳税服务的程序，严格按照服务程序提供服务。

3. 明确纳税服务目标。纳税服务的目标是在税收管理过程中为纳税人提供专业、高效、便捷的涉税服务，诚实、依法、公开、公平行使税收管理权，保护纳税人权利，满足纳税人合理、合法的要求和期望，"始于纳税人需求，终于纳税人满意"。纳税服务的目标可以用一句话概括："收好税、税好收、好税收"。

4. 健全和完善纳税服务质量考核制度。建立一套从可行性分析、决策、实施到效果评估、信息反馈、服务监督、业绩考评和责任追究的服务质量考核制度。保持与纳税人的有效沟通，建立办税回访机制，同时加强对纳税人的涉税咨询、举报、投诉和建议的管理。广泛采用第三方评价方法，即采用国际惯用的顾客满意度评价方法，由专门的调查测评机构设计指标体系、调查统计数据，以对税务工作绩效进行科学的评价。

5. 大力推进税务代理事业的发展，发挥社会专业机构的服务作用。要加强对注册税务师事务所（包括律师事务所、注册会计师事务所）的管理和指导监督，促进社会中介机构搞好专业化服务，分流和减轻税务机关的工作压力，多方为纳税人开展服务。

第二节　税收宣传

税收宣传是兼具法治与德治特征的一项税收工作。从宣传税法的角度来看，它是处于立法与执（守）法之间的一个环节；从广义的税收宣传来看，它又是属于德治范畴的一项工作。

一、税收宣传的含义

税收宣传是税务机关及其工作人员采用语言、文字、图画或音乐等形式向社会传播有关税收信息的活动。每年一度的税收宣传月作为税收宣传的重要形式，至今已有近30个年头了，在加强税法宣传教育，普及税法知识，营造依法治税、诚信纳税的良好环境，推动各项税收工作开展等方面，发挥了积极的作用。

（一）税收宣传的主体——一个主体

税收宣传的一个主体就是税务机关，具体包括：

1. 各级税务局。各级税务机关往往通过组织大型公益活动、拍摄公益广告、设置网站和12366热线电话等，开展税收宣传工作。

2. 税务机关内设的专门机构——纳税服务部门。税务机关应当设置专门的税收宣传机构，便于统一组织、协调税收宣传工作。

3. 税务人员。在日常征收、管理和检查工作中，税务人员直接面对纳税人开展税收宣传。税务人员作为主体，要求每一个税务人员都要有主体意识，把税收宣传当成本职工作。

（二）税收宣传的内容——两项内容

首先要明确税收宣传的功能。抛开维护社会秩序、纠正社会风气的社会教化功能，直接与税收密切相关的功能至少有两个：一是使纳税人会纳税；二是使广大公众形成应该纳税的意识。因此，对税收宣传的内容就应该作广义的理解。

1. 有关提高纳税能力的内容。包括税收政策和税收法律、法规、规章、规范性文件以及税收制度的宣传。

2. 有关增强纳税意识的内容。包括税收文化、税收理念、税务形象和典型案例等方面的宣传。

⚠【提示】

税务形象似乎是与税法宣传不着边际的，其实不然，好的税务形象（强化主体的权威性、可信性）是强化税法宣传效果的重要因素。

而税务形象本身又有着丰富的内涵。工作作风、执法能力、廉政状况、精神状态、服务水平、社会贡献、税收文化等，均为税务形象的构成要素。

税务形象应该是什么样，需要全体税务干部出谋划策，这个形象至少应反映出"文明，规范，严格，效率，公正，热情，不辞辛苦（边远地区、农村、林区等收税的辛苦，学习的辛苦——税务系统考试最多），甘受委屈（打不还手、骂不还口，亲友的不理解）"等内涵。

【思考 14-2】

税收宣传与税法宣传有哪些区别？

（三）税收宣传的对象——三类公众

一般把公众分为非公众→潜在公众→知晓公众→行动公众四类。非公众，是指与组织没有相互影响关系的团体和个人；潜在公众，是指将可能与组织发生利害关系，而本身尚未意识到；知晓公众，是指当他们意识到同组织的利害关系后，就构成知晓公众；行动公众，是指已采取某种解决问题的行动时，就构成行动公众。从非公众到行动公众是一个连续的发展过程。

税收宣传的受众，即接受税收宣传的公众，包括潜在公众、知晓公众、行动公众三类，其范围大于纳税人而小于居民（从某种意义上说是世界居民），即：居民＞受众＞纳税人。

（四）税收宣传的媒介——四种媒介

1. 印刷媒介。印刷媒介是以印刷作为信息复制的手段、以纸张作为主要介质的一类传播媒体，包括报纸、杂志、书籍、小册子、传单等。其传送的信息具有记录性特点，适用于税法条文类的宣传。

2. 电子媒介。电子媒介是以电磁物理现象作为信息传播基础、以电子产品作为传播工具的一类传播媒介，包括广播、电视、电影、音像出版物等。电子类传播媒介的特点是信息传播的非记录性（录像、音像出版物例外），播出后立即消失，不适合税收法条的宣传，但适用于以文艺作品等形式宣传有关增强纳税意识的内容。

3. 网络媒介。互联网容量大、速度快、交互性强、成本低，而且具备可重复性和可检索性，是一个可以集视频、音频、图片、文字内容于一体的"第四媒体"，适用于宣传各种内容。

4. 其他媒介。如实物媒介、人体媒介。

二、税收宣传的作用

1. 税收宣传是落实依法治国方略的重要举措。通过加强税收宣传，将促进广大公民深入了解税法、熟练掌握税法、自觉执行税法，树立税收法制观念和诚信纳税观念，提高整体法律意识，推动依法治国，建设我国社会主义法治国家。

2. 税收宣传是全面提升公民道德建设的重要环节。依法诚信纳税，是"依法治国"和"以德治国"在税收工作中的集中反映，是"依法治税""以德治税"的生动体现。通过税收宣传，纳税人及时、便捷地获知税法，主动学法、用法和守法，提高纳税人（包括潜在纳税人）的道德品质和法制观念，知道应该纳税、愿意纳税并且会纳税。

3. 税收宣传是整顿和规范税收秩序的重要措施。加强税收宣传，做好普及税法工作，在全社会进行诚信教育和道德教育，有利于防止涉税案件的发生，提高公民的税法遵从度，进一步搞好整顿和规范税收秩序工作。

4. 税收宣传是提高税务部门依法行政水平的重要途径。开展税收宣传，也有利于税务机关和广大税务工作人员增强依法行政观念，认真贯彻税收政策，忠实履行职责，依法办事，文明征税，公正执法，提高依法治税水平。

三、税收宣传的方法及途径

（一）发放税收宣传资料

税收宣传资料包括印刷的小册子、电子媒介资料、电影胶片等。发放税收宣传资料是税收宣传的重要形式，有比较好的实践效果。除了在"税收宣传月"发放宣传材料外，还要特别注意在图书馆等公共场所放置齐全的宣传资料，这样的场所资料保存性好，又可以免费提供。在日本、加拿大等国家，除了免费发放税收宣传资料以外，还把税法教育纳入中小学课程，发放租税教育教材，开展租税征文和税法影片巡映等，使税收教育渗透到各个阶层和领域，收到了较好的税收宣传效果。

（二）税务人员解答纳税人个别询问

税务人员解答纳税人的问题，是税收宣传中最普遍的日常性的工作，是建立税收宣传长效机制的关键所在。税务申报大厅工作人员、税收管理员、税务稽查人员等要把税收宣传作为自己的基本工作职责，时刻不忘宣传税法。

（三）12366 电话

12366 免费咨询电话是利用现代科技手段开展税收宣传的一个重要方式，它高效、便捷，互动性强，在答疑解难、讲解税收政策法规、指导纳税人办税等方面发挥了重要作用。

（四）税务网站设置专页

在网民数量迅速增长、网络宣传日益发达的今天，网络宣传的效果日益突出。为了更好地利用资源，各级税务网站建设应合理分工。

国家税务总局除了维护好现有的综合网站之外，应当建立一个专门的税收法律法规网站，网民可以通过关键词、文号、颁布实施时间等方便地进行检索。重要法律应当配有多种外文版本，因为税收宣传的对象也包括外国公众。

省市税务局的网站应当侧重于税收政策、地方性法规、税收制度等的宣传。

基层税务局网站的宗旨则是为纳税人办税提供服务，主要宣传办税程序、手续、要求、注意事项等。应设置互动栏目，随时随地为纳税人解答办税过程中遇到的疑难问题。

（五）举行税收新政策法规报告会

为企业领导干部、企业财会人员、个体工商户、下岗失业人员等举办税收法律法规政策报告会，是各地税务机关普遍采用并且很受欢迎的税收宣传形式，具有很强的针对性，可以使纳税人及时掌握新政策法规，了解税收政策的动态变化。

（六）自助办税系统

自助办税系统是设置在银行网点、电信营业厅等公共场所的计算机终端设备。纳税人可以全天候自助办理申报纳税、缴纳税费、打印缴款凭证、开具小额发票、个税社保查询等业务，也可以税企互动交流，实现涉税事项和法律法规查询、短信互动、税收宣传等功能。

此外，税务机关也通过公益广告、文艺演出、志愿者服务等，开展形式多样的宣传活动。

第三节 税务代理服务

税务代理是一种社会中介服务，对于协调征纳关系、提高办税质量、促进纳税人守法都有重要意义。

一、税务代理概述

（一）代理的概念及特征

在人们的日常生活中，能够经常听到和使用"代理"一词，如代理某人做某事、代理签订合同、代理诉讼，在商品经营中，有"总代理""独家代理"等。在这里，我们研究的只是具有法律意义的代理。《中华人民共和国民法典》第一百六十一条规定："民事主体可以通过代理人实施民事行为。"第一百六十二条规定："代理人在代理权限内，以被代理人的名义实施民事法律行为，对被代理人发生效力。"代理包括委托代理、法定代理和指定代理。委托代理是按照被代理人的委托行使代理权。法定代理是按照法律的规定行使代理权。指定代理是按照人民法院或者指定单位的指定行使代理权。因此，我们可以把代理表述为：所谓代理，是指合法代理人在法律规定和被代理人授权的范围内，以被代理人的名义进行直接对被代理人发生法律效力的行为。

代理具有以下特征：

1. 代理人必须具备代理人的法定资格。在代理活动中，代理人必须具有法律规定的代理人的资格，不具备相应资格不能从事相应的代理活动。

2. 代理人必须以被代理人的名义进行活动。代理人应当以被代理人的名义取得权利，设定义务，否则，就不具有代理意义。

3. 代理人的代理活动受到限制。代理人的代理活动，首先，受法律的制约，也就是说，代理活动不能超越法定的范围，超越法定的范围是违法代理，应当承担相应的法律责任；其次，受被代理人授权范围的制约，代理人不能超越被代理人的授权而进行活动，否则，代理人自己负责相应的法律后果。

4. 被代理人的法律责任不转嫁。在代理活动中，只要代理人代理活动合法并在被代理人的授权范围内，就不能因为代理人代理活动的存在而改变被代理人本应承担的法律责任。

（二）税务代理的内涵

税务代理属于代理行为中的委托代理，它是代理行为在纳税人履行纳税义务、扣缴义务人履行扣缴义务活动中的应用，因此，它具有一般代理行为的特征。税务代理的概念可以表述为：税务代理人在国家法律规定的代理权限范围内，受纳税人、扣缴义务人的委托，代为办理涉税事宜的行为。对于这个概念，我们应从以下五方面理解：

1. 税务代理人是指经过有关部门批准成立的税务师事务所和取得税务代理执业资格的注册税务师。

2. 税务代理业务受到法律的制约，要求税务代理业务内容必须符合国家法律规定的代理业务范围。

3. 税务代理业务必须限定在纳税人、扣缴义务人委托或授权的业务范围内。

4. 税务代理人必须以被代理的纳税人、扣缴义务人的名义从事代理活动。

5. 被代理的纳税人、扣缴义务人应当承担的法律责任不能转嫁。

（三）税务代理的作用

1. 有利于维护纳税人的正当合法权益。在我国税收法律关系中，征税主体是代表国家行使征税职责的国家税务机关、海关和财政机关；纳税主体是纳税义务人，包括法人、自然人和其他组织。征税主体和纳税主体双方法律地位是平等的，但是由于主体双方是行政管理者与被管理者的关系，所以双方的权利与义务不对等，国家税务机关占有主导地位，纳税人属于弱势群体。税务代理的出现，使国家税务机关和纳税人的行为受到税务代理人的监督，征纳双方如有违法行为，税务代理人可以发挥其应有的作用，最大限度地维护纳税人弱势群体的合法权益。

2. 有利于帮助纳税人正确履行纳税义务。从目前来看，一个企业要缴纳的税种有多种，如增值税、营业税、城市维护建设税、城镇土地使用税、印花税、房产税、企业所得税，还要代扣代缴个人所得税等。在这些税种中，增值税和企业所得税纳税申报相当复杂，难度较大，有些纳税人很难正确履行纳税申报义务，要承担很多风险，一旦出现问题，就要受到税务机关的处罚，给自身带来一定的损失。所以，税务代理可以为纳税人排忧解难，帮助纳税人正确履行纳税申报手续，减少风险和不必要的经济损失。

3. 有利于帮助纳税人降低税收负担。税务代理的一项重要工作就是帮助纳税人依法进行税收筹划，这是社会发展进步对税务代理人提出的一项新的要求。税务代理人具有这方面的专业技能，可以根据纳税人的实际情况，在国家法律允许的范围内进行规划和设计，从而降低纳税人的税收负担。

4. 有利于税务机关的税收征管。由于税务代理人是税收方面的专家，能够帮助纳税人正确履行纳税义务，正确贯彻国家税法，这样就可以协助配合税务机关做好税收征管工作，保证国家税款及时、足额地缴入国库，可以使税务机关征管工作节省大量的人力、物力、财力，降低税收征收成本，提高税收征管效率。

（四）税务代理的基本原则

1. 依法代理原则。税务代理人的各项税务代理活动，必须依照税收的实体法和程序法的有关规定进行，这既是一切税务代理活动的前提，也是必须遵循的行为准则。此外，代纳税人、扣缴义务人办理税务事宜，不能超越规定的代理范围。对明确规定须由纳税人、扣缴义务人自行办理的事项，则不能接受有关代理的委托。

2. 自愿代理原则。税务代理属于委托代理，必然涉及委托与受托双方。从委托方来看，《税收征管法》第八十九条规定："纳税人、扣缴义务人可以委托税务代理人代为办理税务事宜。"当然，纳税人、扣缴义务人也可以不委托税务代理人而自行办理，是否需要委托税务代理，完全根据其自愿，而且在各纳税事项中，委托项目的多少，是全部委托还是部分委托或单项委托，也是取决于委托人的自愿。再从受托方来看，是否接受委托也应是出于自愿。税务代理人可以根据委托事项的内容以及自身的条件、力量确定是否受托。只有达到双方自愿，委托代理关系才能形成，所以自愿代理原则是开展税务代理应遵循的重要原则。

3. 客观公正原则。客观公正，是指服务态度和坚持的立场。这是税务代理人必须遵循的原则，也是由中介机构的性质和地位决定的。税务代理人处于被代理人与税务机关的中间地位，既要维护纳税人、扣缴义务人的合法权益，又要维护国家税法的严肃性，因而税务代理人必须坚持客观公正原则。

4. 优质高效原则。这是对税务代理工作质量和时间的要求，也是赢得信誉、提高知名度的主要途径。通过优质高效的服务，能使委托方真正感受到通过税务代理给其带来依法纳税的方便，争取依法享受税收优惠的好处，也有利于集中精力从事生产经营，提高经济效益，从而继续自愿委托，并以切身感受代为宣传、扩大影响。要做到优质高效，必须要有精通税收、财务、会计的税务代理人，没有业务素质高的人才，就没有服务上的优质高效。

5. 保守秘密原则。税务代理人对委托方的生产经营情况以及在业务活动中了解和取得的情况、资料、数据，凡涉及应当保守秘密的，必须为之严守秘密。这既是开展税务代理应该遵循的一项原则，也是取得委托人信任的重要条件。

6. 有偿服务原则。首先，税务代理是智能服务、知识转让方式的第三产业。在我国社会主义市场经济中，知识与智能也都具有商品属性，进入市场实行等价交换。因此，税务代理实行有偿服务，体现其智能服务和知识转让的价值，是完全符合我国社会主义市场经济原则的。其次，税务代理机构是独立法人，实行自收自支、依法纳税、自负盈亏，因此，也必须实行有偿服务，否则就无法维持其服务业务的正常运转，更谈不到发展和提高。实行有偿服务必须注意合理收费，原则上应根据服务项目的繁简、技术的难易、工作量的大小，有的还要参考效益的高低综合考虑。主管部门和物价部门制定的收费标准、必须认真实行。

【思考 14－3】

税务代理会增加税收社会成本，为什么还要鼓励税务代理事业的发展？

二、税务代理人员与税务代理机构

（一）注册税务师资格考试及管理

注册税务师是从事税务代理业务的专业代理人员。人事部和国家税务总局制定的《注册税务师资格制度暂行规定》中明确规定，对从事税务代理业务的专业技术人员实行注册税务师制度，并将其纳入国家职业资格证书制度范畴，以促进税务代理的健康发展。

1. 注册税务师资格考试制度。注册税务师应是精通税法和财务会计制度并能熟练进行实务操作的专业技术人员，必须具备从事税务代理工作的专业素质和工作技能。实行注册税务师资格考试制度，是保证执业准入控制的基本前提。

2. 注册税务师资格考试管理。注册税务师资格考试，实行全国统一大纲、统一命题、统一组织的考试制度，原则上每年举行一次。考试科目共分为五科：《税法（Ⅰ）》《税法（Ⅱ）》《税务代理实务》《税收相关法律》《财务与会计》。国家税务总局负责组织有关专家拟订考试大纲、编写培训教材、命题以及考前培训等工作；人事部负责组织有关专家审定考试科目、考试大纲和试题，组织各项考务工作，并会同国家税务总局对考试进行审查、监督和指导。

（二）注册税务师的注册登记制度

凡经考试合格取得《中华人民共和国注册税务师执业资格证书》（以下简称资格证书）的人员，应当持资格证书到所在地的省税务局管理中心办理备案手续。省税务局管理中心审核后，对在税务师事务所执业满2年的，给予执业备案，在证书备注栏加盖"执业备案"章；对在税务师事务所执业不满2年或者暂不执业的，给予非执业备案，在证书备注栏加盖"非执业备案"章。

（三）税务师事务所

税务师事务所是由注册税务师出资设立的税务代理机构。税务师事务所的组织形式为有限责任制税务师事务所和普通合伙制税务师事务所，以及国家税务总局规定的其他形式。设立税务师事务所的有关事宜，按有关规定办理。

税务师事务所应当就本所注册税务师变动情况，向省税务局管理中心备案；省税务局管理中心应当将本地区当年注册税务师变动情况汇总，上报国家税务总局管理中心。

税务师事务所应当依法纳税，并建立健全内部管理制度，严格财务管理，建立职业风险基金，办理职业保险。

税务师事务所承接委托业务，应当与委托人签订书面合同并按照国家价格主管部门的有关规定收取费用。

（四）注册税务师协会

注册税务师协会是由注册税务师和税务师事务所组成的行业自律性社会团体。中国注册税务师协会（以下简称中税协）是注册税务师和税务师事务所的全国组织；省、自治区、直辖市、计划单列市注册税务师协会（以下简称省税协）是注册税务师和税务师事务所的地方组织。注册税务师协会应依法取得社会团体法人资格。注册税务师应当加入注册税务师协会。中国注册税务师协会章程经全国会员代表大会制定或者修改，并报国家税务总局和民政部备案；省税协章程经省级会员代表大会制定或者修改，并报省税务、民政机关和中税协备案。

中国注册税务师协会拟订注册税务师行业自律管理办法、执业规则等，报国家税务总局批准后施行。注册税务师协会应当支持注册税务师依法执业，维护其合法权益，向有关方面反映其意见和建议，为提高注册税务师执业水平提供服务。

注册税务师协会会员应当遵守协会章程，享有章程赋予的权利，履行章程规定的义务。

三、税务代理服务形式

（一）税务代理的业务范围

《注册税务师管理暂行办法》规定，注册税务师可以提供代办税务登记、纳税和退税、减免税申报、建账记账、增值税一般纳税人资格认定申请、利用主机共享服务系统为增值税一般纳税人代开增值税专用发票、代为制作涉税文书，以及开展税务咨询（顾问）、税收筹划、涉税培训、涉税救济等涉税服务业务。

（二）税务代理的基本形式

《注册税务师资格制度暂行规定》第二十条规定的 10 项代理业务范围，是就全部税务代理业务的总体而言的，具体到某一个人的委托代理项目，有可能多也可能少，这取决于被代理人的意愿。据此，《注册税务师资格制度暂行规定》第二十一条规定，注册税务师可以接受纳税人、扣缴义务人的委托进行全面代理、单项代理或常年代理、临时代理。

四、税务代理的法律关系

税务代理的法律关系是指纳税人、扣缴义务人委托注册税务师办理纳税事宜而产生的委托方与受托方之间的权利、义务和责任关系。

（一）税务代理关系的确立

税务代理不同于一般民事代理，税务代理关系的确定要受代理人资格、代理范围的限制。《注册税务师资格制度暂行规定》第二十条明确规定，注册税务师可以接受纳税人、扣缴义务人的委托从事规定范围内的业务代理，注册税务师不能超越法律规定范围进行代理。税务代理关系确立一般有两个阶段：第一阶段是签约前准备阶段，主要就委托内容与权利义务进行洽谈；第二阶段是签约阶段，委托代理关系确立。

1. 税务代理关系确立的准备阶段。税务代理关系确立前，代理双方应就委托项目及服务标准协商一致，并对双方权利义务进行商定，特别是应由纳税人、扣缴义务人提供的与委托税务事宜有关的情况、数据、证件、资料等必须如期、完整、准确地提供，以保证代理事宜顺利进行。同时，双方应就代理费收取等事宜协商一致。

2. 委托代理协议书签订阶段。在委托方、受托方就协议约定内容取得一致意见后，委托方、受托方应就约定内容签订委托代理协议书。委托代理协议书应当载明委托方名称、受托方名称、代理事项、代理权限、代理期限以及其他应明确的事项，并由注册税务师及其所在的税务代理机构和委托方签名盖章。协议书在委托方和受托方签章后正式生效。

（二）税务代理关系的变更

委托代理协议书签订后，注册税务师及其助理人员应按协议约定的税务代理事项进行工作，但遇有下列问题之一的，应由协议双方协商对原协议书进行修改和补充。

1. 委托代理项目发生变化。这里有两种情况：第一种是原委托代理项目有了新发展，代理内容超越了原约定范围，经双方同意增加或减少代理内容的，如原来签订的是单项代理，后改为综合代理；第二种是由于客观原因，委托代理内容发生变化需要相应修改或补充原协议内容的。

2. 注册税务师发生变化。

3. 由于客观原因，需要延长完成协议时间的。

上述内容的变化都将使税务代理关系发生变化，因此，必须先修订委托代理协议书，并经过委托方和受托方以及注册税务师共同签章后才能生效，修订后协议书具有同等法律效力。

（三）税务代理关系终止

税务代理关系终止有以下几种情况。

1. 自然终止。按照法律规定，税务代理期限届满，委托代理协议书届时失效，税务代理关系自然终止。

2. 委托人单方终止。有下列情况之一的，被代理人在代理期限内可单方终止代理行为：（1）注册税务师已死亡；（2）注册税务师被注销资格的；（3）税务代理机构已破产、解体或被解散的。

3. 代理人单方终止。有下列情况之一的，注册税务师及其代理机构在委托期限内也可单方面终止代理行为：（1）委托方已经死亡或解体；（2）委托方授意注册税务师，实施违反国家法律、行政法规的行为，经劝告仍不停止其违法活动的；（3）委托方提供虚假的生产、经营情况和财务会计报表，造成代理错误或注册税务师自己实施违反国家法律、行政法规的行为。

委托方或注册税务师按规定单方终止委托代理关系的，终止方应及时通知另一方，并向当地税务机关报告，同时公布终止决定。

五、税务代理的法律责任

为了维护税务代理双方的合法权益，保证税务代理活动顺利进行，使税务代理事业能够在法制的轨道上健康发展，必须明确税务代理的法律责任。规范税务代理法律责任的法律是我国《民法典》《合同法》《税收征收管理法》及其实施细则和其他有关法律、行政法规，承担的法律责任既包括民事法律责任也包括刑事法律责任。

（一）委托方的法律责任

我国《合同法》第一百零七条规定，当事人一方不履行合同义务或者履行合同义务不符合约定的，应当承担继续履行、采取补救措施或者赔偿损失等违约责任。因此，如果委托方违反代理协议的规定，致使注册税务师不能履行或不能完全履行代理协议，由此而产生法律后果的法律责任应全部由委托方承担。其中，纳税人除了应按规定承担本身承担的税收法律责任以外，还应按规定向受托方支付违约金和赔偿金。

（二）受托方的法律责任

1. 《民法典》第一百六十四条规定，代理人不履行或不完全履行职责而给被代理人造成损害的应当承担民事责任。根据这项规定，税务代理如因工作失误或未按期完成税务代理事务等未履行税务代理职责，给委托方造成不应有的损失的，应由受托方负责。

2. 注册税务师存在违法行为的，年检不予通过，由省税务局予以警告或者处1 000元以上5 000元以下的罚款，责令限期改正，限期改正期间不得对外行使签字权；逾期不改正或者情节严重的，取消执业备案，应当向社会公告。

3. 税务师事务所存在违法行为的，年检不予通过，责令限期改正；情节严重的，责令其限期改正期间停止执业，由省税务局予以警告或者处1 000元以上10 000元以下的罚款；限期改正期满仍达不到规定要求的，收回执业证书，并向社会公告。

复习思考题

1. 纳税服务的内容和要求有哪些？
2. 税收宣传的方法及途径有哪些？
3. 税务代理的内涵是什么？
4. 税务代理应遵循哪些原则？
5. 怎样取得注册税务师资格？
6. 税务代理的业务范围与形式是什么？
7. 税务代理法律关系的终止有哪几种情形？

第十五章 税务信息化管理

税务信息化是国家信息化的重要组成部分，是时代发展的必然结果，是税务管理的支撑手段。税务信息化程度决定着税务管理工作的方式、质量和水平，对税收工作有重要的影响。

第一节 税务信息化管理的意义

一、税务信息的种类

（一）信息与信息化

1. 信息。当美国担任技术、管理和事务工作的白领工人人数于 1956 年第一次超过了蓝领工人人数时，标志着一个新的信息社会到来了。今天，信息（information）是一个使用频率很高的概念，但对这个概念的解释却是五花八门。有日常经验理解，有实用信息科学上的解释，还有哲学上的高度概括①。但最通俗的解释是：信息是有一定含义的、经过加工处理的、对决策有价值的数据。

△【提示】

数据（data）是指表示客观事物的数量、属性、位置及其相互关系等特征的抽象符号，是未经组织的数字、词语、声音和图像等。它是可以识别、记录和通信的符号，是构成信息的原材料。数据本身没有什么价值，按照有意义的方式组织和安排在一起就成为有价值的信息。因此，对某人来说是信息，而对另外一个人来说可能是数据。例如，一个企业的生产经营规模、营业额等，对税务机关征管部门来说是信息，而对其人事部门来说则只是一种数据。

我们通常所说的消息、情报、资讯等，指的就是信息。它可以从不同角度进

---

① "信息是标志间接存在的哲学范畴，它是物质（直接存在）存在方式和状态的自身显示。"参见邬焜：《信息哲学：理论、体系、方法》，商务印书馆 2005 年版，第 45～46 页。

行分类，如自然信息与社会信息、动态信息与静态信息、直接信息与间接信息、外部信息与内部信息、文字信息与非文字信息、有害信息与无害信息等。

信息是人类的有价值的劳动成果，具有以下明显的特点：一是对载体的依附性（包括自身的抽象性和载体的可替换性）；二是存在范围的普遍性；三是内容的可存储性和可传输性；四是内容的可复合性和共享性；五是使用的时效性。

2. 信息技术。信息技术是以计算机和数字通信技术为基础的，包括文字、数据、音像、图表等信息的数字化采集、存储、阅读、复制、处理、检索和传输等的应用技术，如计算机系统和网络通信技术、数据库和信息处理技术、图像库和高清晰度电视技术、多媒体技术等。

3. 信息化。信息化从宏观上来说就是工业社会向信息社会过渡的动态过程；从微观上来说就是在经济、科技和社会各个领域广泛应用现代信息技术，不断提高综合实力和竞争力，加速现代化的过程。信息化形式上是电脑、通信、信息内容的有机结合；机制上是数字、网络和信息体的整体运作；特征上是自动化程度高、信息储存量大、传输速度快，有较高的时效性、准确性和规范性；实质上是运用现代信息手段和机制指导信息与信息、信息与人、信息与过程的有机结合。

⚠【提示】

公认"信息化"一词起源于日本。信息化的思想是 1963 年 1 月在日本社会学家梅倬忠夫发表的《信息产业论》中首次提出，但有关社会现象，则更早就受到了西方学者的重视和研究。"信息化"的概念是 1967 年由日本科学技术和经济研究团体提出的，其基本定义是：人类社会是一个以信息产业为主体的信息化社会，国家经济发展应由以实物生产为核心的工业社会向以知识获取和出售为主要内容的信息社会转变。

税务信息化是指税务机关在税务管理过程中推广应用现代信息技术以提高税务管理质量和效率的过程。

（二）税务信息的种类

税务信息是反映税收分配及其发展变化情况的各种税收资料、数据、情报和消息的统称。税务信息是十分丰富的，按其内容可以分为政策信息、业务信息、管理信息等，按信息的可靠性可分为真实信息与虚假信息，按信息对税务管理的作用可分为有用信息与无用信息，按信息的发生地可分为国内信息与国外信息，按信息的来源渠道可分为税务机关积累的信息、纳税人报告的信息和第三方提供的信息，等等。按信息来源分类有更明显的实践意义，因而需要重点把握。

1. 税务机关积累的信息。税务机关积累的信息是指税务机关各工作岗位在日常事务处理和专项工作中采集录入的各种信息。如在户籍管理、纳税申报、纳税评估、税务稽查等日常管理中积累的信息，还有通过重点税源调查、税收管理员下户搜集、发票管理、税控装置等掌握的信息，向第三方及社会各方面搜集的信息，上级机关下传和下级机关上传的信息等。纳税人和第三方往期报告的信息，也会不断地形成税务机关积累的信息。

2. 纳税人报告的信息。纳税人报告的信息是指依据法律和税务机关制度规定而由纳税人按一定方式向税务机关报告的各种信息。如依据开业税务登记、报验登记、纳税申报、申报调整定额、申请减免缓抵退税、购买印花税票和其他报告制度（包括报告财会制度、办法、软件，发生破产、合并、分立情形的报告制度，处分大额资产报告制度等）而报告的信息。这是税务信息的重要来源渠道。

3. 第三方提供的信息。一般将征纳双方之外的主体统称为"第三方"。广义的第三方可以进一步划分为"狭义的"第三方、第四方和第五方。[①]

狭义的第三方是指与纳税人有直接交易行为的主体，如商品销售、劳务服务、出包承包、出租承租的（纳税人）相对一方、扣缴义务人等。

第四方是指与纳税人无直接交易行为，但由于某种原因知道交易信息的主体，如工商部门、银行、产权交易中心、技术检验部门、代征人、协税护税组织及广大公民。这是当前亟待拓展的信息渠道。

第五方是指除上述以外的各种信息主体，包括媒体、网络、公众等。

二、税务信息化管理流程

税务信息化管理流程包括税务信息的采集、整理、存储、传输和使用五个主要环节。

1. 税务信息的采集。这是税务信息管理工作的首要环节，决定着所采集信息的真实性、准确性和完整性，直接关系到信息管理的质量。在信息采集阶段，要健全和完善制度，开拓各种信息来源渠道，保障信息的完整性；要健全信息采集机制，如双向申报制度，保证信息的真实性；要强化现代信息技术的运用，确保有效接收各种文字、语音、图表等税务信息，实现信息采集的持续性和自动化；要统筹管理，精细安排，既保证税务管理的实际需要，又减少信息垃圾，减轻纳税人负担。当前要做好纳税人"一户式"档案建设。

2. 税务信息的整理。税务信息经过各种不同的来源渠道汇聚到税务系统后，就要进行信息整理，使之成为有用的资料。通过对采集的信息进行一系列的筛选、分类、计算、排序、统计等整理工作，使信息更加精练，便于使用和存储。

3. 税务信息的存储。这是延长信息使用时间的一种重要手段，是为了更好地利用信息。通常可根据信息内容进行分类存储，可根据管理需要分层存储，也可按纳税人分户存储。在完善分散存储的基础上，要推行数据总局和省局两级集中处理与存储，以便更好地实现信息共享。

4. 税务信息的传输。这是信息采集与使用的中间环节，包括信息的输入和

---

① 王向东等. 大数据时代下我国税收征管模式转型的机遇与挑战 [J]. 当代经济研究，2014 (8).

输出（反馈），时效性是其基本要求。信息传输的方式按照载体不同分为书面纸质的和磁盘、电话、IC 卡、网络传输等；按照主体不同分为系统内上下级之间、征纳之间、系统内外的传输。

5. 税务信息的使用。这是税务信息管理的最终目的。通过对信息的查询、校验、比对，甄别信息的真伪，可以检验征纳行为的偏差，加强日常税务管理与监控工作。要依托信息系统中的海量信息，积极开发综合分析应用系统，建立税收经济分析、企业纳税评估、税源监控和税务稽查的互动机制。

三、税务信息化管理的意义

加快税务信息化建设是时代发展的必然趋势，是实现税收现代化、科学化的基础环节，对于全面发挥税收职能作用、提高征管水平、推进依法治税有十分重要的意义。

（一）加强税务信息化管理有利于促进税务管理模式的转变

现代网络信息技术的广泛应用，为税务管理工作提供了新的技术支撑，使我们过去在手工操作下许多不敢想的事情，现在不但敢想而且可以做，并且能够做到、做好。网上协查案件比信函快捷，网上申报方便省时，各种网络系统为机构设置拓展了更加灵活、充分的空间，等等。信息化引起了业务重组、机构重组以及职能实现方式的转变，税务管理模式也正在由以业务流程为主向以信息流程为主进行转变，税务信息化管理对税收工作产生了深远的影响。

（二）加强税务信息化管理有利于促进税务管理效率的提高

信息的"海量"存储、高速传递和高度共享，极大地增加了信息的利用率和透明度，缩短了税务管理各个方面的处理流程，缴款书的流转、发票的异地协查、出口退税的审核、第三方信息的查询等，比人工办理大大地缩短了周期。这不但加快工作进程，还可以降低税务管理成本，节省人力去强化管理的薄弱环节。例如，税控装置的使用，变税务人员的艰苦巡查为机器自动记录，使税源监控更加准确、更加有效。

（三）加强税务信息化管理有利于促进税务管理操作的规范

通过税务信息系统程序化的设计，将税务执法和服务标准严格地进行量化与固化，并形成纵横交错的监督制约机制，使税务管理各环节的运行得到预先设置规范的限制，有效地规范了税务人员的行政执法行为，约束了自由裁量权的任意行使，实现了由人管人到制度管人、机器管人、程序管人的跨越，有效地避免了人工作业条件下税收征管的随意性，实现了由计算机对执法过程、服务内容、操作过程、数据变动等进行全程监控、复核、评价。

（四）加强税务信息化管理有利于促进税务管理平台的完善

通过强化税务信息化管理，重新整合中国税收征管信息系统软件、金税工程二期、出口退税等征管软件，构建了以网络为依托、以信息流程为主线的"金税工程三期"系统应用平台。在这个平台上，信息即时通信形成了税务机关内部上下级之间、职能部门之间即时响应机制，形成了征纳之间交互式服务和办税模式，形成了税务机关与社会各界的信息交换体系。这对于税法信息的上传下达以及方便纳税人纳税、及时发现和堵塞税源的漏洞、强化税务稽查和处罚、吸引全社会参与税务管理、为上级税务机关和国家有关部门进行宏观决策，创造了极大的便利条件。

第二节 税务信息化管理的内容

一、我国税务信息化建设状况

以美国为代表的发达国家在 20 世纪 60 年代初便开始了使用计算机处理税收业务的探索，大多数发展中国家也于 70 ~ 80 年代开始了这一过程。经过多年的努力，这些国家和地区基本都建立起了程度不同的计算机管理体系。

⚠️【提示】

20 世纪 60 年代中期美国开始建立全国的税务计算机系统，英国、法国、加拿大、原联邦德国等发达国家也于 60 年代先后开始制定本国的税务计算机系统。日本在 1961 年设立专门部门进行研究和规划，到 60 年代末计算机化已达 40% 以上。澳大利亚、意大利、新加坡以及欧洲其他国家也于 70 年代建立了税务计算机系统，中国台湾地区也在这一时期建立了全岛税务计算机系统。20 世纪 80 年代，中国、印度、泰国、菲律宾、马来西亚、阿根廷、埃及、东欧各国等一些国家开始将税收计算机化问题提到议事日程上。世纪之交，美国等发达国家已经投资第二代计算机软硬件系统。发展中国家计算机应用水平也得到了极大的提升，功能覆盖到管理、服务、办公自动化等各个方面。

我国在税收征管中应用计算机管理技术起步较晚，信息化进程可以粗略地分为以下两大阶段。

（一）税收管理电子化阶段

1983 年，由于与港澳台地区的特殊地缘关系，我国东南沿海地区基层税务机关的部分同志首先自发地把 PC 机引入计会统工作，自此开始了我国税务信息化的历史进程。在这个阶段，征管软件、出口退税、办公自动化等各类业务建立了一些计算机应用管理系统，实现税收日常工作与税收征管操作、管理环节的电子化。简单地讲，这个阶段完成了税收业务管理从手工向计算机的过渡，为税收管理效率的提高奠定了良好的基础。但这一阶段计算机的运用范围较小、功能相对单一，尚未形成网络化运作，处于简单的单机操作模式。

（二）税收管理信息化阶段

进入 21 世纪，在税务管理信息系统一体化总体建设目标的指导下，建立了高度集成的各类业务系统的一体化应用，以及基于互联网技术的网络税务管理信息系统。这一阶段也包括金税工程的实施、中国税收征管信息系统（CTAIS）的推广应用，以及基于一体化的税收决策支持环节、行政管理环节的信息化。

回顾 30 多年来税务系统信息化建设的情况，取得的成效是明显的。主要表现在：一是信息化建设的总体思路进一步明确；二是应用系统建设稳步推进；三是信息应用水平不断提高；四是信息化基础建设快速发展。实践证明，通过加强税收管理信息化建设，以信息化手段为依托，大力实施科学化、精细化管理，积极推进税收征管体制改革，优化业务流程，规范税收执法，提高了税收征收率和管理效能，强化了税源控管，优化了纳税服务，强化了对税收执法权和行政管理权的监督制约，促进了税务干部队伍建设，促进了税收工作水平的提高。

在充分肯定成绩的同时，也要清醒地看到税务信息化建设中还存在很多问题，如有些税务干部，特别是有的领导干部对税收信息化建设重要性的认识不到位，思想不够统一，存在贪大求洋、重硬轻软等倾向；信息系统分割形成"信息孤岛"，信息资源共享度不高；信息系统覆盖范围有限，没有形成"天罗地网"；信息资源增值利用的深度和广度不够；与税收信息化相适应的统一、高效的税收征管运行机制，尚须不断磨合、改进；信息化发展不平衡，发达地区快于欠发达地区；税务干部的信息素质不够高，不完全适应推进税收信息化建设的要求；安全管理水平不高，存在隐患等。

二、税务信息化管理的内容

我国税务信息化建设十几年来，既有成果又有不足，今后的发展方向是，充分利用多年来税务管理信息化的建设成果，从根本上改变税务信息化建设中缺乏统一规划、自成体系、重复开发、功能交叉、信息不能共享的状况，根据一体化原则，建立一个基于统一规范的应用系统平台，依托税务系统计算机广域网，以总局为主、省局为辅，高度集中处理信息，功能覆盖各级税务机关行政管理、税收业务、决策支持、外部信息应用等所有职能的功能齐全、协调高效、信息共享、监控严密、安全稳定的税务管理信息系统。

（一）税务信息化建设的内容

1. 税收业务规程的重组和优化。业务需求的统一规范是税务信息化建设的前提。要根据税务管理的客观要求，特别是要结合信息技术不同于手工操作的特点，对业务规程、流程、表证单书等税收业务进行全新的设计、重组和优化，为税务管理信息系统的开发提供符合要求的、统一规范的业务规程、流程以及表证单书，按照业务—软件—硬件的制约关系和顺序来开展信息化建设工作。

2. 标准规范的制定。标准规范体系是税务信息化建设的依据。要根据税务信息化建设的总体目标，健全与完善相关数据标准、技术规范和项目管理规范，统一规范技术平台和数据交换平台，建立健全硬件网络技术规范和数据安全保障体系，为应用软件的整合和建设，提供可以遵循的标准规范参照和依据。

3. 应用系统开发。应用软件建设是税务信息化建设的核心，它直接决定着税务信息化工作的优劣。按照税务信息化建设的总体规划，应用软件主要包括四大类：

（1）税收征收管理系统。包括征收、管理、稽查、处罚、执行、救济等事务处理功能，也包括查询、分析、监控、考核等决策支持功能以及与纳税人互动、与外部门交换信息等功能，它是把现有的征管信息系统与增值税专用发票管理系统、出口退税管理系统以及个人所得税管理系统等整合在一起的完整大系统，是金税工程三期的核心应用系统。

（2）行政管理系统。包括综合办公、人力资源、财务管理、监察监督、教育培训、视频会议、政府采购管理、后勤保障等子系统。在行政管理系统建设过程中，既要根据行政管理的内在规律和总体要求，统筹考虑各个子系统的设计开发，又要注意搞好各个子系统与征收管理等系统之间的信息联通。

（3）外部信息管理系统。包括为纳税人服务、外部门信息交换、国际税收情报交换等子系统。通过对互联网、各级政府和有关部门以及纳税人信息的采集与使用，提高税收征管系统的有效性。

（4）决策支持系统。在税务信息两级大集中的基础上，实现税务系统内部数据和外部数据的集成与共享，满足统计、查询、分析、预测、监督等需要，为上级进行科学决策提供数据支撑。

4. 硬件及网络建设。硬件及网络建设是税务信息化建设的基础。各类税务应用系统必须借助于硬件及网络这样的基础设施和通信平台才能有效运行。要遵循"统一规划、统一调配、统一使用、加强管理"的原则，搞好政府采购和财务管理工作，采用先进的项目管理方法，对各个环节严格把关。

5. 安全体系建设。税务系统安全体系建设是税务信息化建设的重要组成部分。应统一规划、设计、建立税务系统，包括设备、网络、系统软件、数据库、应用系统等层次的安全体系，建立税务系统自主版权的信息安全平台，保证数据生成、存储和传输的安全与可靠。

（二）税务信息化建设的主要进展

1. 金税工程三期建设完成预期目标。金税工程三期是基于统一技术平台，依托计算机网络，国家税务总局和省级税务局集中处理信息，覆盖所有税种、税收工作的重要环节以及各级税务局并与有关部门联网，包括四类应用系统有机结合、功能齐全、协调高效、信息共享、监控严密、安全稳定、保障有力的税务信息管理系统。可以概括为"一个平台，两级处理，三个覆盖，四个系统"。一个平台是指统一的技术平台；两级处理是指信息由国家税务总局和省级税务局集中处理；三个覆盖是指覆盖所有税种、税收工作的重要环节以及各级税务局；四个系统包括以税收业务为主要处理对象的一个功能整合的征收管理系统、以税务内部行政管理事务为处理对象的税务行政管理应用系统、以外部信息交换和为纳税人服务为主要处理对象的外部信息管理应用系统，以及面向各级税务机关税收经济分析、监控和预测的税务决策支持管理系统。

2. 数据库建设取得阶段性成果。作为金税工程三期的重要内容，税务数据信息要随着网络体系的不断完善而逐渐向上级汇总，集中存储。在基层税务机关要建设好纳税人的"一户式"电子档案建设，并按照规定上传；上级要建设好"数据仓库"，集中存储纳税人档案信息，形成一个集中的数据源。在具体工作中，基层税务机关需要外埠纳税人信息时，可以直接到集中的"数据仓库"中去查询。这样就形成了高效率的信息共享模式。同时，对集中存储的信息，要及时进行抽取、分类、归集、分析和综合利用工作，最大限度地发挥税务信息系统的作用。

3. 电子申报和电子缴税全面发挥作用。电子申报是指采用电子方式（包括网络申报、电话申报等）向税务机关报告、传送纳税申报数据。电子申报数据由税务信息系统计算机进行自动接收和审核确认。这在定期定额户及个人所得税双向申报中尤其会产生良好的效果。而且它可以在不特别增加计算机设备、办税服务厅场地和工作人员的前提下，增加申报数据的处理能力和效率。电子申报不仅是纸质申报的电子化，而且会改变申报处理的一系列管理流程和管理办法，因此，应从业务、技术和法律等多角度进行统筹设计规划，特别要注意的是，必须最大限度地减少纸质资料的报送，否则，电子申报就失去了意义。

【思考 15 –1】

采用电子申报方式后，税务机关为什么还要求报送某些纸质的申报资料呢？

电子缴税是指税务机关、银行和国库间通过计算机网络进行税款结算、划解的过程。电子缴税系统实际上是税务、银行和国库的联网系统——税银库联网系统。该环节完成了纳税人、税务机关、国库及银行间电子信息和资金的交换，实现了税款收付的无纸化。通过电子化操作，传递税款征收、入库数据，可减少征纳双方的工作量，降低征纳成本，提高征管效率，还可以加快票据信息传递速度，缩短税款在途时间，加强税款入库和欠税的控管，确保税款及时、足额入库。

4. 税务网站的建设更加完善。建立税务网站，是新兴的电子税务服务方式，使征纳之间有了一个新的、更加方便的交流场所。网站的主要功能有：税法查询、税务新闻、各类税收统计资料、税务年报、提供网站指南和搜索引擎、电子邮件往来、常见问题回答、网上办理税务登记（注册登记）、填报税务登记变更信息等业务操作、网上发票查询、其他纳税人关心的事项等。税务网站建设一般分为四个阶段：税务信息发布阶段；税务信息发布、数据库查询、纳税人与税务机关电子邮件往来阶段；税务网站与内部税收征管系统部分作业可直接交互完成阶段；税务网站与税收征管、办公自动化系统的工作可以协同作业阶段。

5. 进一步推广税控装置。税控装置是指纳税人在生产经营过程中使用的，具有税控功能，能够保证经营数据的正确生成、可靠存储和安全传递，实现税务机关的管理及数据核查等要求的电子计价、计量器具，如税控收款机、税控发票机、税控加油机、税控出租车计价器等。

税控装置以其税控机制与税务征管部门管理、监控规范相结合，形成了一套完善的规则、制度和信息化体系，成为税务机关监控税源的有效手段。推广税控装置，可以大大提高税收征管效率，规范征纳行为，堵塞税收漏洞，降低税收成本，推动企业内部管理，保护消费者的合法权益，促进信息化发展。

6. 地理信息系统得到开发和运用。地理信息系统（geographic information system，GIS）是指一种立体化的电子地图。它是通过航拍定位和地面拍摄反映地面或建筑物的三维可视空间，是数据库与地图（地块）整合而形成的各种分析统计数据资料和层级地图。GIS 系统可以应用于房地产的评估，因此，它是税务机关加强财产税等小税种管理的有力工具，当前要加强这一系统的开发和利用，为加强税收征管服务。

7. 信息化专业技术人员的培训。信息技术飞速发展，需要一支高素质的信息技术干部队伍来建设和管理税务信息化。信息技术是管理的手段，要真正发挥作用，关键在人，要提高税务人员驾驭新技术的能力，最大限度地发挥现代科技的威力。加强信息技术和管理人员队伍建设，是税务信息化建设工作一项长期的战略任务。目前，基本上形成了一支既懂信息化、又熟悉税收业务的复合型税务信息化管理人才队伍。

第三节　税务信息化应用系统现状与前景

一、金税工程三期信息系统

金税工程三期是在中国税收征管信息系统（China Tax Administration Information System，CTAIS）和金税工程二期的基础上整合升级而成，是税务信息化的核心应用软件。它是加强税源监控、提高税收征管水平的迫切需要，是实现税收征管科学化、规范化、现代化、信息化的重要手段，是建立全国四级税务信息网络的基础。升级整合 CTAIS 和金税工程系统是国家税务总局的一项跨世纪工程，是我国税收征管向世界发达国家先进管理水平迈进的重要一步。随着金税工程三期项目完成，一个具有统一技术平台，信息由国家税务总局和省级税务局集中处理，覆盖所有税种、税收工作重要环节和各级税务机关，业务操作、事务处理、监控分析、服务互动和预测决策等功能完善的综合管理信息系统已然形成，必将推动税务机关的各项工作全面改观，税务信息化也将进一步向智能化发展。

（一）金税工程三期系统总体构架

系统总体构架包括三个层次，即：事务处理层；管理监控层；辅助决策层。这三个层面与现有的机构体系（总局、省局、市局、区县局、税务所）并不是完全一一对应的，事务处理层里有管理决策功能，管理监控层和辅助决策层里也可以有事务处理功能，只是在不同层次的信息系统中其内容的侧重点不同。总的来说，越是基层税务部门越注重事务处理，越往上级越倾向于管理决策功能的运用。

1. 事务处理层。县（区）一级税务部门是最基层管理单位，县（区）级税务信息管理系统是全国税收管理信息系统的基础，也是税收工作原始数据和信息的采集地与初加工地。县（区）级税务局及其派出机构的业务多属操作层的范围，即一般意义上的税收征收管理。如直接面向纳税人的管理服务、税款的申报受理及征收、计会统处理、稽查选案等。

2. 管理监控层。市级和省级税务局是主管税收业务及系统内行政管理的两级管理机关。这两级税务管理信息系统所处理的业务主要属于管理层范畴，如税收法规政策管理、税收计会统、数据信息管理、文件档案管理等。

3. 辅助决策层。国家税务总局和省级税务局税务管理信息系统所处理的业务中，有一个很重要的业务处理功能属于决策分析范畴。系统通过先进和规范的手段对大量分散的基层征收数据进行集中处理，灵活地根据用户税收监控业务的不同要求，针对各种税收指标和结果进行统计分析，及时掌握税收收入进展情况、地区间分布等信息，预测影响税收乃至整个国民经济的因素及其影响程度，从而为领导决策提供科学依据。

（二）系统特点

1. 业务涵盖面广。业务上支持多种申报方式、多种缴款方式、各种会计核算方式；数据采集支持多方式，如手工的、光电扫描的、磁盘传递的、IC 卡录入的，甚至包括 Internet，都有预留接口。

2. 系统规范性强。系统开发依据比较规范；开发过程规范，从业务需求编制到概要设计、程序设计、系统测试、试运行及验收都力求规范；开发结果规范，把所有的政策都预置到软件中，然后通过软件应用来规范成果。

3. 监控细致周全。基于数据间具有高度的关联性，软件自身建立了层层监控关系，各个业务环节环环相扣，形成自上而下的严密监控体系（对文书审批进行监控、对纳税人资格进行监控、对违章行为进行监控等），能够动态地掌握税收工作的全过程，克服税收征管的随意性。

4. 界面设计友好、操作简单。采用了统一的界面设计风格、与实现业务文本相同或相近的界面布局、规范化的信息项目摆放、区域化功能界面划分、丰富的联机帮助、在线法规查询，使得软件界面非常友好，也非常具有人性化的设计理念。仿照手工处理的方式来设计人机对话流程，大量采用了规范化的代码选择，使用户不需要记忆很多的命令和规则就可以学会使用。

5. 具有可靠性和容错性。系统建立有完整的权限管理机制和完整的底层结构体系，并进行检查和互验，控制得非常严格，保证了数据的完整性、准确性。还具有较强的容错性，对于用户的输入内容可做到相应的容错性检查，输入错误也不会导致死机。

（三）系统升级进程

2013 年起，金税工程三期陆续在一些省国税局、地税局系统单轨上线运行，包括核心征管、个人税收管理、决策支持 1 包、决策支持 2 包、纳税服务、外部交换、应用集成平台、安全策略 2 包等系统。

2015 年起，金税工程三期系统正式上线，实现了业务规范统一化、税收管理规范化和制度化，覆盖全业务，简化涉税事项，加强纳税遵从风险管理，建设信息化纳税服务平台，实现信息共享和外部涉税信息管理并推进全员建档管理模式和推进财产一体化管理。金税工程三期全面应用开启中国进入大数据税务管理时代。

2019 年起，金税工程四期进入研发阶段，金税工程四期是金税工程三期的升级版。金税工程四期企业信息联网核查系统搭建了各部委、中国人民银行以及银行等参与机构之间信息共享和核查的通道，实现企业相关人员手机号码、企业纳税状态、企业登记注册信息核查等功能。

【思考 15 - 2】

金税工程三期完成后，对税务机构设置将产生哪些影响？

二、其他信息化应用系统

（一）电子底账系统

电子底账系统建立了及时、完整、准确的发票电子底账库，即开具发票信息库，纳税人开具发票的全票面信息，包括汉字和数字内容都会实时加密上传，生成电子底账库。电子底账的使用涉及三层：第一层开票，各企业都要通过增值税开票系统开票，这个发票信息将传递到电子底账系统。第二层存储，电子底账系统接收到所有公司的发票信息，这个信息是全国联网的。第三层筛选，税务局可以通过各种技术，对电子底账里的数据进行分析，这是稽查选案时的一个重要工具。如图 15 - 1 所示。

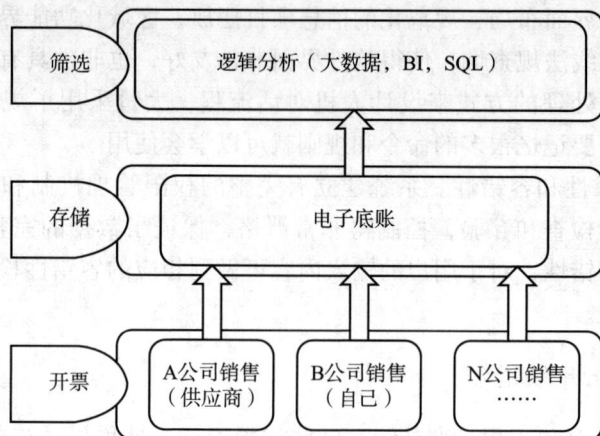

图 15 - 1 电子底账系统

对任何一家辖区内的企业，税务机关的工作人员都能通过该系统一目了然地看出该企业对下游企业开出的增值发票和接收上游企业增值税发票的情况，能看到每一张发票的电子照片，并从系统中得到票流分析。

(二) 大数据平台

大数据平台以政府数据为核心、以"块数据"为突破，通过打造一个开放、共享的"块数据"政府公共平台，构建一个以财政、税务为主要应用方的大数据综合应用生态平台。大数据平台为全国各级税务机关提供满足税务统计制度和数据分析诉求的一体化服务。平台集中了来自金税工程三期征管系统、统计报表以及其他第三方的数据资源，运用大数据技术建立了底层统一的数据存储处理中心，借助 BI 分析工具为用户提供日常统计查询、税收实时监控、政策执行监督，以及税收预测、风险预警等全方位的大数据分析服务。如图 15 - 2 所示。

(三) 自然人电子税务局

自然人电子税务局可以通过地址 https：//etax. chinatax. gov. cn 来访问网页版自然人电子税务局，如需办理涉税业务，需要进行实名认证注册。另外还可以通过扫描网页版自然人电子税务局首页的二维码或各大手机应用市场，下载国家税务总局官方发布的"个人所得税" APP 客户端，通过实名认证注册并登录客户端进行相关涉税业务办理。相关涉税业务包括 14 项：信息报告、发票办理、申报纳税、优惠办理、证明办理、社会保险费及非税收入业务办理、出口退（免）税、国际税收、信用评价、税务注销、涉税咨询、涉税信息查询、纳税服务投诉

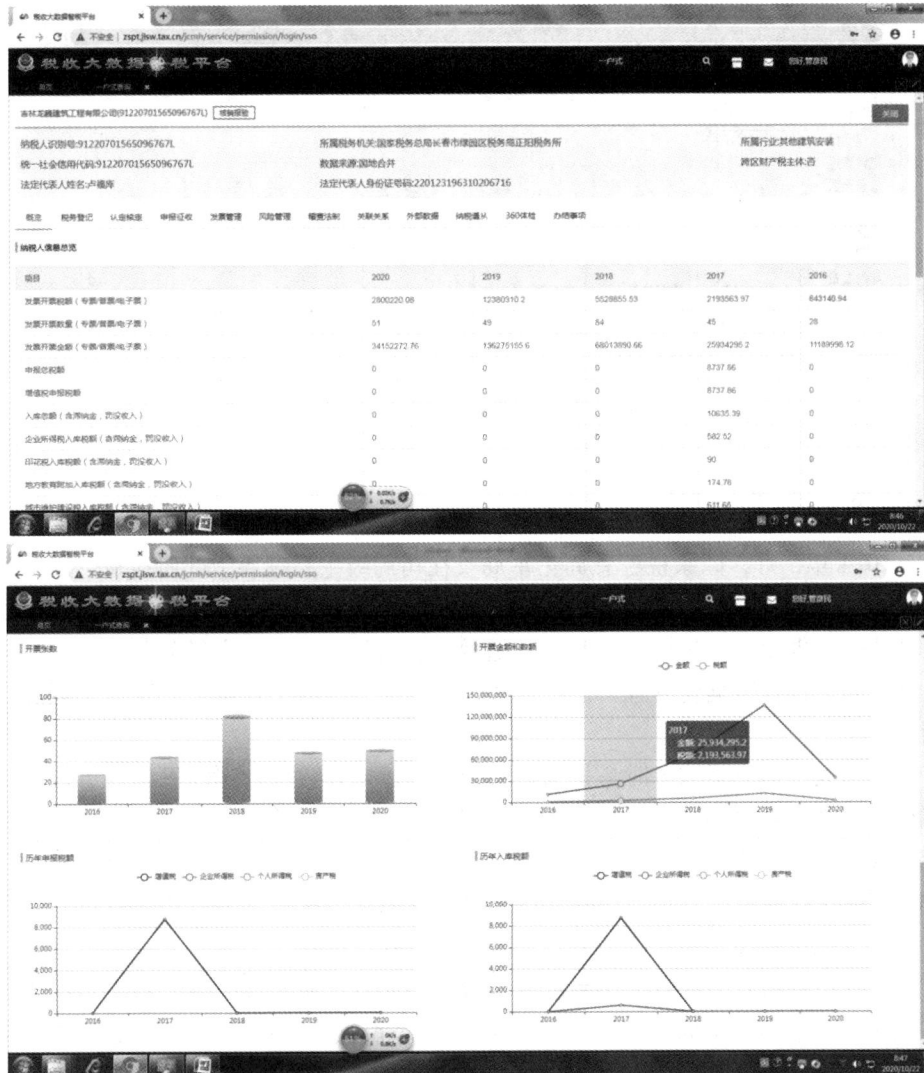

图 15-2　大数据平台

和涉税专业服务。

在实名注册之后，可以通过本平台报送专项附加扣除信息、在线填写申报表和在线缴税，并实现纳税记录的在线查询开具等业务。

（四）税务综合办公系统（以下简称公文系统）

公文系统包括工作安排、文件管理、信息采编、宣传管理、信息服务和局内发布六个模块。该系统可以实现从总局到基层税务部门，相关的涉税业务、条例、办法、规范、通知等红头文件及时传达到全体税务干部，便于税务干部掌握一线最新的信息。如图 15-3 所示。

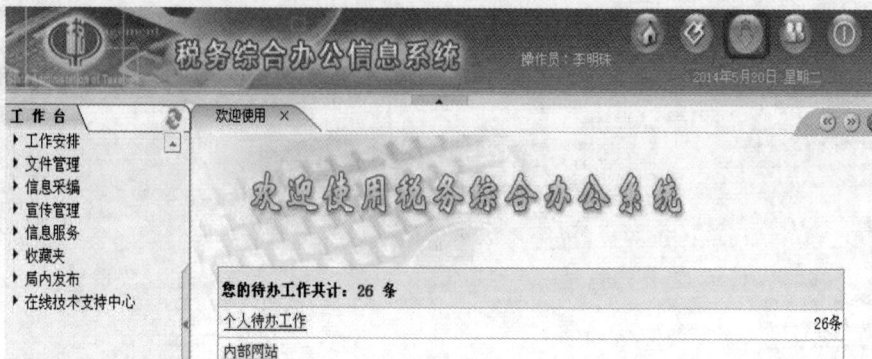

图15-3　税务综合办公系统

（五）数字人事系统

2014年5月，国家税务总局王军局长在司局级主要领导干部研讨班上，首次提出"数字人事"的构想，指出要完善干部培养、评价、任用制度，把多种制度具体化、数据化、累积化、公开化。随后，总局起草了《国家税务总局关于加强平时考核、推行数据化管理、促进税务干部全面发展的指导意见》及一系列配套制度办法。

数字人事形成了以平时考核为核心内容，运用大数据管理的思维和方法，按照税务干部成长轨迹设计考核要素，将"德、能、勤、绩、廉"等方面的信息进行个人账户式量化归集，并应用到干部管理工作中，构建起干部管理日常化、日常管理指标化、指标管理数字化、数字管理累积化、累积管理可比化、可比管理挂钩化、挂钩管理导向化的干部综合考核评价管理体系。

日常干部请假审批需在该系统进行操作，需经历从人事科科长到主管局长的审批流程，干部们每周的工作日志在系统记录留痕，上级税务机关定期抽查考核。其重要性不断升级，已成为每名税务干部日常必不可少的一项基本工作。

（六）RTX软件

RTX软件类似于QQ软件，是税务系统在一定区域内随时沟通交流，传递内部信息的软件，可以点对点沟通，也可以群内沟通、发布工作通知及共享信息。

三、现代信息技术应用

（一）大数据

大数据（big data），亦可称为"海量数据"或"大资料"，大数据要做到的是在各种结构化或非结构化的信息中找到有意义的数据，提炼和分析常规分析技术所得不到的信息和关键点，并成为帮助企业经营或政府决策的资讯。

大数据将为税收征管提供全方位的、动态的、整个链条的信息，包括纳税人、第三方等多方面的纳税信息和非税信息。有了税收大数据，才能真正拥有"制数权"，才能下好"先手棋"。大数据核心价值在于对海量数据进行存储和分析，大数据对税务工作影响巨大。它有利于实现数据共享和数据分析利用，推进税源专业化，有利于精细化管理和加强风险管理。

（二）云计算

云计算是分布式计算的一种，指的是通过网络"云"将巨大的数据计算处理程序分解成无数个小程序，然后通过多部服务器组成的系统处理和分析这些小程序得到结果并返回给用户。通过这项技术，我们可以在很短的时间内（几秒钟）完成对数以万计的数据的处理，从而达到强大的网络服务。

云计算不是一种全新的网络技术，而是一种全新的网络应用概念，云计算的核心概念就是以互联网为中心，在网站上提供快速且安全的云计算服务与数据存储，让每一个使用互联网的人都可以使用网络上的庞大计算资源与数据中心。

云计算是信息时代的一个大飞跃，云计算具有很强的扩展性和需要性，可以为用户提供一种全新的体验，云计算的核心是将很多计算机资源协调在一起，这样，用户通过网络就可以获取到无限的资源，同时获取的资源不受时间和空间的限制。

（三）物联网

物联网是指通过各种信息传感器、射频识别技术、全球定位系统、红外感应器、激光扫描器等各种装置与技术，实时采集任何需要监控、连接、互动的物体或过程，通过各类可能的网络接入，实现物与物、物与人的连接，实现对物品和过程的智能化感知、识别和管理。

物联网即"万物相连的互联网"，是互联网基础上延伸和扩展的网络，物联网将各种信息传感设备与互联网结合起来形成一个巨大的网络，实现在任何时间、任何地点，人、机、物的互联互通。

（四）雾计算

雾计算是相对云计算而言的概念，由触手可及的、更为分散的、贴近生活的计算设备组成，如智能手机、智能终端、传感器等。雾计算并非由性能强大的服务器组成，而是由性能较弱、更为分散的各类功能计算机组成，雾计算渗入工厂、汽车、电器、街灯及人们物质生活中的各类用品。雾计算移动性好，手机和其他移动设备可以相互之间直接通信，信号不必到云端甚至基站去绕一圈，它支持很高的移动性。国家在大力发展物联网，物联网发展的最终结果就是将所有的电子设备、移动终端、家用电器等互联起来，这些设备不仅数量巨大，而且分布广泛，只有雾计算才能满足，现实的需求对雾计算提出了要求，也为雾计算提供了发展机会。

（五）区块链

区块链是一套可信任的分布式数据库"账本"，区块链技术是一种分布式数据存储、点对点传输、共识机制、加密算法、智能合约等技术的新型集成应用，具有去中心化、开放性、防篡改、匿名性等特点。区块链首先应用于比特币，但区块链不是比特币。

区块链的透明性可以提供全面翔实的涉税信息；区块链的不可篡改性可以帮助减少税收欺诈，提高税收遵从度；自动执行的智能合约下，经济交易可以实现实时或近乎实时的记录，有助于提高征税效率；区块链技术的应用可以降低征税成本。

区块链分公有链、私有链和联盟链三种类型，它们的特点、访问权限和主要内容以及应用领域如表 15 - 1 所示。

表 15 - 1　　　　　　　　　　　　　区块链分类表

类型	访问权限和主要内容	特点	应用领域
公有链	对所有人开放，任何人都可以读取和发送交易，能参与其中共识过程的区块链。程序开发者无权干涉用户，可以保护使用他们开发程序的用户。	"完全去中心化"，具备保护用户免受开发者的影响、访问门槛低、所有数据默认公开等特点。	包括比特币、以太坊、超级账本、大多数山寨币以及智能合约，其中，区块链公有链的始祖是比特币区块链。
私有链	对单独的个人或实体开放，写入权限由某个组织或机构控制的区块链决定，参与节点的资格会被严格限制。	"部分去中心化"，由于参与节点是有限和可控的，具备极快的交易速度、更好的隐私保护、更低的交易成本、不容易被恶意攻击等特点，并且能做到身份认证。相比中心化数据库，区块链私有链能够防止机构内单节点故意隐瞒或者篡改数据，即使发生错误，也能够迅速发现来源。	提供安全、可追溯、不可篡改、自动执行的运算平台，同时防范来自内部和外部对数据的安全攻击。主要是企业内部的应用，如数据库管理、审计等；以及政府行业，如政府的预算和执行，或者政府的行业统计数据。
联盟链	属于特殊类型的私有链。对特定的组织团体开放，有若干个机构共同参与管理的区块链，每个机构都运行着一个或多个节点，其中的数据只允许系统内不同的机构进行读写和发送交易，并且由他们共同来记录交易数据。	区块链联盟链具备低成本运行和维护、高交易速度及良好的扩展性等特点，对安全和性能的要求也比公有链高。	适合机构间的交易、结算或清算等 B2B 场景。例如，在银行间进行支付、结算、清算的系统就可以采用联盟链的形式。

四、智能管税

（一）智能管税的目标

智能管税就是用科技对税收管理进行全方位理念更新、全业务优化再造和全过程智能处理。具体可量化的目标包括"五化"。

1. 分析决策数据化。大数据图表和决策驾驶舱让数据说真实的话、管用的话、有趣的话、决定的话。

2. 日常征管自动化。"一体化流程＋智能化操作"建立多层次、区块化、扁平灵活的"自动化云征管"模式。

3. 风险管控系统化。风险识别有智能系统，风险披露有智能渠道，风险应对有智能手段，风险情报有智能应用。

4. 税务生态物联化。税务智能无所不在，让税务干部在任意设备处理业务；质效评价无所不包，让征管漏洞时刻自动发现纠正；征纳互联无时无刻，让征纳信息一致，消息对称；便捷服务无微不至，让纳税人享受精准服务。

5. 税收体系区链化。区块链电子发票是区块链和税收治理基于海量数据的结合，具有简化税收流程、推动税收可持续发展等优点。使用者可实现"无须纸质发票，无须专用设备，全程手机自助操作，交易即开票，开票即报销"的新体验。2018 年 8 月 10 日，全国首张区块链电子发票在深圳开出，宣告深圳成为全国区块链电子发票首个试点城市。

（二）智能管税的举措

1. 转变思维方式，确立一个核心。实现税收征管现代化，以纳税人为中心、以大数据为重心、以互联网思维为核心。

2. 推动科技兴税，探索四大应用。

（1）广泛应用移动互联技术。开通移动支付"云缴税"，拓宽支付宝、微信等多元化税费缴纳渠道。

（2）广泛应用移动互联技术。建立起税务机关—纳税人—自然人全覆盖的微信办税体系，精准提供更优质的服务，实现移动化、互联网化的税收共治模式。

（3）移植应用机器学习技能。上线税务流程机器人，实现网上发票自动领购发放。

（4）加紧探索雾计算与税收业务的融合。在不久的将来，大家的智能手机、大厅的智能终端、分布在税务机关各处的传感器均可成为支撑智能管税的实体。

第四节　电子商务的税收征收管理

对电子商务交易进行课税是一种必然趋势。而电子商务活动具有国际市场交易的虚拟性、交易参与者的多国性与流动性以及无纸化操作的快捷性等特征，使电子商务的税收征收管理变得极其复杂，这就需要完善的税务信息化系统作支撑。

一、电子商务与税收

电子商务是一种全新的商贸形式，它在网上实现浏览商品、订货、签合同、付款的全部过程，顾客、商家和银行之间通过 Internet 传递信息，完成整个交易过程。近些年来，在西方发达国家经济普遍不景气的情况下，作为一种全新的商务运作模式的电子商务仍然呈现蓬勃发展之势，其交易额已占到全球贸易总额的1/5 左右。与全球电子商务发展同步，我国电子商务经历了从无到有、从简单到复杂的过程，也获得了长足的发展。根据 CNNIC 数据显示，截至 2020 年 6 月，我国网购用户规模达 7.49 亿，占网民整体的 79.7%；上半年网上零售额达到51 501 亿元，同比增长 7.3%，其中，实物商品网上零售额占社会消费品零售总额的 25.2%。上半年，我国移动支付金额达 196.98 万亿元，同比增长 18.61%，稳居全球第一。根据数据显示，2019 年，我国电子商务的交易规模为 36.8 万亿元，同比增长 13.1%，其中，B2B 行业市场规模占比为 66.74%。预计到 2024年，我国电子商务的成交规模将超过 55 万亿元。

以计算机及网络技术为基础发展起来的电子商务，在冲击着传统贸易机制和方式的同时，也对税收提出了新的挑战。对电子商务是否征税，自从它兴起的那一天就一直存在争论，时至今日，这场争论仍在十分激烈地进行着。但主张征税逐步成为一种主流趋势，因为电子商务只是改变了贸易方式，对其给予任何税收优惠，都是对传统商业公司的不公平；同时，随着电子商务的发展，收入规模逐渐扩大，对国家财政收入的影响也越来越大，不征税的弊端日益显现出来。因此，需要研究的不是征不征税，而是怎样征税的问题。

从 2003 年 7 月 1 日开始，欧盟关于对非成员国家电子商务征税的法规正式生效，意味着对互联网电子商务的征税已进入实施阶段。但是，其执行的仍是传统的增值税制度。目前，我国电子商务征税制度尚属空白，北京市等省市出台了相关的地方性规定，但也只是初具雏形。因此，我国亟待税收、电子技术、电子商务及法律界等相关人员共同努力，协作攻关，尽快研究制定出既有中国特色又与国际接轨的电子商务税制。

二、电子商务交易课税的难点

（一）交易的隐蔽性制约征管

要征税就要了解纳税人是谁，是哪国人，在哪里从事经营活动，经营什么，等等。但由于电子商务具有交易主体隐匿性、交易标的的模糊性、交易地点的流动性以及交易完成的快捷性等特点，使得电子商务不仅对传统贸易体制、贸易方式、信用体系以及政府管理带来了很多新问题，而且也使我国税收征管面临着很大的难题，如征税主体的确定、纳税信息的搜集、计税依据的确认等都面临着极大的困难。在对纳税人几乎一无所知的情况下，传统的核定调整税额、征收税款、实施税务稽查、追究法律责任等工作将无法发挥作用。

⚠【案例】

长春一家企业的采购人员在杭州出差时，通过当地终端向北京一家网络公司购买一批电脑终端设备，北京公司接到订单后，要求长春的企业将货款支付给武汉分公司并由武汉分公司开具发票，收到货款后指示设在沈阳的配送中心发货。这样一个购销行为，信息流、资金流和物流在空间上三分离。

试回答：如果采购人员又是通过设置密码进行操作，税务机关如何进行征管？

（二）法律环境不完善

电子商务是建立在开放的网络环境上的，维护商业机密是电子商务全面推广应用的重要保障。为此，网络上都广泛采用先进的安全技术，如 SSL 技术、SET 协议、防火墙、长密钥（128 位）加密通信、数字 ID 等先进的加密和认证技术措施，确保只有合法用户才能看到数据。

税务机关只有掌握了纳税人及课税对象的相关信息，才能进行税收征管工作。而获取信息的最大障碍不是来自于上述技术方面，而是来自于有关隐私权的保护法。因为从纯技术的角度来看，精确地掌握电子商务的一切信息是能够做到的，只是受相关法律的制约，从而在获取信息与保护隐私权之间形成冲突。

⚠【提示】

隐私权的保护是电子商务的一个至关重要的问题，各国都制定了相关的法律予以保护。如美国的《个人隐私法》、欧盟的《数据保护指令》等。我国通过《民法通则》《刑法》《计算机软件保护条例》《计算机信息网络国际联网安全保护管理办法》等法律、行政法规和部门规章，由民事的、刑事的、行政法律责任方式对电子商务中的隐私进行法律保护。

同时，为了加强对电子商务税收的征收管理，在税制要素、电子账簿发票的效力、税收管辖权、交易资金的支付方式和渠道、税收国际协调等方面，都需要尽快立法，以创造电子商务课税的良好法律环境。

（三）税制落后不能满足课税需要

在电子商务环境下，以往对纳税主体、客体的认定以及纳税环节、地点等基本概念（如"常设机构"）均陷入困境，传统的税收理论、税收原则均受到不同程度的冲击。电子商务交易的标的，如网上提供的某种计算机软件，它究竟是有形产品交易、无形产品或服务的提供，还是特许权转让？对此按照现行税制是难以定性的，因而也难以确定其适用的税种、税率，这就使目前税法中对纳税主体、课税对象、计税依据等方面的一些条款形同虚设。

三、电子商务交易课税的对策探讨

电子商务交易的标的可以分为两大类：一是有形商品；二是无形商品（包括数字产品和在线服务）。在有形商品电子商务活动中，存在着完整的信息流、资金流和物流，现行税制和征管完全适用，在此不再赘述。而无形商品交易，只存在信息流和资金流，没有物流可以掌控，且无形商品制作或实现过程、提供环节、提供地和使用（或消费）地变得难以确定和不透明，这是研究的重点。

⚠【提示】

在包括有形商品交易的完整电子商务活动中，除了商家和客户两大商务实体外，还有海关和工商等管理部门、认证中心、银行、电信部门、ISP、配送企业等，共同组成一个完整的电子商务运作环境。在这个运作环境中，ISP、认证中心掌握着电子交易的信息，即控制着信息流；银行掌握资金的流向，即控制着资金流；配送企业掌握着商品的去向，即控制着物流。

现行电子商务征税问题的研究，主要集中在如何通过控制"信息流"来加强税收征管，重视纳税人身份的识别、认定，重视每一笔交易信息的掌控。研究的主要思路是：在传统税制基础上，以网络技术代替传统征管手段，仍然采用登记、票证管理、申报、征收、稽查的传统征管流程，只不过是将这些工作搬到网上，实行网络化、电子化征管。例如，要建立专门的电子商务税务登记制度，即要求从事电子商务的纳税人必须按照有关规定办理电子商务的税务登记，将与上网有关的材料，如网址、电子信箱、计算机超级密码的备份钥匙、财务软件的名称、版本号、银行账号等信息，报主管税务机关。

而实际情况可以想象：一个人在家中用电脑编制应用软件到网上去卖，不主动办理税务登记，税务机关有什么措施能够有效监督制约呢？回答是没有。税务机关无法监控每个人在私人空间的活动。由此可见，上述网络化、电子化征管制度体系只能是空中楼阁。以传统税制为基础，以控制信息流为主要手段，是当前电子商务课税研究的一个误区。要想取得新的研究进展，必须在税收理论、税收制度和税收征管上进行创新。

（一）税收理论创新

电子商务交易的课税对象是一种数字产品（表现为无形商品和在线服务），我们必须将其视为知识时代的产品。因为数字产品有很多新特点是工业时代产品不具备的，如广泛的共享性、快速的社会增值性、任意的空间流动性、可以无限次复制而不影响效用等。电子商务应该属于知识经济时代的交易方式，电子商务课税本质上是对知识（产品）课税。这些认识是电子商务税收理论创新的基础和前提，必须在新的时代背景和经济运作方式下探索税收理论问题。

（二）税收制度创新

电子商务中的 BtoC、CtoC 交易，涉及大量的自然人，交易频繁而单笔交易额会很小。例如，某人以 1 元钱价格在网上卖一种软件，是否征税？你可能说交易额太小了，不征税。可是他卖出 100 万份，还应不应该征税？有鉴于此，电子商务课税不应设置起征点。对电子商务无形商品进行课税，有许多新的特点，必须抛开传统税制，建立一个极其简化的新型税制，以适应电子商务交易课税的征管需要。

1. 只设置一个税种，如叫网络交易税（或电子商务交易税）。设一个比例税率，根据实际情况测算一个合理的税收负担水平。不再征收关税、印花税、城市维护建设税、所得税等其他各种税收。

2. 纳税人为交易的购买方，即实行价外税，由购买方支付并负担税款（形成消费地纳税格局，符合 OECD 确定的电子商务税收原则）。

（三）税收征管创新

在互联网上，数字化产品和服务的交易实体是无形的，交易的无纸化与匿名支付系统连接，没有有形的合同，交易双方可以随意在电脑中填制购销商品情况，又可以不留痕迹地轻易修改，也可用多层密码加以隐蔽，税务部门难以掌握纳税的凭据。试图通过控制信息流实现对电子商务交易征税，不但面临技术、法律等一系列难题，而且经济上也要付出巨大代价。因为要获取、甄别这些交易信息，既要管理电子发票，又要进行税源监控和电子税务稽查，花费的人力、物力是难以想象的，也不可避免地对交易行为产生干扰。

在税收征管上创新，就是要放弃控制"信息流"的想法，转而把目标放在控制"资金流"上。电子商务的交易结算资金必定流经金融机构，而金融机构的数量比网站要少得多。因此，通过金融机构控制资金流，节点少、易于控制，又与税源息息相关，是电子商务征税的理想选择。

具体做法就是，通过立法规范电子商务交易资金的支付渠道和方式，然后给相应的银行加上一个专用程序，对通过银行支付的电子商务交易结算资金，按照固定税率直接扣缴税款，如同现在银行代扣存款利息所得税一样。这样才能形成完全电子化的自动征税系统，由电子税收系统进行无纸化操作，免除普通管理人员的人工干预，切实提高效率，节省税收成本，方便交易者，保护隐私权，实现更完全意义上的电子商务。

【思考 15－3】

电子商务课税的研究为什么强调税收理论、税制和征管的全面创新？

复习思考题

1. 什么是信息化？信息与数据的联系和区别是什么？
2. 税务信息化管理流程包括哪些环节？
3. 中国税务信息化发展经历了哪几个阶段？简述其内容与特点。
4. 如何进一步推动中国税务信息化的发展？
5. 电子商务课税的难点及解决对策是什么？

主要参考文献

1. 艾华、王敏、高艳荣、马丽佳：《纳税检查》（第 5 版），中国人民大学出版社 2020 年版。

2. ［美］道格拉斯·B. 莱尼：《信息经济学》，上海交通大学出版社 2020 年版。

3. 董根泰、黄益朝：《税务管理》（第 2 版），清华大学出版社 2020 年版。

4. 樊勇：《中国税制与征管改革问题研究》，中国税务出版社 2017 年版。

5. 方卫平：《税收电子化》，上海财经大学出版社 2003 年版。

6. 高金平：《税收疑难案例分析》（第 7 版），中国财政经济出版社 2020 年版。

7. 郭洪荣：《企业税收风险防控与评估指引》，立信会计出版社 2017 年版。

8. 郭勇平、安慰：《税务稽查案件查办实务及典型案例》，立信会计出版社 2020 年版。

9. 国家税务总局：全国税务机关纳税服务规范（3.0 版），中国税务出版社 2019 年版。

10. 国家税务总局党建工作局：《文明花开新税务：税务文化建设典型案例选编》，中国税务出版社 2019 年版。

11. 国家税务总局教材编写组：《征管评估》，中国税务出版社 2017 年版。

12. 国家税务总局教材编写组：《转让定价调查与调整实务问答》，中国税务出版社 2017 年版。

13. 国家税务总局云南省税务局：《税务标准化理论与实践》，中国税务出版社 2019 年版。

14. 胡怡建：《税收学》，上海财经大学出版社 2018 年版。

15. 黄棕生、刘元春、宋飞燕、唐志华：《"金三"下的税务风险预警与税务体系建设》，经济管理出版社 2019 年版。

16. 经济合作与发展组织：《跨国企业与税务机关转让定价指南（2017）》，中国税务出版社 2019 年版。

17. 李万甫、孙红梅：《〈税收征收管理法〉修订的若干制度研究》，法律出版社 2017 年版。

18. 刘兵、武雪君：《税务文书制作范例大全及风险防控》，法律出版社 2018 年版。

19. 刘剑文：《财税法——原理、案例与材料》（第 4 版），北京大学出版社 2020 年版。

20. 刘善春：《行政实体法与行政程序法精要》，人民法院出版社 2019 年版。

21. 楼继伟、刘尚希：《新中国财税发展 70 年（新中国经济发展 70 年丛书）》，人民出版社 2019 年版。

22. 栾庆忠：《增值税发票税务风险解析与应对（实战案例版）》（第 2 版），中国人民大学出版社 2020 年版。

23. 潘洪新：《税务稽查》，中国财政经济出版社 2020 年版。

24. 彭启蕾：《电子商务税收研究文集》，中国市场出版社 2018 年版。

25. 茹燕、刘会平、戴文琛：《企业税务管理》，中国财政经济出版社 2019 年版。

26. 汤兵勇、［荷］法兰斯·范·德里梅伦：《中国跨境电子商务发展报告（2018—2019）》，化学工业出版社 2020 年版。

27. 王霞、刘珊、董韬：《税收司法：原理与案例》，法律出版社 2018 年版。

28. 邬焜：《信息哲学：理论、体系、方法》，商务印书馆 2005 年版。

29. 吴旭东：《税收管理》（第 7 版），中国人民大学出版社 2019 年版。

30. 谢娜：《税务信息化》，经济科学出版社 2019 年版。

31. 邢以群：《管理学》（第 5 版），浙江大学出版社 2019 年版。

32. 张岱年、方克立：《中国文化概论》，北京师范大学出版社 2004 年版。

33. 张怡等：《税收信息管理法制创新研究》，法律出版社 2017 年版。

34. 中国税务学会：《大数据技术与税收应用——基于税收征收管理与纳税服务的视角》，中国税务出版社 2018 年版。

35. 中央财经大学税收教育研究所：《纳税服务》，中国财政经济出版社 2019 年版。

36. 朱为群：《中国税制》（第 2 版），高等教育出版社 2020 年版。

37. OCDE：Comparative Information on OECD and other Advanced and Emerging Economies. Tax Administration 2019.

后　　记

　　《税务管理》是财政部规划立项教材，历时一年多来，各位参编人员不辞辛苦，认真开展调查研究，广泛进行研讨，将多年来的教学经验和科研心得付诸笔端，力求在教材内容和体例上有所创新。

　　本教材穿插着很多案例和模拟题，以锻炼学生的实务操作能力，体现培养应用型高级人才的要求。教材中的案例和思考题并未直接给出相应的答案，而是将案例、思考题及其他习题的答案、精细化的 PPT 等，以电子版资源的方式，免费提供给广大师生和读者。

　　本教材由吉林财经大学税务学院税务管理系主任王再堂副教授、广东外语外贸大学南国商学院王向东教授担任主编，吉林财经大学税务学院马丽佳担任副主编。参加撰稿的有吉林财经大学税务学院税务管理系马丽佳副主任、安然博士、曹阳博士，马克思主义学院吕敏博士，国家税务总局长春市税务局风险防控管理局王耀彬副局长、税收经济分析处单宇处长。各章写作分工为：第一章、第十一章、第十四章，王向东撰写；第二章，吕敏撰写；第三章、第四章、第六章、第七章、第十三章、第十五章，王再堂撰写；第五章，曹阳撰写；第八章，王再堂、王耀彬撰写；第九章，王向东、单宇撰写；第十章，马丽佳撰写；第十二章，安然撰写。王向东教授对全书进行总纂定稿。

　　本教材的立项、撰写和出版，得到了吉林财经大学教务处和广东外语外贸大学南国商学院经济学院领导的高度重视与大力支持。在此，感谢吉林财经大学教务处苏兴强副处长、张乐科长为本教材出版所做的工作。感谢国家税务总局长春市税务局王耀彬、单宇两位同仁所给予的支持。最后，感谢经济科学出版社为本教材出版给予的大力支持！

编者

2021 年 2 月

敬 告 读 者

为了帮助广大师生和其他学习者更好地使用、理解和巩固教材的内容，本教材配课件，读者可关注微信公众号"会计与财税"浏览相关信息。

如有任何疑问，请与我们联系。

QQ：16678727

邮箱：esp_bj@163.com

教师服务 QQ 群：606331294

读者交流 QQ 群：391238470

经济科学出版社

2021 年 6 月

会计与财税　　　　教师服务 QQ 群　　　　读者交流 QQ 群　　　　经科在线学堂